谨以此书献给：与我携手并肩的妻子庞美玲女士

惜爱自然且付诸行动的青藏牧民

国家社科基金特别委托西藏项目（优秀项目）
上海市教育委员会科研创新项目资助

自然之道

文化眼里的青藏牧民及其自然资源管理

The Way of Nature

Qinghai-Tibet Herdsmen And Natural Resource Management In a Cultural Perspective

范长风◎著

中国发展出版社

图书在版编目（CIP）数据

自然之道 ：文化眼里的青藏牧民及其自然资源管理 /范长风著. --北京 ：中国发展出版社，2017.6

ISBN 978-7-5177-0705-9

Ⅰ. ①自… Ⅱ. ①范… Ⅲ. ①藏族－牧民－民族文化－文化研究－青海②藏族－牧民－民族文化－文化研究－西藏③自然资源－资源管理－研究－青海④自然资源－资源管理－研究－西藏 Ⅳ. ①K281.4②X372.44③X372.75

中国版本图书馆 CIP 数据核字(2017)第 145736 号

书　　名：自然之道：文化眼里的青藏牧民及其自然资源管理
著　　者：范长风
责任编辑：孙　勇
装帧设计：出书网•元宝
出版发行：中国发展出版社（北京市西城区百万庄大街 16 号 8 层　100037）
标准书号：ISBN 978-7-5177-0705-9
经 销 者：各地新华书店
印 刷 者：北京紫瑞利印刷有限公司
开　　本：710×1000mm　1/16
印　　张：16　　字数：250 千字
版　　次：2017 年 7 月第 1 版　　印次：2017 年 7 月第 1 次印刷
定　　价：58.00 元
联系电话：（010）88913231 68990692
购书热线：（010）68990682 68990686
网络订购：http://zgfzcbs.tmall.com//
网购电话：（010）68990639 88333349
本社网址：http:www.develpress.com.cn
电子邮件：sunyongcdp@126.com

目　录

第一章 绪论

生态环境问题已经成为人类所面临的最为头疼的难题，如何解决环境危机？对此有两种观点具有普遍意义：一种观点认为，环境问题可以通过科技进步和经济手段得到解决。持有这种思想的人把环境恢复看做商品，如果价格合适就可以得到；另一种观点认为，科学技术是生态危机的根源，它给人类带来的是诅咒而不是祝福。莱斯（2007）认为这两种观点囿于既往的思维模式，把现象当作根源，因而都很肤浅。[①]莱斯认为，环境问题的根源不在于科学技术本身，而在于社会意识形态。现代性的社会意识形态决定科学技术的使用方式，它仅仅是人们控制自然的工具，因此控制自然的观念才是生态环境问题的深层根源。

第一节 环境问题的根源

控制自然的观念不是晚近才有的，而是一个历史过程。在它形成的过程中，古代神话、宗教和文艺复兴时期的炼金术都起过作用。在古代神话中，人们对地球内部神秘性的探索有种矛盾心理，人类对工具的发明表现出恐惧与渴求的矛盾情绪，他们相信金属的神圣性，因而在采矿和冶炼之前都要举办献祭仪式去安抚神灵。他们揭开自然秘密时感觉到快感，感觉到人对自然的优越性，但是工具的力量又使他们担心会爆发出无法控制的

① [加]威廉·莱斯.自然的控制.重庆：重庆出版集团，2007，1-9（序言）.

邪恶。[①]在《旧约·创世纪》中上帝拥有对世界的统治权，人类因而被赋予对自然界的派生统治权，并且表明地球乃是为福利人类而创造的。宗教的肯定对控制自然观念的形成具有重大意义，没有比这更为重要的思想基础了。对于自然巫术操作者的炼金士来说，如果发现了物质及其结构和原理，就可以控制自然，而且控制自然的目标和巫术操作者自我完善目标是一致的。这些观念成为培根的科学技术征服自然思想的基础。

控制自然观念的形成——培根的"道德神话"

培根的思想对晚近以来的控制自然观念起到决定性作用。在培根时代的思想家看来，人类历史是逐步从自然和外部力量的束缚中获得解放的过程，解放的旨趣贯穿于文明的演进中。培根论证了开发自然在伦理上的可能性，并将它转化成为了人类利益而控制自然的总体纲领。他在《新大西岛》中表达了恢复人在堕落中失去的对自然的权力之主张。

> 曾经是慈祥可亲的自然，变得任性而不可控制。没有劳动和汗水，大地就不出产任何东西，只有怨毒和死气沉沉……自然的其他部分更不客气，大海以雷电和暴风雨同我们战斗；让瘟疫横行，老天爷极力促成我们的毁灭。[②]

在培根看来，宗教和科学进行着一种共同努力，即补偿人类被逐出伊甸园所受到的伤害——人由于堕落失去了清白和对自然的统治。上帝说"你额头上的汗水浇灌了你口中的面包"，培根以此说明通过科学的进步控制自然并不妨碍上帝的计划。这就意味着为了人类利益而开发和控制自然在伦理上站得住脚，是科学而神圣的事业。培根在《新大西岛》中热情讴歌科学技术的社会作用，认为用科学技术控制自然是社会进步的表现。自此人类对自然的态度从沉思转向实用，控制自然的观念成为社会进步的普遍意识。

---

① [加]威廉·莱斯.自然的控制.重庆：重庆出版集团，2007，20-40.

② [美]卡洛琳·麦茜特.自然之死——妇女、生态和科学革命.长春：吉林人民出版社，1999，203-204.

自然的背景化与工具化——女性视角

批判生态女性主义学者普鲁姆德一针见血地指出，二元论塑造了女性—男性、科学—自然和理性—非理性的区隔和主宰模式，并且理性的压迫深藏于文化结构中。[①]理性通过自然来定义自身的文明和科学气质，就如同用丈夫的概念来定义妻子，主人的概念来定义奴隶一样。亚里士多德将女性视为有缺陷和不完整的人。像女人一样，大地上的存在，非人类自然、身体和物质，都是无序和缺乏道德的，只有经过理性秩序的改造才能复归秩序。动物是人创造的附属物，处于等级的低端，距离神圣性最远，尤其是野生动物。

> 走兽的前肢和头部与自然的亲近关系而越来越向土地靠拢；越笨的，神就给它们越多的腿，使它们有更多的支撑点伸向大地；最缺少感觉的干脆把整个身体全赖在地上。最笨最蠢的要生活在最底层最末端，那就是水中。[②]

这些思想意味着那些理性的有权统治非理性的、与女性特质相联系并与自然特征所共有的对象。经过笛卡尔对理性的渲染和推广，自然被空白化（nullified）为一堆东西、一个场所，它们缺乏思想和目标，必须依靠和接受人类意识（理性）的指引才有意义。总之，它们是非主体的、被动的和无创造性的。

表 1-1　二元结构的对立因素

文化—自然	西方社会的“文化”以经济活动、科学发现为中心
理性—自然	经济理性与技术理性
男性—女性	
心智—身体	指涉文化的优越性与低级的生物性
主人—奴隶	如同主体与客体

① [澳大利亚]薇尔·普鲁姆德.女性主义与对自然的主宰.重庆：重庆出版集团，2007，5.

② [古希腊]柏拉图.蒂迈欧篇.上海：上海人民出版社，2005.

理性—物质	强调等级和差异
理性—动物性	强调人在文化上的差异
理性—情感	情感由生物性和自然的支配
心智—自然	即思想与物质的对立
自由—生活必需	追求的目标不同
普遍—个别	哲学层面的对立
人—自然	自然意味着非人类
文明—原始	文明指涉理性、科学，原始指涉自然、生物性
生产—繁殖	生产指涉工业化生产，繁殖指涉生物性生育
公共—私密	活动的领域和范围
主体—对象	主动与被动的关系
自我—他者	人类中心主义

资料来源：[澳大利亚]薇尔•普鲁姆德.女性主义与对自然的主宰.重庆出版集团，2007，30.

在普鲁姆德看来，女性和自然被贬低为理性的客体和对象或者统治对象。如果要使自然、环境和女性从整体上被认知为理性的支配对象就需要一个逻辑，把它们和她们界定为具有无差异的低等和作为背景的类别，这一过程就是同质化。正如下文所示：

> 要使男人统治女人的现象看起来顺理成章，就要完成这样的推理：男人之间极为相同，而与女人极为不同；女人和女人之间极为相同，而与男人极为不同。①

“女人都是相似的”；“你看到一棵红杉木，你就看到所有的红杉木”。自然和女人经过背景化的建构，自然界和生态系统被看做无足轻重的领域和无关紧要的背景，亦如女人的同质化一样被如法炮制出来。这样自然就被背景化了，生态因素成为“外部性”。②这些思想在文化结构中加以濡化

① [澳大利亚]薇尔·普鲁姆德.女性主义与对自然的主宰.重庆：重庆出版集团，2007：43-44.

② [澳大利亚]薇尔·普鲁姆德.女性主义与对自然的主宰.重庆：重庆出版集团，2007：64.

并成为主流社会意识形态——普鲁姆德的“二元论之山”和“逆反之洞”。普鲁姆德隐喻地说，山顶上雾气氤氲，笼罩着层层迷雾，遮蔽人的视听以至于迷失自己。通往山下有一个叫做“逆反之洞（cavern of reverse）”的地方，是一个与现实世界颠倒的世界，一切事物经过二元论结构的转换而发生逆变，女性、自然经过转换后脱离了人类、世界的分类体系而成为背景和他者。

经过文化结构和文化传统对二元论的确认，性别问题被掩盖起来。一切都是那么自然而然、合情合理。在藏族社会，女性的情况非常符合那种工具性和背景化的情形，其中宗教和部落传统赋予男性政治和文化权力，同时排除了妇女参与政治和文化的权力，把她们限定在家庭和生产领域。

对控制自然的反思

控制自然给人类带来全面的危机，正如阿伯特·济慈所说，人们恰恰很难辨认自己创造的魔鬼。[①]人们把控制自然归结为科学技术的提升和社会进步，可能遮蔽了改造自然背后的社会关系和矛盾。对于控制自然的观念，三位思想家舍勒、胡塞尔和霍克海默分别阐释了自己的方案。

马克思·舍勒（1999）指出控制自然带来的实际后果是对人的控制。[②]用急速发展的技术进步来控制自然不单单是技术本身问题，而成为人类命运和文化命运的问题。人类控制自然的胜利又给人类文化和文明带来前所未有的危机，这说明“道德神话”的失败，培根的控制自然等于社会进步的理论基础受到质疑，人对自然的主宰存在伦理缺陷和合法性。从控制到解放的反转至少是发展理念的觉醒。当科学合理性的概念不再建立在机械论、控制论的科学范式基础上，我们便从控制自然向遵循自然迈进了一步。[③]舍勒强调科学观转换的意义，但是并未真正解决科学知识增长带来的社会

① [美]蕾切尔·卡逊，吕瑞兰、李长生译.寂静的春天.长春：吉林人民出版社，1997：5.

② [德]马克思·舍勒.道德建构中的“怨恨”.载刘小枫选编《舍勒选集》（下集）.上海：上海生活·读书·新知三联书店，1999：804.

③ 田海平.从“控制自然”到“遵循自然”——人类通往生态文明必须具备的一种伦理觉悟.天津社会科学，2008（5）：11-17.

后果，且把控制人与控制物对立起来。[①]

胡塞尔对于科学危机的出现，在《欧洲科学危机与超验现象学》中划分了“两个自然”，即日常生活世界和科学对象世界。两个世界存在相互分离的情况，科学通过技术运用才能进入人类的实践领域，随着时间的推移，自然科学适用的范围大大扩展了，科学思维模式成为人类行为的客观判断模型，任何别的检验和判断标准都被归为主观或非理性。莱斯借鉴了两个世界的划分并将它们联接起来。自然科学的合理性并不能保证生活世界的行为的合理性，必须寻找生活世界和科学世界相互作用的基础。按照生活世界的概念，“控制自然”意味着个人或集体完全控制一定范围的自然资源，从而排除了其他个人或集体的占有。莱斯分析道，控制自然资源在多数情况下是人与人之间斗争的决定性武器，为了控制自然的斗争导致社会冲突不断加剧，并演化为全球范围内的冲突。

霍克海默提出“技术理性批判”和“自然的反抗”两个概念。技术理性是指围绕技术实践所形成的一种把握世界的思维方式和行为准则。它强调科学和技术作为实现眼前利益的手段的实用性，强调客观性、精确性和效益最大化。在霍克海默看来，技术在控制自然中的不当使用导致严重的社会冲突，从而产生技术合理性危机。工业文明对自然和社会的控制日益加强，对自然资源依赖不断增强意味着分配资源的冲突范围不断扩大。地区之间、国家之间的资源争夺和文化冲突在国内和国外越来越趋于升级，人与自然、人与人之间的斗争也随之逐步升级，人成为控制自然的工具和这个工具的奴仆。

霍克海默认为自然的反抗实质是人性的反抗，因为对人和自然的控制是有限度的，超过限度达到社会危机和生态危机的程度必然引起反抗，从而导致一种新的意识形态——自然的解放。莱斯的观点带有建构主义色彩，主张自然解放不能排斥和否定科学技术，否则自然的解放就会失去对社会变革、意识形态转化的指导作用。他主张人类既要看到“控制自然”曾经对社会发展所起到的历史作用，又要认清“控制自然”观念给社会和环境带来的危害。受此影响，莱斯希望重新解释“控制自然”观念的内涵，即

① 王雨辰.“控制自然”观念的历史演进及其伦理意蕴.道德与文明，2004（5）:53-58.

控制自然可以理解为把人的欲望的非理性和破坏性置于控制之下。自然的解放意味着人性的解放，即人类在和平中自由享有丰硕的智慧成果。[①]

自然界按照固有的秩序运行，这是“天行有常”。自然界并不直接反抗人类的野蛮干预和肆意扰动，但却以灾害、惩戒的负反馈形式表明环境危机的程度。天性与人性是难以分解的，对自然的破坏就意味着对人性的践踏，自然的反抗也就是人性的反抗。当那些既没有政治权力也没有支付能力的人丧失了作为人类应有的基本权利时，自然的反抗就表现在他们的行为和态度上。藏区大多数环境抗争事件其实可以理解为人性的反抗和人性解放的诉求；也可以理解为理性重建的觉醒，自然与人类已经被技术理性伤害许久，我们必须要控制毫无节制的欲望和技术理性的非理性。

自然的反抗与解放

二元论颠覆了人类正常的分类体系，按照“好/坏、有用/无用”诸如此类的单一标准去划分事物从而对自然进行控制。技术理性提出的带有偏见的理论假设必然选择有偏见的选项。比如我们要牛羊还是要生态完整性？选项的结果如果是牛羊，就意味着放弃其他食草类动物以及草原生态系统的完整；我们要金矿还是要水资源的安全？在技术理性和理性经济看来，金属矿物无论如何都是不二选择。国家经济发展需要有色金属，世界经济的发展也需要中国的矿产资源，准确地说，采矿的繁荣在于矿产资源拥有巨大的经济利益。至于环境是否能够恢复，环境评价是否合格，开采地下水带来什么后果，污染黄河、长江会导致什么隐患，这些问题都是后话。

当人类控制自然的观念发展为一种社会意识形态和社会制度时，它所引起的危机是全方位的，环境、社会、政治和文化均未能幸免。技术理性大声宣扬所谓技术进步可以解决所有问题，用这种骗人的自信对自然界大打出手。人类对自己制造的魔鬼开始感到无能无力了，与此同时在世界范围内却引起连绵不断的自然/人性的反抗。在美洲，哥伦比亚贝辛部落表达了对欧洲殖民主义疯狂掠夺自然行为的抵抗：

---

① [加]威廉·莱斯.自然的控制.重庆：重庆出版集团，2007：129-172.

你要我开垦土地！难道我应该举起刀子，撕破我母亲的胸膛？那么当我死的时候，她就不会让我安息在她的怀抱。

你要我开采矿石！难道我应该在她的皮肤下取出她的骨头？那么当我死的时候，我就不能进入她的身体获得再生。

你要我剪割草地，制成干草并将它出售，成为像白人一样的富人！但是我如何敢割去我母亲的头发？①

在传统社会，人与自然的关系建立在伦理道德的基础上，人与自然的和谐靠情感来联接和维系。技术理性武断对待自然的方式建立在经济关系的基础上，利益将开发者与自然结为一种二元对立的主客关系。可见，二者的不同是意识形态的差别。因而自然的解放不是放弃人类文明创造的科学技术，而是重建新型的意识形态或观念去指导科学技术。人类遇到的所有问题都是观念问题，生态环境问题或者可持续发展问题不是科学本身的问题，而是控制自然的观念或者意识形态导致人类不当地使用科学技术。

理论思考与实践的对接

生态危机的根源是必须要破题的问题，它有利于我们澄清下列实践中遇到的种种纷繁复杂的难题：我们如何对待自然与人的基本关系；如何看待科学技术和科学发展观；如何制定一个合适的政策；如何采取行动路线；用何种方式去影响既往的意识形态。

控制自然的意识形态在其产生的历史过程中，除了技术理性的影响，文化结构和宗教的独特作用对自然和妇女的背景化有着异常重大的作用。问题的根源和解决方案往往出自同一点上，就是说了解了事物根源等于找到了问题的答案。当下中国在推进生态文明的社会进程中倡导“科学发展观”，学术界对这一重要概念给予了极大关注，做出许多思考甚至质疑。笔者对“科学发展”的理解经历一个从肤浅到深入思考的认知过程。“科学不能解决一切发展问题”的质疑所预置的思路其实是有问题的，否定科

① [美]卡洛琳·麦茜特.自然之死——妇女、生态和科学革命.长春：吉林人民出版社，1999：32.

学技术能够解决发展中遇到的问题吗？难道我们还要像过去那样采取非科学的发展模式吗？我们应该持有一种辩证的态度看待科学，像霍克海默和莱斯等学者那样，科学技术有其进步和积极因素，亦有破坏性和消极因素，只看何种意识形态指导它。我必须重申，科学发展如同科学技术一样本身没有问题，问题出在科学技术的使用方式。我相信科学发展概念是一个开放性的理论体系，这就意味着它有不断丰富和发展的潜力。科学技术对社会的推进作用自不必说，如何把科学技术带来破坏性的不正确观念去除掉或者控制住，这是科学发展观题中应有之义。

第二节 对发展话语及可见性体制的思考

受福柯的影响，话语或知识成为学术界和政治家关心的对象。话语的存在是社会的产物，并非福柯的发明，但福柯揭示了话语被用作权力工具的本质属性，话语是权力的体现，话语作为权力控制每个人。体制给话语以力量，同时也控制话语的发生。[①]当发展成为人类生活的主要议题时，政治家普遍相信“发展”即是经济增长，GDP 意味着国家实力对比；只有经济增长才会带动社会、文化和政治进步。对于第三世界来说，通往现代化的必由之路乃是工业化和城市化，这就是所谓的“发展”。在中国地方社会，工业化和城市化正成为各级政府为之奋斗的目标。

发展首先作为一种话语发挥作用在于它创造了一个语义空间，在这个空间里只有特定的东西可以被言说。[②]权力和话语的结合把发展话语定义为有关发展的意识形态，因此在笔者的研究中，有时会把话语概念称为“权力话语”。作为一种意识形态，发展话语把工业化、城市化推升到代表进步和文明的高度，而把影响发展的群体及观念，如农民、牧民及其思想贬

① [法]福柯，许宝强、袁伟选编.话语的秩序.北京：中央编译出版社，2001：1-30.

② [美]阿图罗·埃斯科瓦尔，汪淳玉、吴慧芳、潘璐译.遭遇发展——第三世界的形成与瓦解.北京：社会科学文献出版社，2011：43.

低到愚昧、累赘的境地。在政治家和专家眼里，穷人导致环境退化，牧民贪图小利而缺乏理性和环境意识。因此，他们应该放弃牧场，搬到乡镇或城市重新适应社会。对于非人类生命，发展话语从消费主义出发把那些能给人带来好处的动植物，比如把牛羊、粮食作物视为人类的资用，而把那些“无用”的动植物视为害虫、杂草加以清除。发展话语具有强烈的意识形态倾向，其基本着眼点本质上是人类中心主义；判别事物的基本原则是发展与否，由此将事物划分为二元对立的两种体系。

发展话语建立了一套由对象、概念和陈述构成的策略体系。权力机构决定在发展框架内什么可以思考，什么可以言说，谁在言说，谁在控制。就中国而言，生态保护进入发展框架后逐渐成为新的发展话语，它出现在大众媒体、政府文件和官员讲话中。按照埃斯科瓦尔的说法，发展话语由一系列陈述构成，这些陈述经过话语实践进行再生产。如果我们对这些话语陈述进行甄别和分析就会发现，陈述之间存在不可调和的矛盾。比如作为话语的环保和发展，两者在实践领域有着挥之不去的差异和张力。过度和非理性地采矿对增长指标可以有非常迅速的贡献，但对环境和可持续发展却造成致命的危害。当两者在实际生活中发生碰撞时，环境话语和发展话语遂成为虚拟陈述，就像采矿业和环境保护发生抵牾时，环保成为发展的阻碍因素而必须做出避让，因此环境话语和发展话语聚散不定，相互矛盾。这就意味着，一些话语会限制另一些话语，一些陈述会控制另一些陈述。在笔者看来，发展话语不是全面的发展，它有时会走向发展的反面；环保话语也不是真正的环保，也会屈服于片面的发展。

就像莱斯（Leis，2007）所说，控制自然与控制人是一回事，[①]那么控制自然资源即是控制人。发展话语虽然把经济增长置于优先地位，但是也把人类的思考、言说和价值置于发展机器之下加以凝视。埃斯科瓦尔使用了“凝视”（technological gaze）一词作为视觉体制的手段，把人类群体放进现代知识体系的框架中，一方面使监控者一览无余，另一方面限定人们的视野范围。发展机器有一套逻辑，什么可以被看见，什么可以被描绘和表达。可见性体系牢牢控制了可持续发展的话语，巧妙地将人们的视

① [加]威廉·莱斯，岳长岭、李建华译.自然的控制.重庆：重庆出版社，2007：3（绪）。

线从“发展”、大工业污染者孕育起来的掠夺性生活方式转移到“落后”群体身上。[①]社会所能看见的是某些人类群体及观念如何影响和妨碍发展与进步，但却看不见“发展”带给人类的伤害。

如何抵抗和颠覆以霸权形式出现的资本主义和现代性公理体系，埃斯科瓦尔寄希望于文化差异。在他看来，少数民族文化不同于现代知识体系而具有政治前景，文化差异将是后发展时代的动力和源泉。藏族传统生态知识里面拥有这样的潜力，此乃本研究看重传统生态知识的原因。发展话语作为一种工业化时代的政治监控手段，其贡献在于破除了自然压制人的枷锁，但是也不可否认它给人类戴上一副新的枷锁。人类再度觉醒和解放自己乃是历史的必然，希望所在便是人类曾经创造过灿烂的文明。人类文明中的传统生态知识虽然遭受或将在相当长时间里继续遭受现代性的压抑，但社会的内部正在孕育着勃勃生机。关于发展话语，笔者的思考框架是：

1. 发展话语如何生产和扩展新的话语类型：权力话语，环境话语，可持续话语，新话语生产的语境和本质。

2. 在现实社会生活中，发展话语何以创造语义空间来维护发展机器，又如何使用可见性与不可见性去掩盖环境问题；掩饰人与社区权利被损害的真实性；

3. 地方群体用何种方式抵抗发展话语及其造成的环境问题；当发展话语遇到传统生态知识和地方智慧时，科学与地方性知识，发展与环境保护，牧民与地方政府、采矿企业，发生什么样的碰撞、抵抗、妥协和协商，抑或强制；

4. 发展机器如何在地方语境里再生产发展话语，谁是发展话语的受益者，而谁又是受害者？发展话语遮蔽了什么，人和社区在哪里？

经济学的资源悖论——资源诅咒

奥蒂（Auty，1998）的“资源诅咒”（resource curse）理论认为，矿产资源富有者可能因市场、制度、机构效率低下和环境问题而没有出现

① [美]阿图罗·埃斯科瓦尔，汪淳玉、吴慧芳、潘璐译.遭遇发展——第三世界的形成与瓦解.北京：社会科学文献出版社，2011：223-228.

经济增长，丰富资源没能成为“祝福”，反而成为社会发展的“诅咒”。[①] 他的研究表明1960-1990年，自然资源贫乏国家人均GDP的增长率为3.5%，自然资源丰裕国家人均GDP的增长率为1.3%，资源贫乏国家的发展比资源丰裕国家快2～3倍(奥蒂，2006)。[②]托尼尔和兰 (Tornell and Lane，1999) 认为，各社会集团都试图攫取自然资源开采所获得的好处，从而造成“贪食效应”，弱化了一国的制度水平。[③]基尔法森(Gylfason, 2001)研究了资源丰裕度与腐败和教育的相反指标。在他看来，如果自然资源的收入占国民财政的比例上升，自然资源诱发的贪婪寻租等腐败行为随之变坏；[④]公共教育支出、女孩上学年限以及中学入学率等指标与该国资源丰裕度负相关，而教育水平与经济增长正相关，因此丰裕的资源会通过损害一国教育水平从而影响经济增长。在资源丰裕的经济体中，构成经济活动主体的初级产品生产部门并不需要高技能的劳动力，所以人们更容易忽视人力资本对经济发展的重要作用。[⑤]该理论强调，资源丰裕的国家或社会一方面会纵容利益寻租行为从而降低制度和行政的效率，另一方面自然资源依赖有很强的“挤出效应”，弱化教育、环保等公共产品从而影响社会的可持续发展。笔者以为，学界讨论的“资源诅咒”理论仅限于经济学领域，有待于向更广阔的社会领域扩展，因为经济问题从来都不是经济自身的问题，“资源诅咒”现象应该有一个广阔的视角。

笔者将资源诅咒的理论假设引入社会和文化研究，发现在中国牧区社会存在很强的资源依赖性及蔓延各地的无序资源攫取行为，影响所至涉及发展目标、经济、文化、政府管理、教育、生计、环境等各个社会方面。

---

① Auty, Richard, M., *Sustaining Development in Mineral Economies: The Resource Curse Thesis*, London: Rout ledge, 1993.

② [英]理查德·奥蒂.资源富足与经济发展.北京：首都经济贸易大学出版社，2006：1-5（绪论）.

③ Tornel, l A., P.Lane, “The Voracity Effect”, *American Economic Review* 89(1), 1999, P22-46.

④ Gylfason, Thorvaldur, “Lessons from the Dutch Disease: Causes, Treament, and Cures Development” *Institute of Economic Studies Working Paper*, W01(2001) P22.

⑤ Gylfason T., “Natural Resources, Education and Economic Development”, *European Economic Review*. 45. (2001): (4/6).

笔者想就其中能够把握的方面提出一些假设和陈述。

假设 1：自然资源越丰裕的地区，人们的生计越艰难。

矿产资源带来的好处经过社会再分配存在社会不公；利益流向矿山企业和政府，未能惠及社会众多阶层，失去土地者受环境退化影响而贫困。

假设 2：资源依赖性越强，文化、教育、环保等公共服务越容易出现“挤出效应”。

资源依赖意味着开发强度大，地方性生态知识和文化对资源开发之间存在反向关系，资源开发解构前者，而前者抵抗后者。资源依赖性越强，环境问题就越突出，地方性文化越弱化。原有的习俗惯制不复存在、宗教信仰淡漠，导致人的自然情意下降。因此人类面临的生态危机问题归根到底是文化危机问题。社会越依赖资源，生产方式和水平也越倒退，国民对教育越不重视，教育水平越低下，从而影响社会进步和持续发展。

第三节 研究范式

“深生态”范式

挪威学者阿兰·奈斯（Naess. A.）提出了两个颇为重要的洞见：第一，生命平等原则。所有生命，无论人类还是非人类皆有自己的价值，应该过一种简朴的生活，除了满足最低的生活需要，人类无权破坏生命的多样性，更不能出于无节制的贪欲滥用和牺牲非人类的生命；人口的减少对人类有好处，对其他生物更有好处，非人类生命的繁荣与较少的人口数量有关，这样可以减少人类的侵占和滥用。生命平等的思想在道家传统和佛教下沉的乡村中国源远流长，道家素有“物无贵贱”的齐物论思想，佛教主张“众生平等”的基本教义，民间在仪式实践中秉承“万物有灵”的思想。我们的调查成果说明三种传统的生态智慧不仅遗存在现实生活中，而且有激活的潜力，可以丰富生态文明的内涵。第二，结构性改造与革命性变革。奈斯认为必须改变现行政策和当下的意识形态。幸福的生活目标不是追求数量巨大的消费品和不断增长的生活水平。科学技术解决生态问题的传统看法很肤浅，因而要摒弃那种寄希望于行政推动和科学技术解决生态问题的做法。①深生态也叫“深绿”，与之相对的是“浅绿”。以酸雨为例，二者的反应和态度迥异。浅绿的反应是以人为中心，主张做更多的科学研究以找到耐酸性更强的树种，而不是想办法从根上制止酸雨的形成，其实这是一种脚痛医脚、头痛医头的做法；深绿关注生态系统出了什么问题，何种政策、阶层利益和技术开发引起了生态困境，以便采取生态行动纠偏纠错。在这个问题上，浅绿关注结果，深绿追问和清算发生的原因。“深生态”研究的贡献在于敦促人们改变人类中心主义价值观，引导人们自觉走向尊重生命、顺应自然的深层生态意识。一些学者不赞同深生态主张的“一切生命价值平等”的原则，认为它否定了人的主体性，人的意志被降至动植物的水平，实则取消了人类改造自然的实践活动，从而片面地夸大了人与自然的和谐关系而同时抹杀了两者的竞争与交换关系。②笔者以为，纷争并未触及问题的实质而更像一个理论陷阱，深生态作为一种理念和运动其不足之处并不影响它是一个颇具潜质且深邃的概念，它所提倡的自上而下的变革路径才是问题所在。社会史经验告诉我们实质性的社会变革极少发生在上层和外部，内生动力必须到社会的基层和内部去寻找，生态文明也不例外。既往的深生态研究觉察到技术与发展对生态环境作用的局限，开始关注文化对环境的作用，这与人类学关于文化与环境相互构建的思路暗合。人类学更关注在实际社会生活中是否存在具有深生态思想的文化制度、行动及其对生态环境的影响，我们调查的目的是民众的生态保护传统和环保行动是否有文化持续性；生态环境保护的地方模式通过文化重建，能否在行政、资金和技术这些现代化手段之外建构一种新的生态保护模式。

传统生态知识（TEK）

自格尔兹（2004）以来，“地方性知识”成为国际通行且具有颠覆既

① Arne Naess, *Life's Philosophy*. (Athens G.A.: University of Georgia Press, 2002),P.107-108.

② 包庆德.生态和谐视域中的和谐社会研究状况述评.北京林业人学学报：社会科学版，2008（3）：22-28.

往知识范畴意义的概念。从学术反思的角度看，结构/功能主义所倡导的普遍性解释使我们既不见人又不见差异性，社会的复杂性被大大简化，因而被学术界所拒斥。人们对科学知识的普适性和标准性开始怀疑，加之全球化风生水起，人类开始思考世界上是否只应存在一种单一的工业文明，单一的科学知识，趋同的文化模式。全球化趋势正在挑战文化多样性和未被写入科学教科书的地方性知识，笔者相信地方性知识是人类经验和智慧的多样化表达。在此世界语境里，在人类学家的努力下，地方性知识遂吹来一阵清新刚健之风。

传统生态知识（TEK, Traditional Ecological Knowledge）是近年来国际学术界研究的热点。北美人类学家在民族生态学和发展人类学的视野里探讨了北美等地土著的传统生态知识与科学知识的融合问题。博克斯（Berkes, 2000/2005）把 TEK 当做当地人思考世界的态度和生活方式，它总是隐藏于仪式和日常文化实践中。皮尔罗蒂（Pierotti, 2000）发现其对环境的基本看法是“事物皆相连”的整体空间观。TEK 是知识—实践—信仰的复合体；[①]其拥有者认为人与自然融为一体不可分离，自然空间是社区的一部分，自然不是“野外”而是“家园”。[②]TEK 的特点是质性、直觉、整体和口头性；科学知识则是量化、分析、可还原和文本性。[③]TEK 作为地方性知识体系包含了以下形式和内容：

表 1-2 TEK 的形式和内容

形式或载体	涉及领域
口头：故事 歌谣 谚语 神话	土地资源（生态系统）
制度：部落法规 民俗惯制	资源保护与管理

① Fikret Berkes, Johan Colding, Carl Folke, “Rediscovery of Traditional Ecological Knowledge as Adaptive Management”, *Ecological Applications*, Vol. 10, No. 5 (Oct. 2000), P. 1251-1262.

② Raymond Pierotti and Daniel Wildcat, “Traditional Ecological Knowledge: The Third Alternative”, *Ecological Applications*, Vol. 10, No. 5 (Oct., 2000), pp. 1333-1340.

③ Paul Nadasdy, “The Politics of Tek: Power and the ‘Integration’ of Knowledge”, *Arctic Anthropology,* Vol. 36, No. 1/2 (1999), P. 1-18.

信仰：宗教 仪式	世界观和信仰体系
实践：生活 生产模式 资源使用	知识 文化模式

资料来源：①Fikret Berkes. 1999. Sacred Ecological Knowledge and Resource Management, Philadelphia: Taylor & Francis；②Paul Nadasdy, The Politics of Tek: Power and the "Integration" of Knowledge, *Arctic Anthropology*, Vol. 36, No. 1/2 (1999), P. 1-18.

传统生态知识（TEK）有三个研究取向：

其一，比较、分类和整合的套路。从早期人类学关注的原始思维、巫术观念，到当下关注地方性知识，人类学家总是拿 TEK 与西方科学知识相比较，一个重要的用意是证明 TEK 也是科学或者像科学一样也是一种知识。博克斯（Berkes，1993）从两种知识的性质、方法和取向上进行了具体阐述。纳达斯蒂(Nadasdy，1999)探讨了 TEK 与科学、资源管理之间的整合问题。后者常常根据科学和管理的标准割裂传统生态知识，去除其中的信仰、价值观和传统经验，使之成为分离的单元化知识而不能发挥作用。[①]原因在于管理者缺乏对 TEK 的信任，不愿权力下移，过分倚重技术和行政。社区参与和合作管理是一种自下而上的方法，所使用的 TEK 更为理性、有效，可以减少低效、昂贵的行政管理成本，且能培养当地人对话协商的能力。TEK 作为累积的人类知识包含着道德和责任的意义，对资源的使用、动物权力的保护，对自然科学的补充和政府政策的制定有积极作用。此类研究为我们提供了新的研究维度，所获得的一个重要启发是用文化自觉的眼光看待藏族传统生态知识（TTEK）和科学管理的缺陷。

对于 TEK 而言，两种知识体系的差异在布留尔和列维·斯特劳斯两位人类学家的精彩表述中得以呈现。布留尔虽然只是把原始思维和现代思维当做人类的镜子加以比较，[②]但提出了一个有价值的课题。后来列维·斯特劳斯则把野性思维和科学思维看做人类获取知识的两种手段，两者有具体和抽象的区别，没有优劣之分。在人类社会发展中两种思维方式都存在。[③]

---

① Paul Nadasdy, "The Politics of Tek: Power and the 'Integration' of Knowledge", *Arctic Anthropology,* Vol. 36, No. 1/2 (1999), P. 1-18.

② [法]吕西安·列维·布留尔，丁由译.原始思维.北京：商务印书馆，1981.

③ [法]列维·斯特劳斯，李幼燕译.野性的思维.北京：商务出版社，1987/1962.

令人不安的是，现代人只追求科学思维，以为科学能解决一切问题，地方性知识被抛在脑后，可见当时人类已经认识到的问题至今仍然未能超越。

其二，TEK 如何传播，如何在不同文化群体之间采借的研究实属匮乏且视野狭窄。关于 TEK 的传播，拉德尔（Ruddle, 1993）强调代际传递，把 TEK 传播置于社区内部的生产知识和技术交流过程中，知识体系从一代传递给下一代并加以内化。[①]也许因为他所研究的是简单或小型社会的缘故，在他的传播框架中只有年龄、性别、序列、地点和持续时间等因素，未看到历史、国家和群体的存在。在汉藏边地的族群之间，TEK 的传播至少有三个层面：个人、群体、民族或国家；而且 TEK 的传播跟国家与边陲之关系、族群融合的历史脉络是基本一致的。个体知识的传播主要发生在代际之间的家庭、日常生活和生产情景中，而群体之间的知识传播则是通过社区、社会组织、部落组织在文化采借过程中完成的，这种知识传播比个体的濡化更稳固、专业和有效，比如农牧业生产技术和生态保护制度。在个体、群体的层面之上，还有一个更为高级的传播，那就是民族和国家。国家层面的知识传播通常带有行政强制性和制度化特征，比如藏历对印度历法和大清历法的知识采借。这三个层面分别代表了微观、中观和宏观三个视角对传统知识传播的认识，如果只强调其中的一个视角，那我们看到的传播图景是残缺不全的，由此看到的汉藏互染的图景亦是有问题的。

其三，如何在行动领域体现 TEK 策略。发展人类学对 TEK 作为实践的策略进行了大量研究，概括的说，TEK 策略的重点包括（1）在实际社会生活中地方性生态知识与科学知识的整合，（2）参与发展模式，（3）社区管理模式。

TEK 是传统知识的积累，缺乏对新生事物的认知，比如“发展”、“垃圾”、“大气污染”等概念都是TEK 无法解释以至于无法应对，这就需要把传统知识与科学知识整合起来。知识整合遇到的困境是管理当局无法摆脱TEK 与科学知识的对立，政策设计者不相信TEK 具有持续的生态保护和采取行动

① Fikret Berkes, “Traditional Ecological Knowledge in Perspective”, in Inglis. (ed.) Traditional Ecological Knowledge: Concepts and Cases. (1993), P1-10. Ottawa, International Program on Traditional Ecological Knowledge, and International Development Research Centre.

的潜力。对自上而下的行政体系充满信心，而对自下而上的社区参与迟疑不决，因而不愿也不敢权力下移。在行政权力的操控中，TEK 仅仅作为增强政策合理性的辅助手段，而没有进行向下赋权。[①]这是人类学需要长期坚持的富有挑战的工作。参与发展采取自下而上的方法更贴近当地的社会实际，充分调动社区内生动力因而效率更高，它减少了低效且昂贵的行政管理成本，也就是说参与发展比过去自上而下的行政推动更受当地人欢迎，更容易成功。TEK 是人类经验的地方性总结，缺乏面向群体的归纳，因而参与发展的工作重点应该放在收集和使用地方性知识以分析公共资源的地方管理制度。

① Paul Nadasdy, “The Anti-Politics of TEK: The Institutionalization of Co-Management Discourse and Practice, Anthropological,”Vol. 47, No. 2 (2005), P. 215-232.

第二章　作为文化地理景观的自然资源管理

神山圣湖是信仰、环境、知识和行动的复杂结合体，单一视角恐难望其项背，一个跨学科的解读或许更容易接近预期结果。人文地理学和文化人类学对于景观、空间、地方感有相同的兴趣和不同的贡献，比较两个学科的基本观点有助于产生新知。人文地理学既不把空间视为抽象的地理空间，也不用千米、旅行时间去测算空间距离，而是把它作为一个意义中心或意义网络。[①]人类学的空间是充满文化（locating culture）的空间，人类学家对研究类别做了精细划分[②]：身体化（具化）空间、性别空间、书写空间、竞争空间、跨文化空间、空间策略。无论研究人类视野中的自然空间还是地理环境中的人和地方社会，两者相同之处是把文化置于空间研究的前景，地理行为或者适应行为都在文化和空间的互动中建构。其不同在于，人文地理更关注空间结构、决策行为的地理合理性，而人类学更关注空间的象征和空间行为者内在的文化逻辑；在人文地理学家看来，地方和地方感并非来自其位置、服务功能或者居于其中的社群，而是向个人或集体提供安全和身份感（placc identity）的所在。[③]段义孚（Tuan，1976）说，地方提供安全，而空间代表自由。人们身处其中一个，却又向往另一个。[④]罗德曼（Rodman,）把地方（place）看作政治权力、特定历史和文化

① Entrikin,J.N.,"Contemporary Humanism in Geography", *In Annals of the Association of American Geographers*, Vol.66, No.4,Dec. (1976), P.615-632.

② Setha M. Low and Denise Lawrence,*The anthropology of Space and Place*, P.1-37.

③ Relph E.,*Place and Placelessness*, London: Pion, 1976.

④ Duan Y-F., *Humanistic geography. Place and placelessness*, London: Pion, 1976.

的多重建构。[①]地理学家邓肯（Duncan, 2000）提出一个颇有价值的观点，文化景观是写在大地上的文本，是人类储存和传播知识的文本。景观笼罩着或表达意识形态，因此阅读景观需要还原景观的本原，需要理解文化语境。[②]人类学家对地方和地方感的认识乃是基于长期参与观察地方社会获得的，亦借鉴了人文地理学的研究成果。认为人类通过“书写空间”（inscribed spaces）表述人与环境的基本关系，并赋予所居之地以意义，从而把空间变成“地方”，又通过把人类经验写在地方和景观之上来记忆和反思人、环境和事件的关系。[③]从景观的文本性到空间书写，说明两个学科拥有共享的学术价值和互补性，几乎是殊路同归。在人类学领域，生态人类学深切关怀人与环境的关系，其涉及主题乃是地方性、地方知识或者传统生态知识（TEK）。

TEK 是当地人看待、应对和思考世界的方式，这是一种强调“事物皆相连”的空间整体观。[④]自然空间是社区的延伸，自然不是野外而是家园，同理自然中的动植物与人类具有相同的生命权利。（Raymond, 2000）伯克斯（Berkes, 2000）对传统生态知识特征的概括十分到位，认为 TEK 是一种复杂的知识构成，知识、实践、信仰融为一体。[⑤]其中信仰仪式是“地方性知识的精神框架”，因为没有人生活在抽象世界里，而是地方性地活着。[⑥]至于“环境与资源管理”的概念，适用于地方性知识和神圣空间行为的范畴，不同于环境管理系的所指，即运用法律、经济、行政、技术等手段进行现代环境管理的制度。

---

① Margret C. Rodman,” Empowering place: Multilocality and multivocality” In Setha M. Low and Denise Lawrence. *The anthropology of Space and Place*, P.204-218.

② Duncan, J.Place. In Johnston, R.J.eds. *The dictionary of human geography 4th ed*. London: Blackwell, 2000.

③ Setha M. Low and Denise Lawrence, *The anthropology of Space and Place*, P.204-218, P.13.

④ Raymond Pierotti and Daniel Wildcat, “Traditional Ecological Knowledge: The Third Alternative”, *Ecological Applications*. Vol. 10, No. 5 (Oct., 2000), P. 1333-1340.

⑤ Fikret Berkes, Johan Colding, Carl Folke, “Rediscovery of Traditional Ecological Knowledge as Adaptive Management”, *Ecological Applications*, Vol. 10, No. 5 (Oct., 2000), P. 1251-1262.

⑥ Geertz C, *Local knowledge: Further essays in interpretive anthropology*(New York: Basic Books,1983).

第一节　藏人的空间和环境认知

笔者所观察的地区是青藏腹地的果洛草原和青藏东北边缘的甘南山地。黄河源水半绕的阿尼玛卿雪山是藏族九大神山之一，该山神管辖着川、藏、甘、青相毗连的广大藏区，其中包括果洛和甘南。藏人的山神信仰是藏族社会的文化特质，如同汉人的土地神。山脚下的果洛草原由于高寒缺氧的地理气候特征严重影响动植物的发育，这是一个贫瘠的稀树草原。甘南藏区西接果洛，东望川甘农业区，正好处在青藏高原和黄土高原的过渡带上，其生态、文化均呈现多样性。生态类型表现为草原、山地、森林和农田；生产类型呈现半农半牧的色彩；文化上亦为族群插花接壤而居。

虽然这些地方生产类型和文化形态不同，但所面临的生态压力和气象灾害却是一样严峻。雪灾令藏区牧民深感焦虑，“十年一大灾，五年一小灾”几乎成了三江源地区的气象规律。冰雹灾害是农人与牧人共同的生态灾难，对于牧人，尤其是拥有农田的牧人影响尤大。局外人很难理解冰雹对畜牧业的冲击，事实上产籽期的牧草经受冰雹袭击以后会严重影响其产量和营养成分，从而引起牲畜营养不良以至于无法度过冬天。雹灾对农人的威胁是直接且致命的，《洮州厅治》记载：“夏秋之交多疾风雹雨，其来甚骤莫可预防，禾稼调之则摧折无余，农人深以为患”。[①]

在青稞收获之际，田地遭受冰雹打击造成农人颗粒无收、贫穷无告，因此雹灾和祈禳是甘青农耕和农牧兼营社会中的仪式主题和文化特质。藏族游牧者相信气象灾害由山神控制，而汉人农民则认为龙神掌握着水的分配。人类须顺应和借助神灵去控制气象，与此同时人们作为能动者逐渐发展了空间管理或者神圣地理行为的办法去影响环境。

① 光绪《洮州厅志》卷一。

神圣空间的颜色与层级

人类对空间的认知和建构实际上表达了一个地方民众对自然环境的态度和价值，表达的形式可以是颜色、声音和气味。如果把藏人与汉人所持有的空间感并置起来进行跨文化比较，可能有助于理解两种文化在环境认知上面呈现的不同文化质感，以及他们在应对环境问题时所采用的独特方案。

藏人用三分法把世界划分成垂直的三层空间，藏语“三界”概念指涉上部天界、中部地界和下部水界。三界宇宙结构的空间认知早在佛教入藏以前的苯教时期就已存在，但其内涵日后日益受到藏佛的影响而有所变化。天界的颜色为白，这是令藏人尊敬的颜色。一种说法认为天有 13 层，“13”这个数字是苯教的神秘数字，具有神圣性。据说高原藏人可以辨识的白云多达几十种，所谓九重天或十三重天的说法可能源于他们对云层的直接观察，证据来自藏族口头文学，牧人把天空视为牧场，形状不一色调不同的白云，就像一群群绵羊和牛马。

湖泊是你的眼睛，高原是你的脊梁；
白云是你的羊群，蓝天是你的牧场。

当笔者从万米之上的机舱窗口俯瞰果洛草原时，层层白云，惟余莽莽，其形制多姿任凭想象，其层次纷繁任凭计算。藏人很有可能徒步登上雪峰，才得见瑰丽无比气象景观以至于绘声绘色描述天界情状。

天界的管理者为天神，乃是众神之父。天神俄德贡杰下凡人间来管理土蕃，其后嗣产生了象雄、苏毗和其他地方的神灵。[①]藏语经典记载，天界有聂赤赞普父子七人皆为天神，能沿着穆绳（天绳）如同彩虹般向天空飞去。虽然天神没有固定的说法，但可以确定白色为天界、天神的标志性颜色。其空间特点是“无色无形”。

地界即人界，藏人把大地想象为八瓣莲花状，地界呈现色彩缤纷且人神杂居的气象。在藏人眼里，空气为黄故地上的念神是黄色，土地为红故

① 南文渊.藏族生态伦理.北京：民族出版社，2007:58.

赞神为脾气暴躁的红色。[①]地界比起纯净祥和的天界更富有变化，物象亦更繁复。在人神共处的地界，有多少人群就会有相应数量的神灵，比如念类、赞类神灵包括山神，其数量非常大，他们居住在山顶、岩石、树木和村寨的“拉康”（经堂），多以地方保护神和魔怪的形式出现。由于长期而频繁的交往和想象的建构，地界神祇兼具人格特征，喜怒哀乐变化无常有如人类，喜乐时带给人们人畜兴旺、风调雨顺，愤怒时则制造各种雪雨风雹的气象灾害和疾疫（念病）。人类与地界神灵的关系既亲密又紧张，所以藏人举办大量仪式供养他们以免获罪和失去保护。

图 2-1　年保玉则神山与圣湖

下部水界居住着鲁神，龙神是鲁神的一种，其数量颇为壮观。藏文著作《十万龙经》记载了为数众多且色彩纷呈的龙神，她们大体分为五类：甲仁，有着神界的根基，故有善心善德，常裨益于人；而源自人间和水界

① Paul, Robert A. ,*The Tibetan symbolic world: Psychoanalytic explorations*.(Chicago University).

的芒仁属于障碍神，加害牲畜和庄稼；其余三类神吉尔仁、壮色仁、毒巴仁的根基非人非神，像赞神一样善恶兼具。[①]蓝色是龙神的标志性颜色，但不是唯一的颜色。人们敬畏龙神，因为它深不可测，有时会带来令人恐惧的自然灾害和疾病。据《十万龙经》记载，“龙病”有 424 种，多为疑难杂症，如麻风病、天花、梅毒，这在当时的医疗条件下是难以治愈的。而龙神包括其他神灵最害怕污染，污染主要来自人类活动。居于河湖泉水中的龙神为何释放疾病于人，地方性的理解有其自身的逻辑。排泄、投放污物于河湖，严重污染和滋扰水体的洁净，无故动土会伤及龙脉和水的走向，神灵家园被滋扰后往往引起神的狂怒和报复。这就是人们为什么花费大量的时间和财物去举办仪式，其中净化基本成为各种仪式的重中之重。龙神在藏人心里并不总是陌生、恐怖和危险，亦有柔情和浪漫的一面。藏人的世界观认为，山为阳，水为阴。龙神有一种女性的气质，因而常常成为山神的配偶，神山与圣湖体系可以视为山水情侣以及亲属关系。人们又需要龙神，人类的再生产和农牧业生产由龙神掌管。

在阿尼玛卿山的黄河沿岸村落，可以看到经堂和鲁康（龙神祠）同在一处。鲁康即为恕罪、祈祷龙神之所。在青藏边缘的汉人社会，神山圣湖制度亦有发展，不过文化形式发生了变化。汉藏交汇地带的神山圣湖制度包含着不同族群对神圣空间的各自理解，这不是单向的融合，而是“互染”——按当地人说即“汉染藏风，藏染汉习”，“互染”的说法对我们进行跨文化研究具有重要价值。汉人对空间的认知有某种神秘主义的哲理，它认为宇宙起初呈现混沌状态，而后“有二神混生，经营天地，刚柔相济，万物乃形”。[②]“天圆地方”的概念——天圆如张盖，地方如棋盘[③]，这就是著名的“盖天说”。后古代汉人逐渐发展了阴阳五行的思想，加入四时五行的时间维度。水木金火土分别配上黑青白赤黄五种颜色，五行空间和时间循环的珠联璧合，说明中国古人对宇宙空间的认知达到了极高水平。

① 魏强.论藏族龙神崇拜的发展演变及特点.青海民族大学学报，2010（3）：33-36.

② 《淮南子-精神训》。

③ 《晋书-天文志》。

空间的颜色：神性、政治权力和社会管理

汉人对宇宙空间的认知并未止于天圆地方和四时五行，真正可贵之处在于古代中国拥有不同思想存在的博大胸怀，这也是一个复杂文明得以延续的重要条件。一个来自道教系统而被地方社会广泛接受的宇宙观是诸多空间思想的一种，道教所呈现的“三元”空间与藏族“三界”空间在结构上颇为相似，这也成为汉藏空间思想融合的基础条件之一。

道教“三官信仰”的基本结构是“天、地、水”，该思想可能在古代已影响到青藏东北边缘。史料记载五斗米道（天师道）创始人张陵于东汉末年进入蜀地，流寓氐羌，①川甘青地区至今仍有较为深厚的道教基础，毫无疑问，蜀地与甘青地区包括藏族曾经有过频繁的文化交流。

汉人的三分空间体现了道教与帝国官僚制度的互动性，因为道教的神品有着浓厚的层级性和官僚化。天在上，地在下，幽冥世界在地下（水），此空间结构与藏人的“三界”概念并无二致，不同之处乃是文化传统赋予的空间意义有所差异。道祖张陵的三官信仰实际上统合了天帝、社稷和幽冥三种信仰，借鉴帝国官僚层级而把道教中的三个天尊命名为“天官、地官、水官”。在历史上道教曾经热衷于帝国政治，所以道教神祇结构带有官僚层级意味并不让人感到意外。《因缘经》记载过三官的封号：上元一品九炁赐福天官紫薇大帝，中元二品七炁赦罪地官清虚大帝，下元三品五炁解厄水官扶桑大帝。在民间人们俗称三官为“福禄寿三星”。除了官秩高低之分，三官都有自己行使神职的机构场所，就像朝廷的衙门。土地乃是生产衣食所需的资源，故地官的职能是保障农作物丰产；水是生命之源，其象征意义涉及彼岸世界、疾病和健康；生产、生活、水上运输。虽然水官的形象颇为凶恶，但其职责乃是治病救人、解厄恕罪。水官解厄的方法是道教常用的喝符水和念经来治疗。天官无疑是最高管理者，其职责是考校神仙，即管理神界；而地官中考大千世界，即管理人世间的事物；水官下考幽冥鬼巫。显然，汉族天官和藏族天神具有超越性，法力无边，权力达于人神。亦如伊利亚特（2008）发现的那样，“在许多神话中，天神扮

① 钱安靖.论少数民族与道教.宗教学研究，1982（1）.

演着至上神的角色，而地神则表现为他的伴侣”。[①]然而，三官大帝并不像藏族三界神灵拥有庞大的神灵集团，且均为男神，他们是“三位一体”的权力班子，这种权力架构既仿照帝国的政治制度，又来自道教传统。“三位一体”的三官体系可能跟“一气化三清”的概念有关，可追溯到道家的基本思想——道生一，一生二，二生三，三生万物。然而藏族神界多了些人情味和真性情，许多神灵可男女搭配，比如藏地许多神山作为男性与象征女性的圣湖配对。从跨文化角度看，藏族三界中的神灵有明显的善恶二重性，他们既赐予人类丰产、健康，也带给人类许多疾病和灾害。汉人的三官似乎专门赐福于人，并不为害。

表 2-1　藏族三界空间的结构

上部	中部	下部
一、颜色与象征		
天空/天神/白色，色纯喻 超越、权力至上高远 制人与自然	土地/念、赞/红黄 各色各种职能神，控 既造福又为害	水/鲁（龙）/蓝黑 幽暗喻神秘而危险
二、管理区域、职能		
统摄神、人、物三域 政治、军事、宗教与 自然万物	山脉、森林、草原 村落、部落和地方	河湖、湿地、田地 赐健康、财富、丰产 致疾病、贫穷、干旱
上部	中部	下部
三、空间政治		
天界为权力中心 天神为赞普化身 政教合一	部落、地方领导权 神山代表地方政治	行使奖惩的权力 人口再生产、民生 上部、中部神灵配偶

资料来源：（1）孙林：藏族苯教神话的象征思维及其固有模式概述，西部民族学报，1993（2）；（2）丹珠昂奔：藏族神灵论，中国社会科学出版社，1990 年。

① [罗]伊利亚特，宴可佳译.神圣的存在.桂林：广西师范大学出版社，2008：178.

表 2-2 汉人三界空间的结构（三官信仰）

天	地	水
一、颜色与象征		
天界/天宫/青黄白三气，天官紫薇大帝居紫薇宫，初白色道袍后黄色龙袍，帝王象征	地界/地官清虚大帝/红色官袍，神情端庄	水/水官扶桑大帝/蓝瞋目竖眉
二、管理区域、职能		
管理仙界，十方国土考校神仙升降、众生善恶，考评日期为正月十五上元节；赐福	三界十方九地，五岳八极四维，考校大千世界，考评日为中元节；主财富	江河湖海、幽冥地狱祛除水灾、瘟疫、邪恶，赐予健康、航行顺利，下元日考评。
三、空间政治		
管理仙界喻意朝廷，考评百官	国家管理者行政体系的操纵	行使行政奖惩的权力灾害、疾控、水运等社会公共管理

资料来源：（1）赖全：论道教三官信仰及其宗教象征意义，宗教学研究 2010；（2）《三官大帝感应妙经》。

藏人与汉人在空间认知方面既有相似性又有差异性。中国是多元文化国家，三官大帝的天、地、水三分空间不能完全代表汉人的空间认知，但三官信仰在某个历史时期和某些地域却具有重要地位，因而可与藏族三界空间进行文化比较。

藏汉社会都是按照三分法把世界划分为垂直的空间结构。在藏族三界空间中，神灵及其空间的颜色历经社会变迁依然保持连续和稳定，表明社会进程并未改变文化的基调，文化变迁是渐进的过程。天神及天界是纯一的白色，神性从苯教到藏传佛教的转换并未发生跳跃，宗教一直停留在社会结构的顶端，对社会加以维系，白色意味着天神——赞普——宗教领袖的权力具有超越性，也意味着藏族社会有政教合一的社会特征或者说社会的宗教化。在汉人的空间中，无论是整体空间颜色还是三官服饰的颜色，都有富于变化和可转换的可能性。颜色变化表示社会政治进程引起较大文化变迁。同时也是文化多样性和思想多样化发展的结果。天官的宫殿生青黄白三气。早期记载的天官身着白色长袍颇显飘逸，晚近所见的天官则身穿黄色官袍犹如朝廷君长。紫微宫呈青黄白三色实为三种空间之代表。按照五行学说，金为白，木为青，水为蓝（青），火为红，土为黄，因此天官为金故白，地官为土故黄，水管为水故蓝，也就是说天官拥有统摄天地水的一切权力。然而这种集权的想象实际上几乎不存在，因为在中华帝国的政治结构中，宗教是为权力服务的精神工具。在唐、宋和明三个朝代道教比较接近权力，而在元、清二季佛教又占上风。道教与政治的关系取决于当时皇帝的态度。[①]

神灵的分化

在藏人的中部空间，以红黄各色呈现的赞神、念神包括山神，可谓数量巨大。在人类学的非洲亲属制度研究中普里查德（2002）提出“裂变”和“分化”概念，[②]弗里德曼将这些概念推广至中国研究。[③]分化的概念亦可用于神灵体系的分蘖。山神本属念、赞类，山神何以从众多的念、赞类神灵中分化出来而成为藏族社会广受重视的神灵呢？其一，气象灾害的控制提升了山神的地位，山神居高山之巅与天接近，风雪冰雹由山神控制和分配，他的情绪与人的生活息息相关。其二，山神与牧人关系相当密切，生产和仪式的进行都与他们发生关系。念神中既有山神又有土地神，土地神不重要吗？甘南拉卜楞寺地区的藏人认为，土地神是文神，山神是武神。[④]其三，藏人普遍认为战神比文神重要，部落战争的历史语境使得藏人偏爱山神。在藏地佛教化过程中，“收服”成为一个关键词，兼有征服土地和信仰的双重含义。各种藏文典籍和口头传说大量记述莲花生大师收

---

① 晁中辰.明朝皇帝的崇道之风.文史哲，2004（5）：35-41.

② [英]埃文思·普里查德，褚建芳等译.努尔人——对尼罗河畔一个人群的生活方式和政治制度的描述.北京：华夏出版社，2002.

③ [美]莫里斯·弗里德曼，刘晓春译，王铭铭审校.中国东南的宗族组织.上海：上海人民出版社，2000.

④ 李安宅.藏族宗教史之实地研究.上海：上海人民出版社，2005：10.

服雪域神山和山神的圣迹。自赤达摩被杀（842 年），藏地再无一统天下的藏王，部落互不统管的状态一直持续到 1950 年，迄今约 1100 年，割据和分裂强化了各地以地域神为部落标识的山神的崛起。[①]莲花生的圣战和部落连年纷争提升了山神在藏地的地位，山神几乎变成战神。从阿尼玛卿山的山神体系看，山神基本是战神，相当于部落军事集团。人们献祭箭杆用作神的武器，呼喊“阿加罗”（战神胜利了）。对于汉人来说，打仗是国家筹谋和代理的事情，而对于藏人来说，部落战争是每个家庭的事情，枪支、马匹、粮草皆须自备。一些学者认为神山“拉卜则”是地理分野的标志，[②]事实上说明了部落割据下地方管理的边界意识。神灵体系总是按照现实生活的重点加以分化。在藏族三界空间中，山神从众多红色赞神和黄色念神中脱颖而出，龙神从各色鲁神中凸显出来。在汉人三官信仰中，天官经过社会变迁以后仅仅停留在家家户户的门神画上，上面写着“天官赐福”；地官让位于土地神（社神），成为最贴近基层社会的神灵；水官亦止步于为数甚少的三官庙堂供人祭祀，龙神的地位大为提升。与吐蕃政权相比，汉人朝廷虽历经改朝换代，大一统的格局基本未变。战争总是短时段和局部的事件，如何治理国家是朝廷关切的事情，这一基本条件决定社会生活的重点或者面临的繁难棘手的内务乃是社会管理而非军事管理。手捧文书的三官大帝与一身戎装、骑马执矛的山神形成文化对比。军事化是山神的基本内涵，而官僚化是三官大帝的主要特征，“赐福”、“考评”、“赦罪”都是官员话语，而“收服”、“阿加罗”则表现军事战争气派。经过分化，藏族山神和神山“拉卜则”景观遍及雪域高原，汉人土地庙景观成为中国乡村的地标。

文化地理学关注人类行为的地理合理性就像人类学热衷于空间行为的象征意义和文化逻辑一样，皆有门户之见。学科越专门化越存在偏执和自我欣赏的可能性。如果按照地理合理性的推理，山神的地位取决于神山的生态价值和经济价值，而实际上藏人并不这样理性地看待世界。原始的文

① [英]桑木丹·噶尔梅.赞普王神之子达摩及其后裔之王统世系述略.国外藏学研究译文集（五）：9.

② Samten G. Karmay, *The Arrow and the Spindle: Studies in History, Myths, Rituals and Beliefs in Tibet*. (Kathmandu: Madala Book Point,1998).

化逻辑是一种观物取象的思维方式，灾害是得罪神灵的结果，山顶是神灵居住的地方在那里更容易人神沟通，而且在山顶上更容易阻挡恶魔降下的气象灾害。牧民对山神的认知包含了观物取象的文化方式和地理合理性的地方认知。

生地、熟地与“地乳”

藏人从未把草地和山脉、河流视为空寂之地，而是赋予物理世界以生命，这是拥有万物有灵观念的族群共有的默识知识。新进化学派人类学家怀特（1988）受自然科学思想的影响，把世界分为无生命的物理领域，有生命的生物领域，符号构成的文化领域。[①]藏人认为土地是一种生命存在，有活力亦有死亡，像人一样有情感。土地显示生命的外化表现是土壤肥沃、万物生长，肥沃即健康，没有遭受采挖的草地，藏人称为“生地”，那些被剥去皮肤的土地，因丧失生长植物的能力和丰产的功能即为“死地”。[②]藏族的土地认知使土地禁忌成为整个藏区遵守的生态伦理。

用亲属称谓指称大地和自然物是世界范围的文化现象。人们把山脉称为“父亲”，土地或河流称作“母亲”。就像青海、云南人把澜沧江叫做“母亲河”一样，丰沛的河水灌溉和哺育了沿河众多地区和民族，印度人把恒河（genga）视为女神、圣河和母亲。1851 年美国白人欲购买印第安人西太平洋沿岸的土地，一位名叫西雅图的印第安酋长为了保护自己的人民免遭战火洗劫，写了一封感动世界的回信——“这片土地是神圣的”——《西雅图宣言》：

> 天空、土地和河流怎么能够买卖？这个想法对我们来说太不可思议！
>
> ……
>
> 如果我们放弃这片土地，转让给你们，你们一定要记住：这片土地是神圣的。河水是我们的兄弟，也是你们的兄弟。你们应该像善待

① [美]L.怀特.文化的科学.济南：山东人民出版社，1988：10-30.

② 南文渊.藏族生态伦理.北京：民族出版社，2007：183.

自己的兄弟那样，善待我们的河水。

如果我们放弃这片土地，转让给你们，你们一定要记住：这片土地是神圣的。空气与它滋养的生命是一体的，清风给了我们的祖先第一口呼吸，也送走了祖先的最后一声叹息。同样，空气也会给我们的子孙和所有的生物以生命。你们要照管好它，使你们也能够品尝风经过草地后的甜美味道。

如果我们放弃这片土地，转让给你们，你们一定要记住：这片土地是神圣的。你们一定要照顾好这片土地上的动物。没有了动物，人类会怎样？如果所有的动物都死去了，人类也会灭亡。降临到动物身上的命运终究也会降临到人类身上。

我们热爱大地，就像初生的婴儿眷恋母亲温暖的怀抱一样。你们要像我们一样热爱它，照管它。为了子孙后代，你们要献出全部的力量和情感来保护大地。

我们深知：大地不属于人类，而人类是属于大地的。

酋长把土地称为母亲，把土地上的河流、空气、动植物称为兄弟姐妹，要他们善待河流、空气和动物。西雅图便是以印第安酋长的名字命名的。

藏族牧人充满情感地把泉水叫做“阿妈的眼睛”，[①]藏区严格施行水体禁忌以保证泉水洁净，这样阿妈的眼睛才会明亮。藏文典籍经常提及“地乳”一词，这是人与土地关系的富有情感的表达。《藏汉史集》载：

三千世界形成之时，此赡部洲（佛教用语，四大部洲为东胜神洲、西牛贺洲、南赡部洲和北俱卢洲）为一片大海。有若干光净天之神，转来此处成为人类。此时之人，身具光明，能够空行，食喜乐之食（辟谷）为生，能享寿之无算。此时无日月、星辰、季节、男女之别。复有一人得味美之地乳，尝其味，众人逐渐以为食，身体变重，光明消失。地乳食尽之后，又依次取食甘露、芽菜、不种自生之谷。因此产生男女之器官及交媾之事。

① 才贝.阿尼玛卿山神研究.北京：民族出版社，2012：197.

……

大海已干，法王阿育王来到此地（于阗），在现在和田城住了一晚，王妃生下一子，形貌美好。看相人说，此儿命相很好，在父王没有转生之前，就会执掌国政。国王大怒，其母无奈将小儿抛弃此地。由于此小儿之福德，地上生出一个大奶头，小儿吸吮奶汁得以长大。①

化生藏人的地乳具有跨文化意义，就像西方亚当和夏娃的“智慧果”一样，在开启民智的同时亦带来进化的麻烦。哺育藏王的地乳传说再次印证了许多文化中共有的大地母亲的观念。在汉人传统文化中，土地庙是全国性的文化景观，分布于中国的每个村落。土地爷和他的妻子是神灵中少有被允许成双成对供奉的神仙眷侣，这一现象可以被认为是对大地母亲的重视。笔者把地乳现象视为藏族人地关系的情感化表达和文化建构。既往人类学涉及人类情感研究时局限于文化—自然、理性与非理性的分类标准，情感总是被置于生物性层面，原始、兽性、愚昧与文明、开化的两种标准形成对比。（Lutz & White, 1988）人类学不应满足于负面情感的研究，比如进攻性、嫉妒、贪婪等，正面的情感亦应正视。近来情感人类学研究注意到情感的社会与文化建构作用。藏族人有意无意地通过地乳意象和接下来论及的“寄魂”现象建构了一种生态伦理，事实上为神山圣湖制度在禁忌之外的大地伦理方面提供了一种道德和文化支持。土地情感是神圣地理所蕴含的强大力量。

藏族生命观的表达：寄魂

人类学传播论以生态环境的独特性和文化创造的偶然性来强调传播的发生学。可是一个文化制度或传统的成立有其内在的文化逻辑和历史语境，神山圣湖制度在藏地广泛传播和实行不是偶然性能够解释的。青藏高原的环境压力、政治制度、藏传佛教和万物有灵论的苯教、寄魂、土地情感等因素皆对神山圣湖体系的建立起到关键作用。

佛教前弘期的藏人持有万物有灵观念，认为人的灵魂不止一个且可以

---

① 达仓宗巴·班觉桑布，陈庆英译.汉藏史集.拉萨：西藏人民出版社，1986：15，55-56.

离开身体寄存于自然物中。寄存灵魂的场所或地方，有“命根”之意，藏语叫“拉乃”。藏人认为人不是独立概念，由躯体、灵魂和拉乃三部分组成的人才是完整意义的人。如果三者达到平衡，人就会健康、吉祥，否则就会生病，遭遇背运。弗雷泽在《金枝》描述了意大利的灵魂寄存现象，前任祭司把生命寄存在一棵橡树上，接替者欲承续神性、问鼎祭司之位须折断寄存前任祭司生命的金枝。弗雷泽解释说，灵魂寄存体外比放在自己身上更安全，犹如现金存入银行而不随身携带的道理，乃出于安全的考虑。[①]在青藏高原可以寄魂的自然物有动植物、山脉、水体。寄魂物的拥有者可分为个体和群体两大类。法国藏学泰斗石泰安（1999）记录了一个家庭所拥有的寄魂物。9个儿子都有与其同庚的“马魂”、“牛魂”和“鸟魂”，还有9个“树魂”和“湖魂”。[②]在格萨尔史诗中，部落战争的过程就是使用寄魂物和战胜寄魂物的过程。格萨尔的寄魂山是果洛的阿尼玛卿山，寄魂湖是玛多县的扎陵湖、鄂陵湖和卓陵湖，这些寄魂物同时也是岭国（部落）的，均在三江源的核心地区。格萨尔有三个寄魂鸟：白仙鹤（黑颈鹤）、黑乌鸦和花喜鹊。鲁赞王的寄魂牛——红野牛、寄魂湖——黑魔谷、寄魂山——九间铁围宫、寄魂鸟——共命鸟王。寄魂现象今已趋淡，但人与物之间转生的观念依然存在于藏人的记忆中。寄魂物有个体和群体之分。当个体或部落将灵魂寄存于山水、动植物，托管于山脉、湖泊时，人与自然建立了生死与共的关系，意味着寄魂物的健康、兴旺、强盛等于个体或群体的生命亦健康、兴旺和强盛。因此寄魂物是神圣不可侵犯的原则，也是神山圣湖制度维系至今而不崩坏的原因之一。

神山圣湖作为藏族人创造的文化景观蕴含了丰富的土地情感和生活希冀，就像印第安酋长西雅图一样，对天空之下大地之上的河流、空气和动植物充满了亲亲之情，自然物的盛衰、环境的好坏跟人类关系密切，跟社区的兴亡息息相关。灵魂寄存的传统将人类的生命与自然的生命并置起来建立共生关系，万物有灵观念肯定了人与非人世界享有生命平等的权利。藏人把生命平等的观念投射到神山圣湖景观中，把土地情感融入到环境中，

① [英]J.B.弗雷泽.金枝.北京：新世界出版社，2007：650.

② [法]石泰安.西藏的文明.北京：中国藏学出版社，1999：269.

这是生物多样性保护和生态文明的宝贵遗产。这一贡献非同小可，它把人类中心主义从“话语主人”的霸权位置驱赶下来，人与自然为伍，与自然共生、对话和游戏。现代人类惯于用主客二分法去思考问题，结构导致主体对客体的征服和重构。生物多样性趋恶，生态环境变坏乃是这种工业思维的产物。海德格尔（1996）的理想国被描述为天地神人四方联合体共生与在场的图景，希望人类“拯救大地，接受天空，期待诸神”。[①]这就是现象学提及的主体间性或交互主体。在神山圣湖的空间里，人在大地上意味着在天空下，在神面前。人们生活的价值就是顺应自然、爱护自然和自然创造的生命，这是“物无贵贱”（庄子语）的生物多样性思想和人神相得的境界。我们是否换一种眼光去审视万物有灵论和寄魂现象？天地神人是一个生命连续体，神灵是自然秩序和人类秩序的维系者。现在的环境危机不全是发展的问题，而是缺少秩序或者说缺少生态伦理。

作为认知体系和神山空间的神山圣湖

文化创造的历史偶然性说法难以站住脚。藏地神山圣湖网络的存在不但拥有地理合理性，而且拥有藏族本身的文化语境，它包括万物有灵观念、空间认知、土地情感、生命价值和宗教伦理等。

神山圣湖是藏族人历史建构的文化景观，如何看待它需要时间和空间两种角度，即在空间上将大区域和小地方结合起来，在时间上将历史的长时段和短时段结合起来。从区位讲，藏地神山可分为：（1）全藏型，如阿尼玛卿山；（2）大区性，年保玉则神山；（3）地区型，如果洛的年保玉则神山；（4）社区型，社区型神山体系十分复杂多样，拥有者可能是一个聚落单位，一个部族或几个部落共有。

从历史进程看，长时段的好处是容易辨识文化变迁的脉络以免迷失于共时性的假象中。藏地在历史上是一个部落分治的社会，吐蕃王朝的部落战争结束了割据状态后建立了统一的高原帝国。与此同时，宗教领域发生了文化史上的佛苯之争，藏传佛教逐渐征服雪域高原。在赤达摩（842）被

① [德]海德格尔.语言的本质.孙周兴编《海德格尔选集（下）.上海生活·读书·新知三联书店，1996：1109-1194.

图 2-2　阿尼玛卿神山

弑，青藏又复归部落割据的分立状态。这是青藏高原藏族社会的历史轮廓。已有研究表明神山圣湖制度在苯教时期已经存在且与政治进程相适应。7-9世纪松赞干布建立吐蕃王朝，莲花生大师收服苯教的山神并且使之成为藏传佛教的战神。神山被建构为天神领导下的管理者。第九代赞普布德贡甲以天神之子的名义提倡社会改革——开荒种地、兴修水利，冶炼铜铁、修桥筑路，发展社会经济。藏人为纪念布德贡甲的历史功绩，将他的八个儿子——长子雅拉香波、次子念青唐古拉、三子阿尼玛卿、四子交钦东热、五子岗布拉杰、六子索拉加布、七子觉吾宇嘉、八子协吾喀热——以他们的名字命名雪域八大神山，其父为众山之王。[①]《西藏王统记》确认了雅拉香波神山与王权的关系，石泰安进一步解释说，在古代吐蕃，王权属于自圣地而下凡到神山的神仙先祖，所以有时候也会把先祖和神山相混淆。神山也保护赞普的生命和政治权力。[②]八大神山起源的故事赋予赞普天神之子的至上位置，并暗示全藏型神山与政治权力的关系。如果神山是代表王权的纯粹象征物，其影响力是相对有限的。然而王权下沉到部族聚落所形成

① 洲塔.崇山祭神——论藏族神山观念对生态保护的客观作用.甘肃社会科学，2010（3）：160.

② 石泰安.西藏的文明.西藏社会科学院，1985：230.

的神山体系已经超越纯粹的象征，以神山为中心采取环境资源的保护行动。

表 2-3　甘青川毗邻地区部分地区型和社区型神山分布

地区	神山	分布区域
一、地区型神山		
湟中	阿米吉日	湟中、化隆、尖扎、兴海
热贡	阿米夏琼	同仁、隆务河 12 部落
果洛	年保玉则	甘德、班玛
西顷山	莫尔藏阿米	河南县
华日	阿尼拉布桑	大通、天祝、乐都、互助、门源
二、社区型神山（村庄或部落）		
夏河县	阿尼夏勒、阿尼华勒	塔哇、曼克尔
卓玛拉日	（同上）	
	阿尼九甲	来周
	阿尼者英	夫地
	阿尼多赞	哇日
	萨依朗	洒依囊
	羌则、贡蒙	桑科
	捏贡噶尔	甘加
卓尼县	小神山	嘉波（土司）、纳浪
	白石崖	完冒
	大钟山、拉则噶给	拉力沟、纳浪
	柏香	麻路
玛曲县	阿米格拉	
	伦钦杂日，今歌儿	
	钟山、占德	
	扎西拉热、尔甲	
	华木噶尔	
	诺日敖巴	
	阿米拉果	尼玛部落
	阿米欧拉	欧拉部落
	沙日、当日	

资料来源：（1）范长凤 2005-2011 年调查资料；（2）王秋华；（3）索端智，藏族信仰崇拜中的山神体系及地域社会学者象征，思想战线 2006（2）；王兴先，华日地区一个藏族村落的民族学调查报告——山神和神山崇拜，西藏研究 1996（1）。

已有资料表明，全藏型神山的起源与王权有关。虽然神山的存在要早于吐蕃拥有统一政体，但作为布局于全藏的神山体系却是吐蕃统一以后的产物。因为在“小邦时代”不可能建构覆盖雪域高原的神山体系。而后来的吐蕃政权分崩离析虽然弱化了体系的力量但未危及业已建立神山体系的存在。在此后的 1,000 多年中，神山体系进入权力下沉的过程，人们更看重地区型和社区型神山。结构性变化说明藏人的视线从表达王权的政治关怀转向地方领导权和社区权利的表达。

一些地区型神山实际上脱离某个全藏型神山而自成体系，强调自身的独立性。甘南阿尼年钦（太子山）神山包括拉卜楞、玛曲、夏河、卓尼、迭部，年钦神山体系虽然名义上属于阿尼玛卿大神山，但在大部分地区影响趋弱。流传于大夏河流域的神山传说讲到，阿尼年钦是宁玛派护法神和战神，曾与格鲁派护法神阿尼玛卿山神因争夺夫人而斗法，玛卿的右眼被射瞎。[①]神话暗示了教派分歧和相同社会语境下的地方联合。甘南地区不同于阿尼玛卿山地区，其族群聚集，文化接触频繁且政治关系复杂。玛曲、夏河接近藏族游牧类型；卓尼属于半农半牧生产类型，与汉人接触密切，在政治上认同和接受中央王朝的领导。这些地区在吐蕃无统一政权的情况下，要求相对自主的政治存在是自然而然的选择。社区型神山无疑具备多种实质性价值，维系紧密共同体，标志土地所有权，控制气象灾害，采取生态保护行动等。

① 李安宅.李安宅藏学文论选.北京：中国藏学出版社，1992：58.

第二节　神山圣湖的另一个视角：资源与环境管理

神山圣湖体系是一个由众多文化景观集纳而成的自然—社会网络。神山并非某个超越自然力量的预置，而是人与文化的建构。神山选择的基本原则是“上无覆盖”，对于藏传佛教来说，祭祀场所应洁净无污染；山巅、房顶、碉楼因高出地面更远离尘世和接近天神而成为理想之地。神山圣湖体系由分布于藏地的众多景观丛节构成。山脉包括神山在气象、气候和文化方面对藏族牧民有重要价值。藏人祭祀山神的目的之一是借助神灵控制气象和组织环境管理行动。在某种程度上，景观是对环境变化所做的人类选择和反应。

图 2-3　拉卜楞地区插箭仪式

祭品的味道和仪式的力量

祭祀山神在安多藏区叫做“拉卜则”，讲汉语的卓尼藏人称为“攒山神”或“造山神”。甘南临潭县的汉人亦有此类祭祀，把龙神抬上山顶禳镇冰雹，曰“扎山”。按照汉人传统，龙神是仪式中的主神，山神为伴神。“拉卜则”一般在藏历五六月举行，地点是经年举办固定下来的高山之巅。在甘南卓尼藏区，一个村落一般拥有两座神山，距离村庄较近的是父系家族的神山，距离较远的可能是部落共有的神山。拉卜则是村落或部落边界的地理标志。在夏河藏区，人们祭祀两座相连的山峰，当地人叫“双子座神山”。[①]拉卜则仪式由建造箭垛、摆供、请神、念诵经文几个环节构成。景观绝非建筑本身，人、箭垛、仪式过程、行动皆为景观的组成部分。以往人类学把献祭视为一种人神之间的互惠和交换，这虽算不上错谬，但有可能是一叶障目，因为看到的现象未必是事物的本质。供品凝结着人与神、人与自然的复杂关系和情感，比如感恩、谢罪、供养和群体共同感。其祭品如表 2-4。

表 2-4　拉卜则仪式

仪式物品	意义	功能
一、工具类		
箭垛	山神象征	山神居所
箭	男性、福央	神之武器
穆绳	人神交通	天梯、交通工具
隆达	好运、方位	巡视工具
二、食物类		
奶制品	吉祥、圣洁	供养
放生牲畜	赎罪、忏悔	供养
糌粑（朵玛）	忏悔、驱魔	驱魔工具
清水	洁净	信仰虔诚
桑	洁净	祈祷

① 2010 年 8 月 23 日田野笔记。

图 2-4　隆达的图案

把人神关系完全理解为理性的交换，容易产生人与神好像是纯粹的交换关系的联想，掩盖或扭曲了藏人真实感恩之情和宗教诉求。藏人对神的供养没有局外人想象得那样世俗和功利。其一，供养为修身成佛。用洁白、温润的牛奶供养神灵，就像身体摄取营养而有光泽一样，喻身有妙色、心增禅定；煨桑乃是洁净身心，明镜乃为证悟佛法，获得殊胜智慧。人们希望通过敬拜获得好天气，但气象灾害具有极大不确定性，雪灾、冰雹依旧给牲畜和耕地带来危害，尽管如此，人们并未放弃供养。所以交换理论不能很好地解释人神关系。其二，供养为感恩和赎罪。人对大地母亲的情感不因丰歉而有变化，感恩是祭祀的重要话题，因此大量的祭辞都是赞颂神的伟大。拉卜则仪式的另一重要内容是忏悔和赎罪，人类有意或无心的行动会冒犯神灵，比如动土、砍伐、采掘和破坏水体等扰乱了神的安宁和自然的秩序。朵玛（gtor-ma）是用青稞面捏成的人形和三角形食品，它可以作为一种赎罪和替罪的物品，在仪式结束后扔掉或焚烧。在祭山仪式上使用朵玛，念诵“忏罪七支”的经文，暗含祭祀者对自己不当行为进行反思的意味。

工具类祭品主要用于人神沟通的工具和神控制天气的武器。隆达（rlungta）是象征性交通工具，火柴盒大小的纸片上刻印着一匹飞驰的骏马，其四个方位画着虎、狮、鹏、龙，表示法、财、欲、果四分圆满。隆达撒向天空，升天后成为天神的坐骑以便巡视藏土大地；放生牦牛是山神巡视草原、耕地和部落领土的交通工具；神箭是山神与魔鬼战斗以祛除气象灾害的武器。山神有红白两种，白山神有天神般仁慈宽厚，红山神属于念类，性情多变既行善又作恶，具有善恶二重性。仪式专家“阿年”认为雹灾是红山神所为。

山神有自己的国度，他们与人共有许多东西，不过他们只狩猎不种粮。所食之物皆从人类手上夺取。成功的雹灾对山神来说就是粮食丰收。领头者为一牵老虎的女神。秋收时山神赶着兽群四处游荡，选择地点投掷冰雹。①

也有资料显示，雹灾的发生与勉姆（sman）女神有关。②她们经常以山神的妻子身份出现，右手握闪电，左手握冰雹。雅拉香波山神之妻便属于勉姆神灵。相传阿尼玛卿山神的妻子本事超群，驭电掣雷，掌管冰雹的发生。

牧民的环境管理行动

神山景观和空间所表达的宇宙秩序和神圣地理思想终究要下沉到现实的生活世界，藏区的牧人和农民如何在神山圣湖的框架里安排其生计活动，使用何种方法维系神山圣湖制度？

青藏腹地多为稀树草原，不像甘南藏区森林密布，草原几乎是唯一的占优势地位的生态系统，保护草原等于对草原生态系统中所有生命的保护。在藏人眼中，“雄狮离不开雪山的保护，猛虎离不开森林的保护”，植物因其稀少得到牧民的珍爱。地方性知识告诉人们，“山上多植物，胜似修水库，有雨它能吞，无雨它能吐”。因此藏区实行严格的动土禁忌和水体污染禁忌。藏人的生态保护实践具有深邃的生态学眼光，此非夸大之词。按照现代生态学术语，藏人实际上使用了“地质时间尺度”而非“人类时间尺度”去看待草原的再生速率。青海省草原研究所马玉寿教授在江河源的果洛州做过草地恢复研究和实验。一块中度退化的草地靠人工恢复需要5-8年，重度退化的草地的更新（succession）几乎不可逆转。③青藏高原许多冬季牧场每况愈下，唯一的办法是用极高的代价重建草地小生境。草地一旦遭到严重破坏需要漫长的地质级别的时间方可修复，因此藏人的神山圣湖制度具有生态学家的眼光，它体现了生态完整性的思想，因而是文化加生态的生命保护制度。

---

① 格勒.格勒人类学、藏学论文集.北京：中国藏学出版社，2006：260.

② [奥]内贝斯基，谢继胜译.西藏的三组女神.国外藏学研究文集（四），拉萨：西藏人民出版社，1988：324.

③ 马玉寿，朗百宁等.江河源区高寒草甸退化草地恢复与重建技术研究.草业科学，2002（9）：1-4.

我们在理解神山圣湖的概念时，容易把它当做纯粹的宗教现象去考虑问题，而他作为一种文化现象不是出于某一单一原因，因而低估了藏族人对世界的认知水平和文化创造的多目标性。当藏人最初建构神山圣湖时也许主要出于战争、仪式的目的，牧业生产对草原系统的保护的必要性使得生态问题成为仪式的重要内容，后来又加入了藏传佛教的内容。神山圣湖景观实际上是若干文化层叠加起来的结构。它的上层是政治、军事和意识形态，其次是宗教仪式，最后是与社会生活密切相关的实践知识。这一结构的底层是与牧业生产相关的部落转场制度、保护生态的禁忌。文化层之间并非孤立存在，而是相互依托和支持。景观的神圣来自政教的权力及其附合的力量，山顶上的箭垛恰是信号灯，是指示和引导人们如何行动的开关。在仪式季节信号灯开启（on），人们此时去朝圣和亲近它，在非仪式季节则关闭（off），人们不得滋扰神山圣湖而应远离，从而保护了山脉和水体。景观发出的指令是一种约定，而部落制度是一种硬控制。部落法规的主要内容是：（1）守土御敌；（2）游牧转场；（3）行为规范包括惩戒杀生的条款。分别与领土、空间行为和环境保护有关。各藏区对生态问题有如下规定：[①]

理塘藏区《十三条禁令》：

禁止打猎和伤害有生命的东西。打死一只公鹿罚藏洋 100 元，母鹿罚 50 元，岩羊罚 10 元，獐子、狐狸罚 30 元。禁止采挖药材，不准砍伐神林神树。

青海刚察部落法规：

一年四季禁止狩猎。不杀一匹野马罚白洋 10 元，打死一只野兔或哈拉（旱獭）各罚 5 元。

甘南甘加部落规定：

① 张济民主编.青海藏族部落习惯法资料集.西宁：青海人民出版社，1993.

在甘加草原禁止打猎。凡捕捉旱獭，外人罚款10-30元，本部落牧民则罚青稞30升（150斤）。禁止砍伐森林和拾捡柴禾。

四川德格部落规定：

不准在神山上打猎、采药、开垦；不准在神山、神湖、泉水处便溺。侵犯神山、神林、神水者，脱光衣服鞭打，用烙铁在其额头上烙十字印，驱逐出境。

藏族部落制度的有效性在某种程度上借助了文化景观的象征资源，定期的仪式给了部落首领天赐神授的权力。谁拥有祭祀和供养神山的权力，谁便拥有守卫领土、管理环境资源的权力。当统一的吐蕃政权分崩离析变为分散的部落社会时，王权象征的神山为部落所有，权力下沉至部落、村寨。藏族部落组织的一个重要职能是对领土、神山景观和环境资源实行统辖和管理。在目前的许多藏区，传统的管理权已经苍白无力，究其原因部落组织的崩坏导致法规的解释权和执行力丧失，而国家无法容忍第二种法律的存在。虽然社会进程和发展无可厚非，但是藏族牧民如何与国家一起联袂参与管理，尤其在环境资源管理方面，尚存在巨大思考空间。

第三章　牧民与矿企的资源之争和保护行动

草原矿产开发涉及国家、矿企和村庄诸多利益相关群体，这不仅是生态环境问题，也是文化和社会问题，目前青藏地区的采矿活动正在加剧生态环境的危机和人类基本权利的恶化。问题紧迫而繁难但必须破题，保护环境和生态系统的完整性以免影响国家未来的发展，它要么是问题的一部分，要么是方案的一部分。

这种非理性的矿山开发发生在社会进程中的某个特定历史阶段的人类活动，它涉及政治、经济、文化，包含着国家、地方、村落以及利益分配、环境正义、人类基本权利等等复杂关系。矿山开发绝非挖矿炼金那样简单，仅仅从技术和生产角度去研究是不够的，诸如社会问题、文化与生物多样性、人类基本权利等问题都会在矿产资源开发中不断凸显和爆发。这些问题与价值观、文化传统有关，而人类学研究的优势在于可以从更宽阔、更基层的视野去探讨问题。尤其是本书所选择的区域是藏人居住的黄河源区，民族地区的稳定发展和中国水资源安全重叠在一起，其重要性不言而喻。

第一节　走进青根河

笔者在青藏做文化与生态调查研究逾十年，最初的好奇和他者印象褪去之后，惟余深度参与的坚持和对青藏圣地的情感。在果洛州甘德的一项调查项目结束后，2013 年 7 月 23 日经玛沁、同德前往海南州的兴海县做矿产资源开发的调查。参与项目的研究生欧阳也从海南州恰卜恰家乡赶往兴海，她将向我引见一位兴海当地的年轻藏族翻译。高原此时正值一年中最美的季节，汽车驶入同德县，条状的金黄色油菜花地与翠绿的草原交织成黄绿相间的色块，给人带来愉悦的审美感受。作为采矿与环境保护的调查者，我心存忧虑，不像车外景色那样自然、明快。了解这项调查的人，包括学术同仁、地方官员和地方人士都表达了几乎同样的担心和忠告，在人们眼中矿山属于是非之地，充满着难以捉摸的不确定性。但我以为，凡事都要有人做，不做怎知不行。在兴海县城，我背着行囊和摄录器材也未引起当地人的注意，这显然比果洛州的县城开放多了。在一家藏族人开的旅馆住下，不久欧阳带着那位藏族翻译来到宾馆。欧阳来自恰卜恰，父亲是汉人，母亲是藏人，是新招进来的研究生；藏族小伙叫周桑，毕业于中央民族大学汉语言文学系，回到家乡后在兴海中学任教。按照既往的工作习惯，下马伊始的第一项工作是收集地方史志和政府文件，对地方性知识进行短时间学习或者补课以期获得更有效的调查成果。藏区的行政体系常常受人情世故或社会关系的影响。当我们赶往兴海县群艺馆、图书馆和档案室借阅资料时，办公室空空如也，只有门卫在值班。据说县里一位局长因车祸去世，县委、县政府的科室人员几乎悉数前往逝者家里参加葬礼。我们只好打道回府，另找时间再来。

藏区人际交往的特点是重人情，收集资料抑或访问报告人如有熟人引荐方可顺遂。欧阳按照我的嘱咐在海南州开了一份给兴海县宣传部的介绍信，宣传部部长是欧阳家的故交。部长简单问候几句，便把各局递交上来的文件、数据、地方史志码了半张桌子，让我们带走参阅。部长听说我们来此调查藏区文化和生态环境问题后表示尽力支持，派他的司机引领我们到统计局、环保局、国土资源局和农牧局了解情况，各机构均积极配合，提供数据、打印资料。事情进展如此顺利有点出乎意料。因为调查项目的强相关性，我们在环保局逗留的时间较长，环保局副局长兼环境监察大队队长才让加在访谈中强调了三个问题：

藏族人游牧为生，天天与自然打交道，离不开自然环境，所以有着天然的生态意识；游牧藏族的生产方式要求部落内部的合作共事，故有很强的团体感。哪里排污，乱采乱放，牧民发现后就集中起来找矿企说理，义务环境监督员会在第一时间给我们打电话通知我们去处理问题。环保局在矿企分布密集地区聘任了九个正式的牧民义务环境监督员，发给他们聘书。牧民们分文不取但热情却很高，都是自愿而且抢着报名参加。这样在重点监控地区可以确保我们在第一时间掌握企业动态，为处理污染事故和纠纷提供依据。

环境监察大队是个新单位，人手、交通工具、监测设备和经费都不足。兴海县地域辽阔，全县面积 1.21 万平方公里，而且山高路远，就现有的两三部车，到偏远牧区我们只能做到每月去两次。比如赛什塘铜矿海拔高，只有一条简易公路，过六道湾伸手能摸着云彩，兴海人把它叫做“天路”。早上去第二天才能回来，而局里人手少，事事都要有人干，无法兼顾。我们环境监测的重点是监测土壤和水体中的重金属，但县上没有检测设备，所以只好把采样送到西宁委托检测。

我所拿到的一份水质监测报告，编号为 2012-066-1，项目类别为委托性监测，监测单位为西宁市环境监测站，监测项目为地表水和空气，上面标明重金属、硫化物和氰化物的含量和污染程度。监测日期是 2012-03-28，报告日期为 2012-04-11，也就是说从取样送达到监测报告完毕需要半个月。半个月时间可能发生多少事、造成多大程度的损害无法预料。显然环保监测手段落后于牧民的环保意识是藏区的基本情形，这既有地方行政追逐产值、增长而忽略难以创造 GDP 的环境问题，也有国家政策导向的问题。兴海县的土地面积相当于成都市 7 区 8 市 4 县的总面积，人员、车辆、设备和经费根本无法与东部一般地市相比，关系到人民生命安全的问题应该体系在国家和地方政府的制度设计上。

青根河流域的文化空间

兴海县位于阿尼玛卿山之北麓，青海湖之南岸。境内铜、铁、银、金等金属矿产资源丰富，是青海省的“矿产宝地”。自矿产开发以来传统文化资源悄悄地消失，人们逐渐意识到文化资源的重要性。

青根河是黄河源的重要支流之一，“青根”意为河坝，下游叫做“大河坝河”。什多隆铅锌矿位于青根河的上游，河东南岸的青根河村、黄清村是我们的调查地。青根河流域曾经建有历史上的唐蕃古道，在这条古道上发生过吐谷浑西迁、文成公主进藏、薛仁贵兵败大非川的史实，至今还保留在当地的口头文学中，比如“薛仁贵征东不征西”的历史故事在藏区广泛流传。也正是因为地理位置的重要，古时的讲经法台成为当今的文化遗产，公元1587年三世达赖索南嘉措在此法台上讲经布道，相继登台弘法加持的宗教领袖有五世达赖阿旺罗桑嘉措、九世班禅额尔德尼。昔日金戈铁马、民族交流、弘法传教的青根河畔和唐蕃古道，如今正经历着一场剧烈的社会文化变迁——进步、繁荣抑或环境退化、生态抗争。

汽车载着我们几个调查者在214国道上奔驰，2小时后到达青根河桥头集镇。街道上空空荡荡，商铺前面没有行人，没有交易，实在无法与昔日的古道盛景联系起来。一位商铺主人说，牧民多在夏季牧场放牧，剩下的村民都上山参加跳神法会去了。我们沿着他指示的方向往山上爬，路上有三三两两牧民也前往神山参加跳神法会。山顶上桑烟缭绕，人声鼎沸，我们要寻找的村书记才太本也在人群中。他告诉我们，举办跳神法会的目的是为了禳解日益突出的交通事故的频繁发生。说完就去忙活他的仪式事务了。我们立即准备好摄录设备，静待跳神法会的开场。

青根河和黄清村是“环海八族”（青海湖）部落之一“夏卜让”，藏语意为“鹿的胸部”。据说夏卜让部落从甘南夏河一带迁至黄南州隆务河流域游牧。清道光年间，夏卜让部落的一支渡过黄河来到兴海县青根河，先后两批迁移的人口大约有130户。夏卜让部落辖区内有著名的赛宗寺——同仁县隆务寺的属寺。夏卜让在清朝曾是千户部落，下辖九个部落：夏卜让、欧加、四柔、四加、纳加、上申吾、下申吾、上祁加、下祁加。[①]移民历史属于文化背景的一部分，这有助于我们理解跳神法会的文化语境。

① 县志编委会.兴海县志.西安：三秦出版社，2000：413-15.

第二节　在利益与环境之间

从跳神法会说起

来自热贡地区同仁县的法师身穿红色法衣，围着巨大的煨桑台引导众人顺时针走了三圈，口中似乎在念诵一些经文。人们在指定的开阔地围成一个圆形坛场，众人发出尖声呼啸，一叠一叠的隆达（风马）像雪片一样抛向天空，海螺吹起深沉的音调。圆圈中间摆放了上百瓶的廉价青稞酒、香柏枝、黄表纸和其他仪式物品。法师脱去红色长袍，上穿白色衬衣，系一根红丝带，下穿藏青长裤外罩红色法裙。法师头发花白，脑后留有一根纤细的红色小辫子，看起来身体十分健硕。法师很明显进入神迷状态，牧民们的情绪还未安定下来，法师大声训斥道：

> 大家让开，围个大圈，大家坐下。我被神明点化，被活佛加持。愚昧的人啊，我让你们坐下去，为什么不听！所有人都坐下，神明生气了！

法师有力地挥动着矿泉水瓶，然后使劲摔在地上，就像一个脾气暴躁的家长或篮球教练。法师全身颤抖，急促地吐气，时而发出“嗨嗨，啊哈”的声音，他不停地摇头，脑后那根细长的红辫子有节奏地甩动。这时法师手执扇形羊皮鼓，跳起刚劲有力的法舞。人们的情绪再次高涨，又是一阵狂啸和雪片般的隆达。经过圣化的青稞酒被牧民一抢而空。当会场复归秩序后，法师坐下来，依旧颤动身体、急促摇头，两村七八位部落头人和村干部围绕他跪在地上形成一个内圈。求神者双膝跪地手捧白色哈达陈述所求之事，僧人、牧民和头人拿出手机一边恭敬聆听一边用手机拍摄：

> **求神者：**村里一直发生车祸和疾病，怎么才能避免这些灾祸？

法师：发生这样的灾难，问题出在哪里？我让你们念经，这样的经那样的经，你们念了吗？出了事你们请我来，可是你们看你们做的事！还想修寺庙，让你们蹲下，你们不蹲下，这样修寺庙有何用？佛祖的教义何在，幸福的日子何在？

法师：让你们所有的人念经，你们会不会念？

众人：会念！

法师：大家在家念“卓玛”这样的经文，念完后再来神庙，我会展现出神迹。以前我让你们念完经后，不是展现了一些神迹吗？你们心里应该清楚吧？

年轻人要听长辈的话，大家应戒烟戒酒，小心驾驶，听见了没有？

众人：是！

法师：你们想把煨桑日定下来，就定在每年的五月初九，禳解仪式就定在六月 29 日。你们想修神庙是吧？（问跪在他面前的人）你是不是想把所有的神明都请到一个庙里？（用手掌拍了他的脑门）对信仰一定要纯洁！你们就是嘴里喊喊而已，其实不需要我。

求神者：铅锌矿污染了我们河水怎么处理？

法师：山川河流皆有神灵，动土、投毒会遭报应！愚昧的人啊，你们多用脑子，少用拳头，事情的解决才有希望。下雨的时候人畜勿用河水。你们要坚持加哇，佛祖会赐给你们智慧。

求神者：兴海和共和两县的草山纠纷是遗留问题，一直存在，能不能解决？若能解决，哪边可以得到草山？

法师：念这样的经，那样的经，为什么？这件事要成功，除了加哇（念经）还要举办禳解仪式，你们会不会举办这样的仪式？

众人：不会，请神明明示！

法师：（占卜后）应该很难，非常难！

用五谷给众人加持。

法师：众人啊，不要忘了念经礼佛。不要以为我不在你们身边，我无处不在，如影随形。年轻人，听从长辈，不可赌博、不要喝酒，不要留长头发，也不要染发。

村支书：要遵守神明的旨意，做我们应该做的，远离危险的事情。

开车时不争先，不疲劳驾驶，更不要喝酒。

法师祈祷完毕，众人欢呼。向法师敬酒后，众人争抢神酒。法师跳起神舞。人群中有三位歌者用民歌的调子向神、喇嘛和长辈献歌。

仪式并非虚幻之物，许多地方举行仪式的目的就像拉·布朗所说，仪式乃是缓解人类的现实焦虑的方式，[①]这些焦虑来自现实生活遇到的实际问题，交通事故和人畜疾病的问题与采矿虽无直接关联，但矿山的繁荣和当地社会的发展构成一个连续性。在青根河流域相继开发了什多隆铅锌矿、白尕湖铁矿等矿山的发展带动了交通、通讯和物流的长足发展。从村庄内部看，2009 年村支书才太本动员村民在 214 国道两侧修建商铺，建立桥头集镇。随着集镇建设初具规模，70%的牧民过着半定居生活，放牧和经商两不误，成为“两栖牧民”。牧民把自己生产的牛羊肉、酸奶、牛奶、曲拉以及在草原上采集的人参果、蘑菇、雪莲拿到市场上销售。人们开始购置各种车辆从事商品物流和采矿业运输。

兴海县是青藏高原的矿藏宝地，矿产资源的产值达 70%，超过传统的牧业。课题组从青海甘德到达黄河上游的青根河村，什多隆铅锌矿就建在黄河上游的青根河岸边。村里空空如也，牧民聚集到神山上参加跳神法会。矿山的开发和牧民市场经济参与度提高，公路发展很快，机动车拥有量大幅增加。截至 2013 年，青根河村 250 多户平均每户拥有一辆汽车，客货运输成了牧村新兴的产业，与此同时村民因交通事故的伤亡人数不断攀升。举办跳神法会的目的就是控制交通事故的频发，其间接的意义在于强化生态价值观。我们关注的问题是矿山环境问题。法会后村支书和事件亲历者给我们讲述了 2005 年的环境冲突事件：

才太本：2004 年 5 月，牧民发现在青根河岸上不足 10 米的地方修起选矿厂房，浮选矿石的设备已经到位，一排污水管伸向清澈的河流。青根河是牧民的母亲河，人畜用水的来源地。一旦排污将涉及流

① [英]拉德克利夫·布朗.禁忌.载史宗《20 世纪西方宗教人类学文选》.上海生活·读书·新知三联书店，1995：111.

域内 2500 多名牧民和 2 万头牧畜。村民自发组织起来，轮流值班，制止矿企往河里排放毒水。

多贝：被毒死是死，打仗也是死。反正都是死，还不如为保护水源而死！

次真：现在没有什么办法制止他们的行为，书记、村主任去过县上请愿，县上也管不了。只有强制的办法才能让他们停下来！

本周：我们信仰藏传佛教，众生平等是男女老少都知道的道理，一草一木都有佛性。他们在草山上开矿，在河水里排污，那里有山神龙神，有动物植物，开矿已经破坏了我们的神山圣水，为什么还要杀生啊！

——兴海县青根河田野调查资料 2013-07-19

在牧民的坚持下，矿企被上级部门叫停，最后从青根河撤走厂房和机器设备。在笔者调查中，青根河的环境抗争模式在藏区许多地方存在，比如卓尼县尼巴村保护森林的集体抗争，玛曲县格尔柯牧民的保护水源地的冲突，玛沁县德尔尼铜矿的静坐抗议，都是自组织的环境抗争。藏区的环境事件的发生跟权力层级缺乏一致性有关，即矿企用地审批在县一级被否，而在州一级政府部门却能获得立项批复。2004 年 4-6 月，什多隆铅锌矿在没有获得兴海县土地审批的情况下，使用商人的神通在海南州获取立项资格，又在青海省环境影响服务中心拿到“环境影响报告书”，该中心未经实地调查便开出一个肯定性的环评结论。当牧民将青根河建厂一事反映到县上时，县环境大队立即进行现场调查取证。环保大队在 5 月和 8 月两次下发通知责令什多隆铅锌矿停产补办手续，都未收到效果。2004 年 10 月《中国青年报》以《有毒矿污水污染母亲河，黄河源打响草原保卫战》为题进行报道。2005 年 3 月青海省环保局责令铅锌矿选矿厂迁址，并在 4 月对青海省环评服务中心提出通报批评。在牧民、环保大队、政府机构和矿企多方博弈的过程中，代表资本的矿企有异常强大的力量，牧民的弱势地位未能改变，县级政府和职能部门颇受权力挤压，高一级权力机构被收买，人类基本权利成为牺牲品。从而导致破坏者大发横财，贪腐者坐享其成，受害者品尝苦果。

牧民对环境问题的思考

青根河牧民已从传统单一的牧业生产者转型为商牧兼业的双栖牧民，这一转变使牧民更加贴近外部世界，更关注政策对牧民生活的意义，与此同时他们感觉有必要学习新的行为方式与政府和矿企接触，而不是一味地使用原始方法解决问题。才太本谈了自己的看法：

> 城市为什么那么干净整洁，污染有人管，垃圾有人清理，因为城市有制度、经费和保洁员。乡村为什么不能有呢？这就是我作为一个牧民的想法，我一直在思考这个问题。
>
> 青根河、黄清村作为一个行政村，有七个社（村民小组），每社选择一个负责人安排和管理矿山环境问题，村民轮值监督尾矿泄漏情况，他们是：
>
> 一社　切排
>
> 二社　旦切
>
> 三社　才让
>
> 四社　才吉
>
> 五社　次真
>
> 六社　本周
>
> 七社　多贝

每社出一人作为义务环境监督员为县环保局帮忙，他们没有任何报酬。当我们驱车查看什多隆铅锌矿的尾矿坝时，遇到两个牧民在轮值巡查，他们没有住处，没有特别的标志。他们是五社的牧民，特意从夏季牧场感到这里。如果没有什么情况，巡查两个小时即可返回牧地。村里牧民一个月轮值一次，发现情况就用手机拍照，不定期向环保局汇报。现在矿企的采矿、选矿活动比以前规范多了，村企关系趋于稳定。尾矿坝面积很大，占据了山谷的很大面积，笔者看到尾矿坝的下游不足 1 公里的地方，还有一个十几户的聚落，有一个围墙内放置了儿童的滑梯和其他儿童游乐的设施，似乎是一所幼儿园。这些隐忧似乎并未引起矿山的注意，也不在环境监督员巡查的范围。

青根河调查包含了许多内容。第一，无序开发与环境伦理的缺失跟行政体系内的权力滥用相关联；第二，牧区社会正经历一场剧烈变迁，期间产生的现实焦虑在牧民看来需要用文化仪式的方式去解决，而矿山开发以后传统文化的崩坏又促使他们着手文化重建；第三，最初表现为正面冲突的环境抗争形式已被新的现代方式所取代。牧民开始思考如何建设牧区的环境监督机制，并且意识到在环境保护上的城乡差别，即环境公正的诉求：城市享有的待遇乡村为什么没有？这些问题还没有来得及仔细思考，我们又踏上前往赛什塘铜矿的山路。

第三节　赛什塘铜矿的个案

进入赛什塘牧场

兴海县政府驻地海拔 3,300 米，距我们前往的赛什塘牧场大约 76 公里，海拔高度上升到 4,000 米以上。对于经常往来于高原的人来说，基本没有高原反应的烦恼。我们项目组一行三人包了一辆五菱宏光的出租车，这种车在青藏高原很适应也很给力。出县城向南 20 多公里转向西南方向，海拔逐步升高。一路上尽是高原草场风光，刚从喧闹的县城出来感觉很清爽惬意。司机打开光盘播放青海花儿打发旅途时光，那悠扬婉转的花儿令我们如痴如醉，翻译、司机和我跟着 MP3 唱着我们彼此熟悉的“花儿”，心情大好。

好马上备的是好鞍子，
鞍子上骑的是人稍子；
身穿皮袄金边子，
腰里别的是三件子。

嘿……
八宝山来火焰山，
牧民们占下的好草山，
甘州不干着水滩滩，
凉州不凉着米粮川。

在车窗外翠绿的草原上，三个藏家女结伴而行似乎在寻找什么，司机说她们在采蘑菇。在高海拔的草原上盛产一种十分味美的黄蘑菇，价格亦可观。这里海拔4,000米以上就可以看到雪莲花。青海雪莲与新疆雪莲不同，青海雪莲表面为蓝紫色，手感绵软，而新疆雪莲为浅黄色花瓣，薄而透明，没有青海雪莲个头大。在这个海拔高度还有青海最昂贵的药材冬虫夏草。

汽车开始用力爬坡，前面路段即是被兴海人称为“天路”的六道湾，属于阿尼玛卿山脉的支系，这条蜿蜒曲折的土路沿山体等高线悬挂在半空，远看像一条白色飘带飘浮在铅灰色天空中，此时细细的雨丝落在车窗上，深色的云彩从窗外飘过，如果打开车窗一定能够着。车走到山顶时，有恐高症的人不要向山体外侧俯视，透过云层和雾气，沟底依稀可见。此时最紧张的不是司机而是乘客，司机还是那样从容不迫，只是多了些专注。我们都紧紧握住车上的把手或者可以抓住的东西，过了六道湾车里复归自由交谈的状态。到了赛什塘村，我们走进村支书家，村里的干部都在支书家的客厅里议事。我们的到来出乎他们的预料，原来议程随之改为矿山环境问题。

赛什塘铜矿位于青藏高原腹地的阿尼玛卿山之北麓，也是三江源自然保护区。行政归属于青海省海南藏族自治州兴海县。“赛什塘”藏语意为“黄金滩”，“塘”的意思是“广阔的草地、平川、滩”，比如藏区的巴塘、理塘。赛什塘村由7个游牧部落组成，住地较为分散。1955年青海省畜牧厅投资9.82万元建立赛什塘牧场；1956年牧场拥有职工102人，牲畜1.29万头；1957年与科学塘马场合并为地方国营牧场；1960年牧场拥有职工1,095人，牲畜5.65万头。1982年牧场实行联产承包制，当年盈利9.7万元。[①]2002年以前该村隶属于国有大型牧场，成年人皆为牧场职工，然而

① 县志编委会.兴海县志.西安：三秦出版社，2000：161.

他们实际上是企业编制的牧民，住帐篷、吃糌粑，说藏话，信活佛，他们以家庭为单位进行生活和生产活动，以部落方式聚集议事。2002 年以后企业运作的牧场已经变为拥有 1,800 人的 4 个牧委会，不过村社制依然保留着过去的叫法：畜牧一队、二队、马队、农队。赛什塘村拥有 6 万亩冬草场、13 万亩夏草场。“曲什安河”的藏语意思是“青色的河”，是黄河源头之一，至今仍为该地人畜用水的来源。农历六月初至十一月牧民在夏秋牧场放牧，十二月至次年五月在冬春牧场驻牧。田园牧歌式的生活在铜矿进入以后开始发生剧烈的变迁。2002 年开工的铜矿就坐落在海拔 3,400 米的草山上，矿区面积为 70 公顷。选矿厂距离河岸不足 30 米，这为赛什塘村带来措手不及的影响和不确定性。

赛什塘藏族社区的自组织行动

在赛什塘铜矿，地质灾害的隐患让每个普通人很容易预见。建在曲什安河岸边的选矿厂，高高的废渣山离河道只隔了一条简易公路，从高处俯视着河流，坍塌或滑坡随时都会发生，而装满废石的铁皮矿车还在不停地往下倾泻。这座大型矿山年采选矿生产能力 80 万吨，每采挖 1 吨矿石平均产生 1.5 吨废石，意味着每年至少新增 120 万吨的废石和废渣，令其堆积在山谷之间和河流岸边，而青藏高原 70%的降水量集中在 5-8 月份，其间最易引发地质灾害。轻者引起河流改道，重者引起泥石流、滑坡等地质灾害，从而危及人的生命以及耕地、草场和水源。

赛什塘藏族牧民的环境抗争更为自觉和自主。尽管牧民依然没有改变弱势主体的地位，但他们的抵制策略显得张弛有度，有较强的群体意识和斗争技巧。值得注意的是，矿山开发的过程就是矿山攫取利益和牧民维护权利、疏远和接纳反复交替的过程。

赛什塘牧场，辽阔草原与高原地貌交错，这里人口稀少，每平方公里不足 1 人。该村支书东珠才让当过兵，退役后在牧场当了几年会计，2011 年担任村支书，是村里汉语讲得最流利的人。在村支书、村委会主任的陪同下，我们先后调查了尾矿坝、选矿厂和河边定居的牧民。从选矿厂到尾矿坝有两根粗大的铁管沿山体连接，有三四公里的样子。尾矿坝位于两山之间，至少有 500 亩。库体存放着有毒废水和一种含有重金属的细颗粒物，

图 3-1 铜矿矿区

俗称矿渣粉。我国金属矿选矿模式普遍比较粗放，加上尾矿再利用水平低，加剧了环境污染的程度。赛什塘铜矿因采矿场、废石场护坡和尾矿坝环境不达标，于 2009、2010 和 2012 年被青海省环保厅 3 次勒令整改。村长才朗说，这里冬天风大，有毒矿粉刮得到处都是，用不了几年草地就会沙化。山上的尾矿坝就像挂在高出的定时炸弹，遇到强降水和大风天气极易形成地质灾害和土壤污染；山下的选矿厂就像装满毒水的气球，说不定什么时候就会破裂以至于危及曲什安河及其下游的牧民。书记突然停车指给我们看那两排管道，“一个是上水管，把有毒工业废水输送到尾矿坝；一个是下水管，把处理过的水输送到选矿厂。这个上水管经常泄漏，不是污染草地就是污染河水。牧民与矿上经常因此关系紧张。”我们看到在不足 5 米长的上水管壁上，已经留下 6 个焊接补丁。

选矿厂建在曲什安河边，我们遇到旦巴杰（义务环境监督员，聘书见图 3-2）一家四口正在修蓄水池，访谈就此开始：

牧民们都搬到夏季牧场放牧了，我刚在海南州做了手术就留下来养病。2002 年我家 20 亩草山让矿上占了，每亩 300 元的补偿款，现在我们的土地变成了选矿厂的废石碓。当时老人、孩子和妇女都哭了。我家和其他十几户牧民从矿上所占的地方搬下来，就住在选矿厂的下边。这条河清澈又甘甜，里面生有一种长胡须的鱼，我们世世代代喝这河里的水。现在矿上的生活废水、厕所的脏东西和工业废水都往河里排，河道上有四五个毛细血管一样的出水口日夜不停地淌。最可怕的是上水管破裂，前几天发生过一次，刺鼻的黑水流到河里，刺得眼睛流泪，吃了那水嘴巴特别苦。牛羊喝了就会引起早产和死亡。所以每家都在河边挖了一个蓄水池，把河水过滤一下再用。

管道破裂后，我们向乡里反映，乡上来人看了一眼就走了，国家官员都没办法，我们普通牧民又能怎么样呢！过了几天矿山才派了二三十人抢修，把黑水漫流的印记用土掩埋干净。

聘　书

旦巴杰同志：

被聘为我局环保义务监督员，对赛什塘铜矿有限公司日常生产出现的问题进行监督。

兴海县环保局

2008 年 12 月 30 日

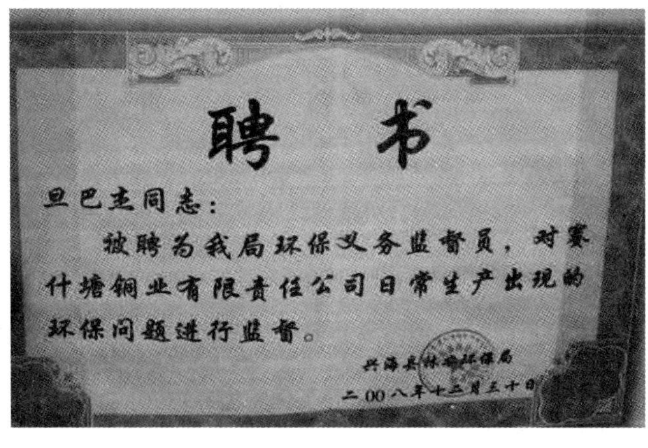
聘书

旦巴杰同志：

被聘为我局环保义务监督员，对赛什塘铜业有限责任公司日常生产出现的环保问题进行监督。

兴海县林业环保局

二〇〇八年十二月三十日

图 3-2　聘书

矿区周围四个居民点有8个人担任义务监督员。我手上有二十几个电话。管道破裂后附近的牧民集中起来去矿上讨说法，矿山负责人态度恶劣，不给解决问题不说，还反咬一口说我们这样闹下去会影响矿山生产和施工，这个代价有多大，你们能负起这个责任吗？

——兴海县赛什塘田野调查资料 2013-07-22

图 3-3　尾矿坝

赛什塘藏族牧民自组织模式与锁龙汉人农民分散的软抵抗模式形成对比。据兴海县环保局才让杰说，藏民天生拥有生态保护意识和集体感，希望为保护家园做些事。全县共有 13 位义务环境监督员，主要是青根河村和赛什塘村的牧民。他们主动专程从牧区跑到县上，有的给环保局打电话要求担任监督员，不要任何报酬。局里出于管理上的考虑只批准 13 人，名额有限，许多人没有被批准，更多的人默默无闻地参与到环保行动中，比如定期清理草原垃圾。什多隆铅锌矿和赛什塘铜矿是中国采矿业的一个缩影，没有什么制度和法律能够有效地制约它们，其本身亦缺乏道德感和对人类基本权利的认知。牧民所采取的行动看起来与法的精神不合，却是特定情况下唯一有效的策略。

学习和适应：讨价还价的策略

在赛什塘村干部部看来，与私企打交道简单，与国企打交道难缠。无论是土地赔偿还是环境问题，民企可以在短时间内做出反应，而国企和上市公司则行动迟缓。大企业要经过打报告、提交股东大会、反复磋商、形成决议这样一个旷日持久的过程。这对赛什塘村干部部的谈判水平是一个考验和挑战，他们必须学会在法律框架下去维护村民利益。赛什塘村支书接受我们的访谈：

Q： 赛什塘目前遇到的最大问题是什么？

A： 有些问题令人头疼，很难选择。在牧场解散之前，那时村领导班子还未建立，我们村6,400亩土地划给铜矿，补偿费没有给。

第一个问题：草山使用权我们不争，我们知道那是属于我们的，矿企只拥有探矿权没有采矿权，而他们却边探边采。有没有相关的法律，我们也不知道。边探边采总有一天会把矿石拉完，破坏了环境之后他们就拍屁股走人，我们怎么办？

第二个问题：选择一次性补偿还是临时性补偿，哪个更好？按国家规定，土地一次性补偿每亩地1,408元，出让后就等于我们没有使用权了。这6,000多亩草山出产虫草，是一项很大的收入。我们这里穷，2,000多名牧民还要靠它养家糊口。临时性补偿一亩地才300元，为了300元让铜矿把草山采挖得不成样子不值得。你知道我们采取轮牧制，牛羊吃草没有什么破坏，开矿的破坏性大得吓人！

Q： 矿企是什么态度？

A： 他们答应临时性赔款，然后边探边采，我们不懂这些法律条文，好多人连汉语都讲不好，所以就允许他们先这样干。

Q： 牧民怎么看？

A： 很矛盾。一次性补偿1,400元，牧民自己挖虫草两三年就把那个钱赚回来了。如果土地出让了，那就变成人家的土地了，和我们没关系了，草地“死”了，我们就没地方挖虫草了。

Q： 跟矿企打交道你们能不能抗衡？

A：抗衡可以，但还是力不从心。我们牧民文化水平低，不熟悉土地补偿政策，甚至找不到一份《矿产法》和《环保法》。矿山那边人员素质高，跟我们谈判的工作人员都是大学生、博士生，说话一套一套的，我们在谈判中比较被动。再加上铜矿是国企和上市企业，后台硬，包庇它的人多（课题组成员欧阳通过互联网下载了有关土地补偿、矿产和环保方面的法规政策，村支书立即安排学习事宜）。

在村企关系上，双方建立了“赛什塘村企联合调解委员会”，牧村一方有四名代表，村支书、村副支书，村委会主任、副主任；矿山一方也是四人，副总一名，高学历工作人员三名。2011 年关于新占土地、尾矿和选矿厂污染问题的协商谈判持续了五天，我们提出 800 万元的赔偿费，矿企砍价厉害得很，好像我们的土地没有价值，环境污染不算什么事情，他们说按照法律规定第几条说事，我们真的没办法。最后以扶贫款和教育附加费的名义给村上 230 万元。哎呀，保护牧民权利实在太难了。

——兴海县赛什塘田野调查资料 2013-07-22

甘青两地的生态抗争经历了武力驱赶和村企协商的过程。从表象上看，农牧民的抗争是为了获取更高的土地赔偿，而实质上是环境公正和人类基本权利问题。土地是农牧民赖以生存的生计资料，充满生机的土地是几万年自然演化的结果。在生态学上，死的土地在千年的尺度内是难以自我修复的。根据“青海省矿产资源补偿费征收管理实施暂行办法”，矿山所占土地按“获得相当于征收前三年平均土地收益的 10-19 倍的补偿”（2009），即每亩土地补偿金 1-1.9 万元，而甘青两地的矿山用地均按照每亩 1,400-1,600 元的补偿标准廉价获得耕地和放牧草山。低成本获得探矿权和采矿权的矿企，并未因此顾及当地人的安居、健康和发展的基本权利。对于环境污染导致的疾病和饮水污染只是想尽办法遮掩而不是解决。矿企普遍存在的道德缺失在各地均引起不同方式的抵制、驱离，由于利益的诱惑和结构刚性，最终还要被迫接纳矿企的入驻，因为矿企的落地不只是带来人员和机器，随之而来的是各种利益相关群体和权力关系。农牧民在表达与国家、矿企和政府部门的利益关系的定义过程中，既使用排外策略，也使用接纳策略。[①]无论如何，农牧民从初级的武力驱离到自组织的生态行动，再到学习使用协商机制，无疑是生态抗争的进化和升华。

隐忧中的曙光：从资源依附性到环保意识的觉醒

中国采矿业最近十年的发展速度惊人，毫无疑问金属矿的价格反映了上涨背后的隐忧。从铜、铅价格走势图（2008-2013 年）看，铜、铅等金属矿从 2008 年底开始涨势凶猛，在 2013 年达到峰值。铜价从每公斤 18.83 涨到 67.11 元，铅从 5.70 元/公斤上涨到 18.9/公斤。

在金属价格大幅上涨的同时，采矿业乱象丛生，泥沙俱下，尤其是在三江源地区价格机制刺激出几近疯狂的采矿热情，吸引了来自发达地区的大大小小的投资人在青藏肆意采掘。青根河、赛什塘矿山在这一时期都发生过严重的环境冲突。当地人的一小部分在掘金年代从矿山得到一些小恩小惠，但大部分牧民并未从中获益，但他们不得不品尝大气、水源污染和草原退化带来的苦果。

图 3-4　2008-2013 年铜价走势

（来源：中国有色金属价格网 http://ys.zh818.com/）

① Chris Ballard, Glenn Banks, "Resource wars: The anthropology of mining," *Annual Review of Anthology*,Vol. 32 (2003), p. 287-313.

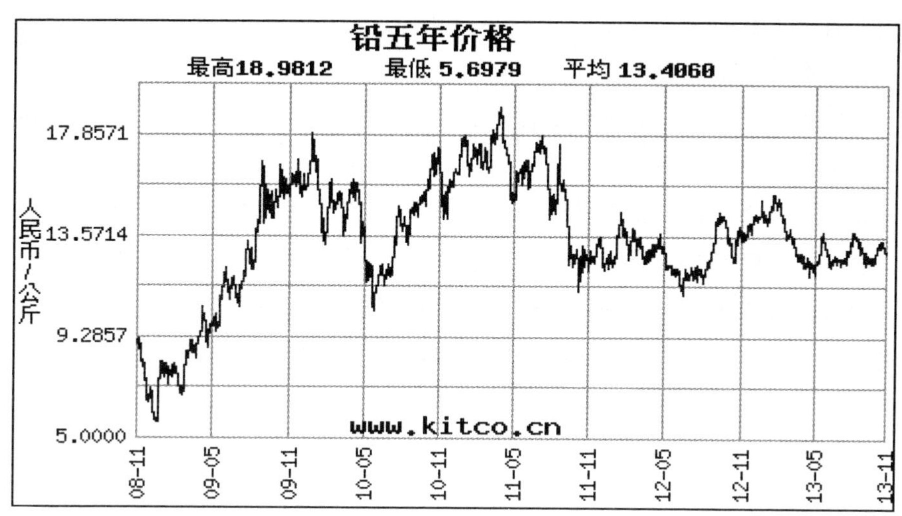

图 3-5　2008-2013 年铅价走势

（来源：中国有色金属价格网 http://ys.zh818.com/）

从地方社会的发展来看，隐忧所在即是地方财政严重依赖采矿业。单一的依附性对于地方社会来说存在着重大的风险，也就是说，一旦市场波动加剧，或者采矿业衰落，地方经济面临着崩坏的危险。全县在 2006 年地方财政收入总额 400 多万元，牧业收入的贡献极为有限；2012 年地方财税收入 7,637 万元，社会性民生支出高达 9.6 亿元。[①]据兴海县财政部门说，地方税收 80%以上来自采矿业、水电工业的贡献。对于海南州来说，赛什塘铜矿的财税上缴同样是州政府特别关心的业绩。对于青海省来说，西部矿业集团亦为不可忽视的财政贡献者。2012 年度西部矿业上缴税收达 5.62 亿元，为全省经济社会发展做出了重要贡献，被青海省人民政府授予 2012 年度“青海省财政支柱企业”的荣誉称号。因而该矿的采矿量下降会逐级受到重视，而环保问题则会被逐级遮掩甚至粉饰。各级政府都希望采矿业每年都会有所增长，可是这样的增长隐含着“内卷化”的风险。内卷化术语大意是，一种社会模式在某一发展阶段达到一种确定形式后，停滞不前，

① 政府文件：《兴海县人民政府 2012 年工作总结及 2013 年工作打算》，兴政（2012）138 号。

边际效应开始递减，变为“没有发展的增长”。[①]兴海亦如是，靠增加新的矿山去维系持续的增长。

事实上，在采矿业颇为繁荣的2010年，青海省开始加大三江源地区的环境治理，虽然治理过程充满变数，但无论如何也算是令人期待的希望和曙光。赛什塘铜矿隶属于西部矿业，西部矿业集团是青海省头号创收大户。下属的矿企包括赛什塘铜矿曾多次触及环保黄线被责令整改。2012年3月，青海省发起“重金属污染阻击战”，赛什塘铜矿被环保部门勒令整改。也是在这个月，西部矿业发布的《2011年度环境报告》却说，赛什塘铜业通过了首轮清洁生产审核验收，报告公布没几天却被环保部门勒令整改。人们不禁要问究竟谁出了问题，矿企还是政府管理部门？是政府机构效率低下、地方保护和腐败让矿企暗渡陈仓？还是企业缺乏道德感和起码的社会责任，从而玩起猫捉老鼠的游戏以规避责任？这次整改暴露了两个问题——政府的公信力和矿企的诚信问题。赛什塘铜矿的税收是地方政府眼中的期待之物，没有比财税的增长更能说明他们工作的价值了，对于工业基础薄弱、收入来源单一的青海省海南州和兴海县，GDP的增长具有特殊意义，是官员脸面的美容保鲜膜。这就是为什么赛什塘出了污染问题，各级部门都为之着急上火、百般呵护，令其蒙混过关的原因。至于环境污染、牧民饮用水和地方经济的长远发展都是后话。

调查表明一些政府机构的不负责任和企业普遍缺乏道德感是西部矿企经年不治的顽疾。西部矿业负责人说，该公司并非蓄意污染。造成污染的原因，一是因为政策收紧，即环保力度加大；二是矿山在建设过程中不可避免会出现纰漏。西部矿业在2012年投入技改资金3.77亿元，已经花费了巨大精力投入环保。[②]西部矿业负责人的说法虽有掩饰之嫌，但矿企对环保治理的投入却是逐年增加的。由于当地民众环保意识的觉醒，人们对环境污染越来越难以容忍，矿企在强大的政策压力和民众觉醒的情况下，规范自身的生产行为是企业发展唯一可选择的道路。这也是黄河源地区水资源保护的一线曙光。

---

① Clifford Geertz,*Agricultural involution: The processes of ecological change in Indonesia* (Berkeley: University of California Press,1963).

② 赵峰.环保“风暴”考验西部矿业业绩底线.中国经营报 2012-09-17.

青藏资源开发和世界矿产供应

青藏地区的矿产资源属于世界稀土等稀有金属资源供应的一部分。中国稀土储量丰富，就像邓小平南巡讲话时说的“中东有石油，中国有稀土”，但是情况正在发生变化，究其原因滥采与贱卖导致稀土储量下滑明显。我国南方五省蕴藏着丰富的中重型稀土，工业储量达150万吨，但已经开采90多万吨，只剩下60万吨。2010年我国稀土产量为13万吨，占全球产量的98%。按照现在的生产能力，10年后稀土资源就面临着枯竭。[①]届时稀土资源供应国变为进口国。

赛什塘铜矿、什多隆铅锌矿属于伴生性金属矿，稀土含量很高，但是由于技术条件的限制，稀土没有被分离出来而是进入尾矿坝产生污染。尾矿污染是环境问题的大宗，那些放射性物质和重金属的颗粒对空气、河流和土壤持续发生污染侵害。它在加剧农牧业贫困化的同时，也损害当地居民的发展权、居住权和饮用安全食物和水的权力。所以滥采贱卖是以环境代价支撑着世界稀土供应。矿产开发带来的好处远不及它所带来的危害，这就是“资源诅咒”。

西方一些国家之所以不开采自己的稀土资源就是因为我们没有考虑环境成本。美国是世界上稀土资源储量位居第三的国家，储量在1,300万吨。在20世纪60、70年代，美国是全球最大的稀土供应国家。此后美国迫于巨大的环境抗议和战略储备的需要，采取了封存国内稀土矿的策略。为保护稀土资源，美国在1997年封存了国内最大的稀土矿加利福尼亚的芒廷帕斯矿（Mountain Pass），其储量达 430万吨。[②]号称拥有世界最大稀土冶炼厂的澳大利亚莱纳斯矿业也遇到环境问题，该矿业巨头投资2.3亿美元在马来西亚建造的冶炼厂，由于环保人士和民众的多次抗议而停建、缓建。正是因为这些敏感的环境问题，一些国家认为购买中国稀土比自己开采的成本还低，各国不再开采自己的稀土，都购买中国稀土。2002年，美国稀土矿全面停止开采，此后，美国的稀土供给全部从国外购买。2009年美国

---

① 任忠宝，余良晖.稀土资源储备刻不容缓.地球学报，2011（4）：507-512.

② 张新安.国外矿产资源储备历史及现状.国土资源情报，2002（1）：1-12.

稀土进口量 1.3 万吨，75%来源于中国。[①]日本没有多少稀土资源，但每年消耗稀土约 3～4 万吨，其 90%的稀土供应依赖中国。日本采取战略资源储备策略，通过向资源国输出技术、资本以及人力资源，积极参与海外矿产资源的开发。日本目前的稀土存量已经足够该国使用至少 20 年，是储备稀土最多的国家。也正是因为环境问题，中国开始限制稀土资源的生产和出口，实行配额制。

2012 年 3 月，美日欧将中国稀土出口配额及分配措施视为不公正管制，诉诸 WTO 争端解决机制。稀土案遭到美日欧围攻的情况隐藏着这些国家的三重意图：其一，稀土储备的战略需求。表面上看，对出口关税、配额管理所提出的诉讼，意在迫使中国贱卖资源，以便继续以较低价格收储稀土资源，而免于国内生产带来的环境压力。其二，控制和维系战略资源的话语权，特别是定价权。其三，转嫁环境成本和生态危机。开采和冶炼稀土造成的环境代价比购买稀土昂贵很多，使美日欧等国家对稀土开采望而却步。在稀土重要开采地赣南，开采过后遗留的污染土地，仅生态修复一项就需要 380 亿元。[②]内蒙古、青藏的环境恢复所需的投入远超我们预计。青藏三江源地区作为我国最重要的生态功能区和江河源头，开发带来的生态负面影响是大尺度的，不是局地而是整个黄河、长江流域，甚至超越国家。

小　结

环境抗争事件引出一个环境公正的话题。环境公正包括资源使用的权利与义务的对等，所得与投入的均衡。毫无疑问，在青藏地区的矿产开发中，矿企享有巨大利益，按照“谁受益谁治理”的原则，矿企有义务保护草原的生态环境，然而事实上矿企会使用种种办法规避环保责任。矿企和

① 任忠宝，余良晖.稀土资源储备刻不容缓.地球学报，2011（4）：507-512.

② 新华网 http://news.xinhuanet.com/world/2012-03/26/c_122878186.htm

地方政府是矿产资源的最大受益人，矿企经过划拨和低价收购获得土地，而失地牧民却不能从资源收益中获得应有的好处、就业岗位，但必须承担开矿带来的一切损失，包括草地退化、水源污染和权利剥夺。古代先哲曾经意识到“公正”问题的社会意义，“民不患寡而患不均”，[①]当环境不公的程度超过了人们可以忍耐的极限时，一定是不平则鸣。

当然，中国矿产资源的开发为国内和国外两个市场注入活力，其贡献有目共睹。正如其问题显而易见，频发的环境抗争事件提醒我们，在国内自然资源的开发不仅不能改善人民的生活，而且损害他们的基本权利；在对外输出矿产资源的贸易中，低估环境成本的代价，滥采贱卖的开发模式削弱了国家可持续发展的能力。为此调查研究得出以下政策建议：

第一，矿产资源开发应采取节制开采和延后开采的政策。其原因(1)矿企的道德水平和社会责任感处于较低水平。企业缺乏自我约束能力，不道德生产导致环境遭到难以恢复的破坏和人类基本权利被剥夺，导致社会关系的紧张和环境冲突；当下的采矿活动未能给国家和当地社会带来“祝福”，在某种程度上说开发即等于破坏。(2)安全生产和资源利用率的技术条件尚未具备，矿企基本采用粗放的采掘和选矿方式。

第二，培育和建立全民的环境监督机制，向社会环保自组织授权。目前的社会成员自组织水平较低且无话语权，民众缺乏进行有效环境监督的途径和环境。对于采矿引起的环境危机和人类基本权利损害的问题，矿山企业采取投资教育、兴办公益和民俗渗透策略，以期获得社会声望和掩盖人权恶行；社区农牧民则采取驱逐、软抵抗和有组织环境监督行为去捍卫权利。汉藏民众从传统文化之外寻求法律框架下的村企协商对话机制，提升环境抗争的水平。

第三，改变滥采贱卖的稀土开发和出口现状。建议国家制定和出台一些政策法规，严格约束企业行为，建立和完善稀有金属、稀土的战略储备机制。在国际稀土资源供需体系中把握稀土出口的主导权，尤其是定价权。

① 《论语-季氏》。

第四章　赛什塘牧民的环境博弈论

既往的生态人类学在结构、功能主义的强大影响下，人类学关注的重点是社会秩序、社会结构和一体化群体。20 世纪 80 年代生态人类学的过程研究出现和发展，研究范式已从静态的社会结构转向动态的社会过程，从社会的稳定性转向社会的不确定性和边界的模糊性的研究。巴特（F. Barth, 1956 ）是生态人类学过程研究的代表之一。他从微观经济学汲取营养，把博弈论思想引入生态人类学。人类学开始关注异质性的社会组织，亦对个体的理性行为加以关注，直面个体与群体行为的多样性选择和可变性策略；对于资源的分配和利用，生态人类学不再回避冲突和竞争，而是把冲突、竞争以及行动者决策的认知过程放在重要的位置，以此考察社会和文化变迁的动态过程。①

第一节　博弈理论的现实考量

微观经济学有一个基本前提，即假设人是理性的，个体根据自己的判断和认知做出理性选择。博弈论作为微观经济学的分析模式就是研究理性选择的学问，博弈论发展至今已经从经济学运用到社会科学各领域，政治学、人类学，显示了强大的解释力。宾莫尔（Kin Binmore）认为博弈者的

① Orlove, Benjamin S. *Ecological Anthropology. Annual Review Anthropology,* 1980 (9) Schnaiberg, Allan. New York: Oxford University Press, p.246-247.

理性是有限的，他可能不知道自己所处的利害关系如何，只知道采取自己认为最有利的策略以达到一种均衡（稳定），[①]不是所有人都有条件进行理性选择。

虽然微观经济学研究个人行为和理性选择，但把博弈论引入本研究并不妨碍人类学对集体行为的研究。人们在文化领域使用整体性文化策略，维系社区的整体性，而在经济领域中讲理性，使用博弈思维处理经济事务实属自然而然，符合人的本性，也把文化和经济加以区别对待。

合作博弈是采取一种合作或妥协的方式，以达到双方利益有所增加，至少是一方有利而另一方无害的共识。谢林（Thomas Schelling, 2011）的研究发现，冲突双方之间除了利益冲突之外，往往存在某种共同利益，共同利益的存在使得双方最终寻求双赢结果。大多数冲突都存在讨价还价的可能性，冲突一方能否达到目的取决于另一方的选择或决策的最佳平衡点。[②]在青藏牧民与矿山的利益冲突中，双方冲突而不破裂的原因就是双方存在共同利益。

囚徒困境的经济学模式说明在信息隔绝或者不对称的情况下，理性思维难以发挥作用，无法帮助双方做出正确选择。后来谢林把“囚徒困境”模型演化为更高级的“斗鸡模型”用来解释国际政治中的核威慑现象。假如两个国家都对一块争议领土有要求，两国可以选择军事力量拥有它或者制止对方拥有它。如果双方都动用军队就会爆发战争，两国均不得利。如果两国都避免动用军队，领土问题通过和平协议方式解决的可能性就很大，可能出现双赢的结果。如果只有一国动用军队，该国可以在不发生战争的情况下控制这块领土。那么这两国如何决策方为最优？其选项可以是：

1. 在对方不动用军队的情况下动用军队还是不动用军队；

2. 观察对方行为以决定是否动用军队。[③]

鉴于此，国家应该保持让对方相信如果发生入侵，会马上做出反应和有力报复。因而威胁态势将会维系和平——一种威慑的平衡。

威慑理论的基本假设：其一行为者是理性的；其二冲突是最坏的结局。

① 王春红.博弈论与经济学：回顾与展望.齐鲁学刊，2006（2）：150.

② [美]托马斯·谢林.冲突的战略.北京：华夏出版社，2011：3-12.

③ Thomas Schelling,*The Strategy of Conflict*(Harverd University Press,1960).

在赞格尔（Frank Zagare,2000）看来,两个基本假设存在着内在矛盾。当先行者采取“挑战”策略，后行者只能“合作”，否则将引发冲突的恶果。先采取行动者赢，后采取行动者的威慑失效。因此赞格尔把“冲突是最坏的结局”修改为“冲突可能是也可能不是最坏的结局”。[①]该假设强调先发优势。

“囚徒困境”和“斗鸡博弈”给本研究的启示是：在不对称信息的条件下，牧民在环境抗争中因缺乏知情权而陷于劣势，因而他们表现出强烈的求知欲和获取信息的愿望；保持威胁态势使得力量平衡朝着有利于自己的方向发展，比如使用现代通讯手段进行环境取证和网络举报，成为牧民向矿山施压的策略。

第二节　铜峪沟事件

2014 年再次进入赛什塘矿区，田野调查不再局限于牧村层面。牧民社区和政府部门、铜矿之间的关系及其发展过程进入我们的工作计划。当我们把牧村、矿山和政府的调查资料进行相互参照和比对时，发现三者的关系构成了一个经济人类学的“小生境”，在这个小生境中各方的竞争与合作同时存在，并表现出极为复杂的关系和过程。虽然过程就像一场经济博弈，但其关系的重点总是围绕着环境危机事件而进行。牧民群体受藏族传统文化中的生态意识激发，有着强烈的环境保护意愿，表现出对法律知识的渴望，然而他们无从了解法律知识，只能用别的方法和行动来表达；矿山企业掌握矿产资源和相关知识，他们以经济利益为导向，错置甚至玩弄法律以争取利益最大化；政府机构既要安抚牧民群体又要矿山企业为地方经济提供增长的数据，经常处于调停者的角色。

课题组再次翻越九道沟来到赛什塘村。我们再次到来令村书记很惊讶且激动。“原以为你们来调查也只是走走形式而已，没想到把我们的事情

① Zagare, Frank & Kilgour,Marc,*Perfect Deterrence*(Cambridge University Press,2000).

放在了心上”。他告诉我们，眼下兴海县正在发生两件大事。

索拉沟事件

青根河牧民有极强的生态保护意识和环境抗争传统。这次我们在青根河村再次深刻体会这种氛围。七社牧民多贝告诉我们：

> 这家铜矿在2013年开始生产，是个私人矿山，管理得不太好，污染严重。2014年4月5点钟，两个外村牧民经过这个矿山的尾矿库时，看见污水横流，味道刺鼻，废水漫堤流向草场、河流。两人立即向青根河村书记报告此事。村书记带领几个人赶到铜矿，铜矿才派人覆土掩埋、堵漏，午后通知环保局。与此同时，有人用手机拍了图片把情况发到凤凰网嘛还是新华网。事情很快惊动了省、州、县各级部门。现在手机普及了，人人都在用，消息传得快。

环保局局长才让加得知消息后，在第一时间派出环境监察大队，采集水样送西宁加急检测，第二天便拿到检测报告，连续7天采样送检。才让加局长说：

> 我那几天看到的批文规格特别高，都是省、部委一级签发的文件。我压力大得很，害怕水源出什么问题。那天省、州、县的主管领导都到了出事地点，我就在青根河边向群众通报：经检测水质属二级，处理后河水无污染，可以放心饮用。遂当众从河水中取了一捧水喝下去，围观群众才散去。

索拉沟事件让人追问管理者哪里去了，为什么事后才引起重视？据了解，索拉沟铜矿是一个民营企业，老板是个东北人，在深圳做保健品生意发财后投入2亿多元资金开矿，实行家族式管理。其女婿大权独揽，为人专断，专业技术人员说话不管用。环保局多次签发环保整改通知，该矿均置之不理。对于环境不达标，县委领导督促环保局放行，帮助该矿办全手续，尽快投产。在兴海县环保局，才让加是环保专业的科班出身，是一位环评师。县里原有环评资质，但一年前环评权力被州政府收回。索拉沟铜矿的环评报告书是由州政府环保部门出的，而州环保部门对于索拉沟铜矿却未尽到责任。才让加早前已经发现索拉沟矿有环境问题，向州政府写过几次报告，均未得到回复。

索拉沟事件有三个问题值得注意:其一，网络举报开始成为牧民环境抗争的新工具；其二，权力寻租和管理制度的混乱依然是挥之不去的痼疾；其三，基层环保工作人员在地方官员权力滥用的情况下学会了自我保护。

铜峪沟事件

铜峪沟停产事件的直接原因是该矿拖欠赛什塘村土地补偿款，间接的原因是索拉沟事件的刺激和蹲点干部的作用。前村委会书记万玛加说：

> 铜峪沟的面积是6,500亩，是三社的夏季草山。10年前铜矿占了其中的30-40亩开始探矿，一探就是10年。稍有采矿知识的人一看就知道，铜峪沟矿点是在有探矿权而无采矿权的情况下采矿，实际上是偷采行为，因为在一个地点探矿不会用太长的时间。附近的牧民曾多次看见大卡车拉矿石下山，据牧民估计一个月大概有40多车次。牧民对此很气愤。2011年矿山在铜峪沟挖草皮、打钻、埋炸药，风井口附近的几户牧民的房子被震裂成为危房，矿山拒不承认。铜矿本应按照协议每年给牧民50万元的土地占压补偿款，从2012-2014年一直拖欠不给，牧民于是在7月自发来到铜峪沟把风井口给堵上了。矿企的人说这次停产事件是我老书记带头所为，我当场反驳他们。偷采矿石是群众发现的，不能怪我。矿企要求我们解除封堵恢复生产，我说我一个人做不了主，要等到现任书记、村委会主任发话。书记可能是顶不住压力同意开工，但没过几天，牧民自发上山又把矿封上了，这一次没有一个干部，没有任何人组织。矿企的人又来找我解决问题，我说你们来找我干蛋（没用），我现在退休了，不插手。
>
> 今年5月到9月，县政法书记尕藏加作为驻乡干部来我们乡蹲点。村书记东珠才让把铜矿边探边采的情况做了汇报。鉴于索拉沟事件反映的问题，县上责令铜矿停产整顿。

牧民的生活随物候和季节变化而变化。夏秋是以家庭为单位的游牧，牧民和牛羊都活动于夏秋草场，村子里显得静谧而平和，只有村委会和老人留在定居点。铜矿的放纵无人过问，环境问题无人监督。这是铜矿和牧村最和谐的时间；冬季牧民带着牛羊回到冬窝子所在的村子，牧村复归生机和活力。其间因饮水污染、大风引起的尾矿颗粒物扩散的频率不断增加以至于造成铜矿与牧村的持续紧张。矛盾和纠纷主要是通过“村企协商调解委员会”来解决，这是兴海县政法部门的一个贡献。该委员会调解了不少矛盾和冲突，但并不是我们想象的那种公平、和谐的平台。

饮水污染和尾矿颗粒物对草场的扩散，只能有限度的解决，准确的说这是一种修修补补的权宜之计。环境问题的痼疾有两方面的问题：矿山生产的出发点是成本最小化和利益最大化；在 GDP 增长观念的笼罩下，地方政府对矿山的监管力度时松时严，严格的环境执法难以实现。在此情形下，村企协商机制不能根本解决环境污染问题，只能用钱说话，用补偿款说事。因而村企协商已经演变成讨价还价的场合。

村企之间虽然有某些共同利益，但比起环境污染造成的后患是不足挂齿的。在现有制度框架内，地方政府要做的事情是保证矿山能够运行，哪怕是带病运行。至于环境问题，政府希望把污染置于可控范围，不伤害牧民，不出大的乱子即可。这实在是一个充满挑战的工作。

尽管冲突不断，村企之间仍是合作博弈，否则铜矿也不可能开到现在。在博弈论专家看来，合作博弈与非合作博弈的区别在于，双方是否受一种协议或制度的约束。铜峪沟事件发生以后，政府多次施加压力促使协商机制尽快启动。村企双方都积极寻求制度约束下的最优决策方案，做出自己的理性选择。

第三节　牧民的“理性”与信息不对称

牧民是不是理性行动者？这是微观经济学最关心的问题，也是人类学与经济学分歧之所在。分歧的根源在于两者对理性概念有不同的界定。微观经济学的“理性”是在经济学框架内的利益最大化和最优策略，人类学则不把自己框定在现实利益的狭窄范围，更关注长远的目标和社区可持续发展的可能性，但人类学并不排斥“理性”概念，相反许多人类学家也讨论和使用“理性”概念去解释个体行为和组织行为。

如果牧民不具备理性思维的能力，也就不存在理性选择，因而用微观经济学去观察牧民行为在理论上便没有可能，更无论“囚徒困境”之说。人类学调查表明矿区牧民有理性思维的能力，但牧民的理性不同于微观经济学的经典定义，他们的理性更深邃更本质。牧民是否使用理性选择主要根据社会生活的语境，既不呆板也不滥用。比如牧民对于人与自然关系的问题——环境价值观，懂得用文化思维去看待世界，文化建构起来的自然空间是需要人类敬畏的圣地，于是“神山圣湖”得以在全藏区推行和传承。在经济生活中，特别是在市场领域的经济事务中，他们是理性的个体和集体，一样用理性思维去处理问题。近年来牧村与铜矿签订了几个有关土地转让、环境污染补偿的协议，这些都是理性和讨价还价的结果。

铜峪沟事件是牧民的暂时的胜利，也使牧民陷入一种信息不对称的博弈和决策过程。铜矿急于复工，动用社会关系向村委会施压、利诱；县乡政府也在其中调停、敦促，希望牧民与铜矿启动协商机制，拿出一份合理的补偿和恢复生产的协议。但是三方各有所思以至于事情陷入困局。在县乡政府看来，铜峪沟事件是塌方、污染引起的牧民不满，根本的问题是经济补偿。问题的关键在于牧民要价太高，然而铜矿出价太低，政府需要社会稳定也需要铜矿的财税贡献，如何协调颇为棘手。在牧民看来，铜矿长期无证开采矿山资源却没有办法证明其行为，取证困难使他们既不能得到经济好处又损失了生态环境；在矿企看来，牧民按“规定”如得到经济补偿即可恢复生产，但矿企面临两个关键问题：一是牧民要价太高；二是政策不支持在三江源生态功能区新增采矿点，只能以探矿的名义采矿。县乡政府对于赛什塘村委会的诉求持有一种模糊的态度，也就是说铜矿是违法开采还是合法开采不表态也不反对，而是让铜矿与牧场通过村企协商调解委员会自行解决。这样，问题就聚焦在补偿费的多少上面，而影响补偿费多少的变量是：（1）铜矿是否存在边探边采现象。如果成功取证且被各方认可，牧民在谈判中占优，铜矿处于劣势；（2）开矿是否导致污染、塌方以至于危及牧民生活的情况，也是讨价还价的筹码。这同样需要环境取证来证明。东珠书记说：

探矿十几年，进度还不到300米，谁信？牧民看见卡车拉矿石，但光有照片还是证据不足。如果县上压下来恢复生产，我们就得被动地跟铜矿协商。我们不能得罪县上，以后还要依靠县上给我们优惠政策，县上不管我们，那我们村损失就大了。

铜矿有专门研究矿产法的人，牧民基本上连汉字都不认识。我是看了你们送来的《矿产法》才知道，探矿期间矿井进度不得超过300米，所以他们对外公布的深度的200多米，这就属于探矿性质，不违法。他们保密工作做得好，外人谁也不知道他们到底挖了多少米。我们牧民进不了矿井，即便能能下去，也不会测量，他们有的是办法来对付我们。井口不止一个，下去后晕头转向的，谁知道哪个是风井哪个是采矿的井。

东珠书记显得懊丧和无奈，猛抽一口香烟，出了一口长气。他现在是两头为难，牧民们亲眼所见矿山在采矿，但无法取证致使“眼见亦不为实”；要价高了铜矿不给，要价少了群众不同意。

我们跟矿企打了十几年交道，对矿企的事情什么也不知道，生产、销售一点儿也不跟牧民说。还是你们来调查时那个副总才介绍一些情况，我才知道铜矿每年收入3亿元，上缴国家的利税7,000万元。铜矿副总说，铜峪沟矿点停产一天损失很多钱，让我们抓紧协商，恢复生产。这说明铜峪沟矿点就是无证开采。

铜峪沟矿无证开采的事情，我们已经交涉了10年了，矿都采了这么多年了，采矿证还没办下来。你就算是封闭开采，矿石总要拉出来吧。有几个牧民拍了照片，矿企很着急、很担忧，他们以每张照片100元的价格收买走了。

双方各自拥有自己的优劣条件。铜矿有自己的专业技术人员和法律顾问，在无第三方参与的情况下，他们有能力提供数据和证据表明铜矿的勘探作业是合法行为，也能证明环境污染被控制在标准范围，所谓塌方引起的牧民危房问题不存在，属于合法生产。但事实上，牧民的两项指控具有合理性，而矿企的说法经不起客观、公正的验证，问题是牧民没有能力自己验证，也不能绕过各级政府部门寻求第三方帮助。信息不对称和环境取证的能力是牧民的劣势。牧民的优势在于，铜峪沟矿恢复生产的主动权目前掌握在牧民手里。如果事情发展到不可调和的境地，他们还可以通过网络曝光的手段解决问题。问题不解决，牧民不撤退，铜峪沟矿点无法开工。

在我们与政府、矿企的接触中发现，信息不透明使牧民处于非常被动的地位，尤其是矿企的生产、经营和环境污染情况，既不公开发布，也不通告村企协商委员会。有时矿企和政府部门还把牧民视为潜在的威胁。

——村上有义务环保监督员，经常向县上反映问题吗？

——村上的义务监督员如果发现污染问题就向村委会汇报，我们通知环境监察大队来处理，但上报的情况不多。那年冬天，尾矿颗粒物被风刮得到处飘散。环保局分别在三个地方取水检测，最后说水没有问题，指标数据我们也不懂。可是我们吃水感觉不行，水肯定有问题，草肯定受污染。但环保局说，检测的结果是安全的，环保有环保的标准。我们无话可说。

我们打算从调研经费中拿出一部分钱购买几台水体检测仪，此事被环保部门得知，负责人表示很担心：

> 你们来调查，做环保知识普及，这个很好，但跟牧民沟通不能产生负面影响。老百姓不了解情况，看问题片面。比如说，矿山氰化物超标排放，牛喝了之后死亡，他就认为污水都是剧毒，河里的水都是这样的。这里的牧民生态意识很强，现在我最担心的是，我们这里的牧民有钱，他们学会了使用设备，天天测量，哪一天数字不对，就会闹事，就给你曝光。现在网络这么发达，一旦发布出去，全国都知道，索拉沟事件就是一个例子。真受不了！

牧民的环境抗争从某种意义上来讲，归因于信息不对称。隐瞒真情使牧民难以进行理性选择，从而伤害牧民自己的权益，引起他们的愤怒。牧民的知情权应该得到尊重，尤其在信息时代，试图用几十年前掩耳盗铃的方法处理环境问题存在极大的风险。信息不对称对人的行为和制度安排会产生很大影响。

第四节　威慑博弈与草原的未来

如何采取正确的策略应对铜峪沟事件，牧民基本有两种意见。第一种意见比较纯粹和坚定：要求铜矿给全村 2,800 个牧民每人每月发放 2,000 元工资，否则继续停产关张。这是大多数牧民的想法，离矿区最近的三社牧民表现最为坚定，也是全村牧民在与矿企长期打交道的过程中总结经验、教训后得出的共识。牧民都记得，2002 年金矿成立时矿长当着州县领导和当地牧民的面说，只要开了矿，所有牧民都可以进厂当工人。可是投产以后这个承诺没有兑现，当地人没得到任何好处。矿企的欺骗没有导致牧民采取过激行动，他们认为自己的头脑太简单，又没有技术，能忍则忍。时过境迁，牧民已经拥有保护意识，对于矿企一再故意隐瞒实情的做法越来越不能忍受，因为他们已经不是当初游牧为生的牧民了。

超越短期利益的博弈

牧民主要从子孙后代的永续发展，即未来可持续发展的角度思考环境问题，从神山圣湖的文化传统思考这一问题。铜矿每年几十万元的补偿款对于 2,800 个牧民就如同撒胡椒面，且拿到牧民手里还存在不少变数，而牧民的损失是宝贵的环境、土地和子孙的未来。他们的策略还有另一层意思，那就是提出一个令铜矿不可接受的要价，让铜矿无法恢复采矿。这样做尽管牺牲了眼前利益，却是彻底解决问题的途径。

牧民对讨价还价的协商机制开始不耐烦了。所谓协商调解基本上是由铜矿主导的经济博弈，就是用极低的成本拖延时间，把山体掏空然后走人。

补偿款不是轻易支付的，要经过铜矿管理层、董事会和集团老总的同意和通过这样一个漫长过程。知情的牧民说，一个住在西宁艺龙大酒店，每日花费几十万元的老总，根本不可能知道赛什塘铜矿发生了什么，牧民如何在退化的草场上放牧，每天为饮用水发愁。今年牧民在虫草上没有获得多少收益，但他们还是下决心舍弃眼前利益，让这个非法采矿点关门。

第二种策略是村委会提出的理性方案：如果不能改变现实，就去适应现实，这是村委会的基本思路。村委会的意见是争取补偿款最大化，同时让矿企恢复生产，让牧民收益，让政府满意。村委会的策略较为温和和理性，原因在于牧村的当家人——书记、村长——上与政府打交道，中与矿企交涉，下与牧民共同面对环境问题，故这些乡村领袖见多识广，他们获得的信息是综合全面而又不失灵活。村委会的策略比起牧民的策略显得保守、求稳和缺乏勇气。事实上村委会受制于县乡政府，县乡政府考虑的问题是稳定第一，兼顾双方利益，也就是铜矿继续探矿和生产，村民从中获得经济利益，双方以和解、协商的方式解决问题。根据十几年的村企交往经验，铜矿总能通过经济补偿的办法达到目的，因为政府不希望矿企停产关张，且停产超出了制度框架，不现实。村委会最担心的是，如果牧民决心抗争到底，会酿成群体事件，造成严重的社会后果。

村委会的保守是基于取证困难的考虑，经济赔偿是需要有效数据和确凿证据的，取证是有力的筹码也是牧民索要经济赔偿的短板。有时候眼见未必成真，事实未必能变成证据。比如尾矿颗粒物污染草原的问题就存在取证困难：

> 2013年冬天，村上发生一起草山纠纷，我们村委会的人调节完返回时，看见尾矿坝那里冒着白烟，我们以为着火了，跑过去一看不是，尾矿上的颗粒物被风刮起来，四处飞扬。这东西对草场危害大，落在地上一层白。落在脚上又疼又痒。这是我们亲眼所见，你找铜矿说理，他们让你拿出检测数据。
>
> 铜矿无证开采的事情也一样。你看见卡车拉矿石怎么样，知道开矿引起房屋裂缝又怎么样，你无法取证啊！

在村企之间相互依存、有共同利益的条件下，只要这种关系不破裂，村委会的决策不失为一种完美的理性选择，即争取补偿收益最大化。如果铜矿要恢复在铜峪沟的生产，就必须让村民以后的生活有保障。

铜矿有探矿证，没有采矿证。我们现在拿不出有效证据证明这个矿点在采矿。铜矿有能力找专家证明铜峪沟的生产属于探矿，没有采矿。我们不相信铜矿的说法，县上说政府可以找专家评估，但牧民害怕他们联合起来糊弄牧民。县上这样说，我们就无言以对了，村委会也不能连政府都不相信，如果把县乡政府丢到一边，最后就没人会帮助我们了。政府还是希望村企协商合作，毕竟企业每年给政府缴纳很多利税。牧民了解到铜矿经营状况后说，你企业每年赚 3 亿元，利税 7,000 万元，却把本地村民搞穷了，污染和草场退化的损失还要牧民接受，这不合理。

市场因素有可能对村矿之间的博弈产生影响。东珠说：

> 我打听过了，铜价在 2011 年 1 吨卖到 7 万多元，现在（2014）是 5 万元。铜矿卖出一吨精铜倒贴 2,000 元。所以他们也不敢大量开采和冶炼。铜矿有可能暂时不管铜峪沟这个矿点。这几年公司确实不怎么样，我们村的命也不好，每次解决矛盾的时候都碰上企业效益不好，怎么谈啊！

在双方博弈的第一阶段，牧民提出铜峪沟矿复工的条件：必须给全村 2,800 个牧民每人每月发放 2,000 元工资。铜矿给出的最高条件是：最高补偿费每年 42 万。双方各不相让，协商终止。乡政府协调未果，大为恼火。此事上报县政府，一个月以后县政府召集双方再议又未果。此后双方分别给县政府汇报各自的诉求和情况。

在第二阶段，县政府拉贤副县长召集调解会，根据双方的诉求和现实情况做出以下决定：赛什塘铜业继续停产，撤出采矿设备。县委将组织安监部门对通风井导致牧民危房的事件进行评估。

铜矿在兴海县拥有巨大的矿产收益，铜峪沟仅为其中的一个矿点。因而矿企秉承斗而不破的一贯原则，争取成本最小化、利益最大化。铜峪沟事件发生后，矿企和集团领导多次磋商，向地方政府施压，要求恢复铜峪沟铜矿的生产。对于牧民提出的高达千万元的补偿款，铜矿表示只能拿出42万元。随着铜价走低，铜矿企业越来越坚持不让步，而铜矿企业42万的出价和牧民1,000多万的要价，必然会产生协商失败的结果。县乡政府对于相差悬殊的要求也不会硬性撮合。对于铜矿企业来说，生产越多赔钱越多，他们不担心眼下的停产。等铜价上去了，再协商恢复生产可能更合时宜。毕竟铜矿的尾矿坝、排污系统、无证开采和危房问题都是麻烦事。如果牧民真急了，引起省级、国家级的专案组调查，铜矿企业所谓的“数据”将不复成立，因为铜矿企业存在的问题可能经不起严格调查。无论如何，铜峪沟铜矿是一块肥肉，铜矿企业不会轻易松口，但现在吃下去消化不了，这意味着今后双方对铜峪沟矿还有一战。

先发制人的策略

牧民提出的方案远超铜矿企业所能接受的限度。对于牧民来说，挤牙膏式的补偿费简直是一种侮辱，远不能抵消环境危害的损失。他们宁愿不要一分钱，也要让非法采矿停下来。矿企一方原以为牧民的虚张声势是为了获取更多的补偿费，而这一次牧民并未考虑眼前利益，村委会在最后阶段也改变温和态度，与牧民保持一致，共同为子孙后代争取可持续发展的机会。

传统的博弈理论认为，人都是按照理性原则行事，冲突是最坏的结局。[①]牧民的策略并非不理性，也不是没有理性思维，而是超越了经济理性，其眼光更长远和深邃。因此冲突有时不是最坏的结局，反而利于更深远的可持续发展和未来的福祉，这符合藏族传统文化深处的深生态。牧民在信息不对称的条件下，使用先发制人的威慑策略：封堵矿井——提出超高要价——网络曝光的可能性，从而顺利走出“囚徒困境”。赛什塘牧民的威慑博弈实为生态人类学和微观经济学的经典案例。

其实，牧民和矿企的博弈并未结束，仍将持续，因为铜业公司向铜峪沟矿投入了一大笔钱，博弈迟早会再来。即便将来各种力量集结，重新启

① 向钢华，王永县.当代西方基于博弈论方法的威慑理论综述.国外社会科学，2006（3）：73.

动协商机制，进行新的博弈也不足为惧，牧民业已占得先机。牧民的成功，除了坚定的信念和策略本身的合理性，还有政策环境的变化和威慑手段的储备。

说到政策环境的变化，过去我们总是把地方政府视为经济增长的追逐者，滥用权力和地方保护主义者，环境问题的帮凶，其实这是一个值得辩证思考的问题。诚然，既往的地方的确或多或少地存在上述的问题，但我们应清醒地认识到地方政府也是政策的执行者，政策往哪里导，县政府向哪里跑。如今地方政府的观念已经发生变化，治理水平也在提高，这是国家政策语境变化的结果。片面追求经济增长和效益已经变得不合时宜，环境和民生问题将是地方官员在较长时期关注的重点。近来群众路线活动使得牧区群众对地方官员有了一些好印象。牧民的成功的社会政策因素在于政府对经济增长与环境问题有了新的认知，就是回归常态。如果按照社会发展的常态或“新常态”来推测，牧民的成功仅仅是一个开始，笔者对草原生态环境抱有乐观的预期。

威慑博弈成为牧民环境抗争的有力工具，就在于它是一场意义深远的博弈，不是廉价的虚张声势。亨利·基辛格（Henry Kissinger）最早提出威慑理论，认为威慑的实施者发出的信号越昂贵，威慑的可信度越高，越能表明其决心。比如外交谈判常常沦为廉价磋商（cheap talk），此于增加威慑强度实际上不起什么作用。[①]基辛格的威慑博弈观点对我们理解牧民的环境抗争很有启发。我们当然可以把廉价磋商理解为虚张声势甚至骗人的威胁，同理昂贵磋商就是发出诚实的、有实质意义的威胁信号。这样青藏牧民储备和使用的威慑手段可以分为以下两组。

昂贵威慑与廉价威慑

网络举报、环境抗争是能够发出昂贵信号的威慑，这对违规违法企业来说曝光于大众媒体是极具杀伤力的威慑。铜矿企业在长期的社会关系过程中学会了捉迷藏游戏的要义，能够从容地化解政府的监管。凭着与地方

① 向钢华，王永县.当代西方基于博弈论方法的威慑理论综述.国外社会科学，2006（3）：73.

政府的种种利益关系，矿企能够把环境问题、安全生产问题定格在地方性事件的范围而逃离危机，即便不能也不至于伤筋动骨。但网络举报就不一样了，其传播速度之快，传播范围之广，一夜间可使一桩地方性事件演变成国家事件，可谓天网恢恢，疏而不漏。索拉沟事件就是一个例子。为此东珠书记说：

> 不知道是谁教的办法，现在牧民拍了照片就想在新华网上发。有人还打听怎么发、能不能发。去年铜矿企业发现有人拍了铜峪沟的照片，他们从牧民手里收回去了十几张，一张100元，可能铜矿企业害怕曝光。群众啥也不怕，逼急了就给你发到网上去，不然没人管。
>
> 我们也担心，如果媒体曝光，我们就给温泉乡、兴海县抹黑了，往后县上就不考虑我们的利益了。我们和铜业公司矛盾归矛盾，但不能轻易使用网络举报，我也劝群众不要这样做，闹僵了对村子没好处。

现代通信技术在藏区推广的速度令人惊讶，普通牧民有更多的时间去接触功能先进的手机，尤其是图片和视频功能的普及，让牧民记录一切正在发生的事件成为可能。通信技术为牧民提供了无处不在且十分便利的社会监督形式，客观上弥补了实际生活中监督机制不健全的缺憾。对此政府部门害怕出乱子，感觉如履薄冰，矿企对此亦战战兢兢。故而可能的网络举报是压在矿山高管心上的现实威胁。

环境抗争有别于群体事件，但在国内是一个敏感字眼。其实环境投诉、网络举报皆为环境抗争之形式。环境投诉就是通过政府部门反映并寻求解决环境问题的举报。政府部门治理环境的力度主要看当时的工作重点、政策的松紧度，以及事件本身的严重程度。当工作重点在经济增长和环境保护两者之间游移时，环境投诉或许不能引起足够的重视，找不到平衡点，也就是说环境投诉不能发出足够的威慑信号时，那么人们便会使用其他形式的环境抗争加以替换。法制不健全和有法不依的情况是大多数人可以看到的，此时“占领” 或许不是最好的方法，却是唯一有效的方法，因此我们还是铜峪沟事件定义为环境抗争的结果。环境抗争缘于环境问题的社会不公，它有一个“度”，因而也极易演变成群体事件，诱发民族问题，所以它能够发出真实威胁的信息。笔者主张使用高水平的环境抗争形式，非暴力的协商手段去解决问题。其实牧民非常渴望一个公平的法制社会，在法制条件下环境问题才能得到最好的解决，过激的环境抗争亦会大为减少。

对牧民来说，用法律手段解决问题实属知易行难，更遑论作为博弈的威慑策略了。牧民对诸如《矿产法》、《环境保护法》有强烈的需求和求知欲，但这些法律文本很少有藏语版的，或者说牧民无法从市面上买到藏文版法律读本，这是推进法制社会建设的一大缺憾。藏文版法律去哪儿了？笔者在甘南州玛曲县做调研时也发现这一问题。2014 年 4 月通过的新环境保护法，一部史上最严的环境法律，尤其肯定和鼓励民间力量参与环境保护，但没有一个统一的藏文版，故玛曲县自己组织翻译了一本，而在青海省尚未见到藏文版的新环境法。

法律是公正的，不等于法律能够公正地行使权力。藏区矿产资源的调查表明，法制环境、治理水平都是影响法律公正的变量。对于赛什塘牧民来说，请律师固然好，但是这些律师来自州县，他们是替政府办事还是替牧民说话？牧民对请律师持怀疑态度。涉及矿产开发这样的敏感问题，取证难度大，成本亦高，律师少有问津。矿企方面对牧民使用法律手段是不屑一顾的，认为牧民还没有那个实力和水平请律师，最终只能是开花不结果，对铜矿企业根本不构成威胁。

环境取证同样不构成对铜矿企业的威慑。铜矿企业对探矿、采矿的真实数据和生产情况的信息采取了保密措施而且具有可控性，对此企业抱有信心。这些数据和信息是牧民，甚至政府部门都无法接近的，况且牧民缺乏科学取证的能力，也缺乏第三方社会团体的支持，故而环境取证难以成为有效的威慑手段。

上访是介于司法与行政之间的个体寻求保护的手段。矿山企业之所以把它视为廉价威慑，是因为上访是受各级政府严格控制的行为，是官员颇感头疼的事情。东珠坦言：

兴海县新的上访制度规定：3 人以下属于正常上访，以前是 10 人以下。现在 3 人以上就是非正常上访。对于影响全村利益的铜峪沟事件，一个社出 2 人，三个社就是 6 人，人少了不能代表群众的意见，

> 但这就会变成非正常上访。上访对政府压力很大，而对企业并不构成威胁。上访的结果往往是以经济赔偿结束，这就使矿山不怕牧民上访。

法律、环境取证、上访和行政调解在藏区往往成为“廉价磋商”，于矿企来说是虚假威胁。这不是贬低法的精神，行政权威和治理水平，而是说现实生活中存在着法制观念淡薄，行政不作为和公共服务水平低下的问题。事物总是朝着它的另一端向前发展，在今天看来是廉价磋商的东西也许明天会成为有价值的治理。

小　结

法制社会是全体国民拥有法律意识的社会。藏语版法律文本的缺失反映了依法治国过程中的问题，说明法制化进程在藏区和其他少数民族地区存在漏洞，这需要政策设计者做出回应。牧民更多地使用上访、抗争也是法制不健全的一种投射，而理想的方式是在法制框架下使用法律手段保护社区、保护自然资源。

博弈论视角较好地透视了牧民、矿山、政府三者的复杂关系，这不是说三者仅存博弈关系，也不是只存在猜忌、冲突和对立的紧张关系，我坚信如果没有法制社会的政策语境，没有法治的框架和秩序，地方社会的合作难以真正实现。

人类学已经进入过程研究时代，而博弈论就是关于策略和选择的过程，这无疑十分适合人类学的参与观察和“深描”。三者在长期而复杂的博弈过程中，显现或隐现着各自的行动策略、态度，也表明对另一方的策略和态度，归纳起来如下：

村企关系模式——牧民和矿企之间存在一种带有利益冲突的经济关系，合作关系也存在，但并不改变利益冲突的格局。两者对自然资源利用的态度和观念的差异来自“发展”理念和文化传统。两者在信息和权力资源方面的不对称，导致牧民权利受损。如果说他们有共同利益的话，也是秘而不宣的廉价利益。比如在多数情况下，他们会心照不宣地绕过政府部门去解决环境事件。在此廉价磋商中，环境问题的制造者和受害者同时逃离政府，说明政府的生态补偿政策存在问题，对牧民群体的权利没有给予适当的尊重，环保政策对资源开发者的规范不够严、不到位。

村府关系模式——现阶段的村府关系是行政上指导，经济上资助，环保上推诿，这种关系模式也正在发生变化。随着八项规定和群众路线的展开，村府关系由疏远变紧密，处于回归常态的社会变迁之中。近年来，政府扶贫款、补贴的增加使政府比以前更有资源，这也是村府关系改善的原因。但地方政府的治理水平仍显低下，尤其是提高公共产品及服务的水平，草原生态环境保护的决心，不能使牧民满意，原因是政府在矿产资源开发上面存在利益诉求。因此牧民对政府有依靠也缺乏信任。从长远看，法治社会的建设和群众路线为提升村府关系的水平提供了巨大可能性。

政企关系模式——政府在自然资源开发上既有利益，比如财税收入、红利，又有监管守土之责。利益与监管同在就会使两者关系变得暧昧，行动上犹豫，弱化执法力度，甚至包庇不法行径，使企业顺利逃避监管和惩罚。

第五章　汉人的乡村文化模式与环境保护行动

草原矿产开发涉及国家、矿企和村庄诸多利益相关群体，这不仅是生态环境问题，也是文化和社会问题，目前青藏地区的采矿活动正在加剧生态环境的危机和人类基本权利的恶化。本项目成员两年来分别对甘肃省岷县锁龙金矿、玛曲格尔珂金矿和青海省兴海县的青根河铅锌矿、赛什塘铜矿进行了人类学参与观察，其中锁龙金矿和赛什塘铜矿的个案分别代表青藏边缘的汉人环境抗争模式和青藏腹地的牧民环境抗争模式。

传统生态知识（TEK）分散地存在于文化仪式、地方传说、自然知识和地方组织模式中。对于这些地方性的研究有助于我们理解 TEK 与环境观念和生态行动的关系，所形成的几组关系显示如表 5-1 所示。

表 5-1

TEK	观念与行动
洁净与污染仪式	神的污染等同自然的污染，干预活动是污染
土地认知	“生地熟地”的生态标准，采矿属于污染
烧火棍传说	生态想象
取水仪式	保护水资源等同于保持神的圣洁
乡村领袖的权威	强调道德、秩序和人神合一，可为与不可为
联村组织	行动策略，合作与社区管理

第一节　洁净与污染仪式

甘肃省岷县锁龙乡（延川）地处黄土高原与青藏高原的过渡带。作为汉人农耕区域，间有藏族和回族居民。延川境内平均海拔 2,500 多米，沟壑纵横，森林莽莽、草山辽阔。锁龙河、燕子河和狼渡河三条河流为农作提供了丰富的水利资源，当地人把延川叫做“八十二石（dan）细米的地方”，该地的小生境应该说相当优越。然而此地古往今来深受冰雹、洪涝和霜冻三大气象灾害的困扰，志曰：“岷州不乏水源，而灌溉未兴。各乡溪涧潆洄，并不作渠浇田。其资水为利者，独水磨一端。至于沟渠不修，厥亦有故。盖岷崇山峻岭，热少寒多，触石生云，淫霖时有，忧涝而不忧旱故也。”[①]

图 5-1　八十二石（dan）细米的地方

① 康熙《岷州志-水利》。

笔者调查认为，延川境内虽无官方兴建的大型水利工程，但当地人绝非无所作为，水利资源的分享、保护从未间断。冰雹以沟谷为路径发生，洪水顺山谷而下，河流在旱季发生断流，而村民也以沟为聚落单位，田亩沿山谷分布，其中山地多、川地少，主要种植青稞、蚕豆、大燕麦。为了祈求庄稼丰产，抵御生态危机，村民必须联合起来，一条沟的村落形成了生态—文化社区。像西北其他许多地方一样，文化与生态、人文与自然相互作用形成了高原地区的沟域社会。沟域社会的整合是在没有宗族血缘纽带的情况下而进行村落联合，笔者以为至少有两个因素起到关键作用：一是共同信仰，二是他们共居的小生境所面临环境压力以及采取协同行动的紧迫感。在沟域社会的空间里，庙宇是特别值得留意的核心象征物，不同层级的庙宇群是村落联合的象征符号，这是乡村领袖和乡村组织行使地方领导权的地方。这意味着联村组织和协同行动超越了象征和隐喻的意义。在中国西北难以数计的沟域社会单元中，社会的整合、组织的构建需要一个旗号，即神灵，他（她）们是象征性的精神首领。延川有两位水神娘娘，当地人把严家庄的金花娘娘称为“大阿婆”，把窝里村的金皇娘娘叫做“二阿婆”。乡村领袖与湫神娘娘的亲密关系如何扩展至村落之间的社会联合引起我们的兴趣。

延川青苗会东起打牛沟，西至打磨沟，南起金场沟，北至榜山沟，19个自然村形成上三会和下二会的村级组织，在此基础上建立了贯穿沟谷地带的联村组织“青苗总会”：

图 5-2　两位女神

一会（头会）：侯家沟、赵家庄；

二会：山庄、潘家寨、背后庄、买家庄；

三会：严家庄、林畔；

四会：拔那庄、窝儿里；

五会：锁龙、古素、打牛沟。[①]

以一年为单位观察延川五会的仪式活动，可以发现关键仪式有两项：一是为湫神娘娘选老爷，其实也是选拔联村的首领“水头”；二是举办抱水仪式。上三会和下二会每年农历六月初一都要为两位湫神娘娘各选一位老爷，所选老爷便是青苗会的水头，也是陪侍女神的人。就职仪式犹如婚礼，两位水头老爷像新郎官一样身穿黑色绸缎长袍，头戴黑呢礼帽，骑高头大马，披红挂彩。老爷还要向娘娘敬献新袍并发表致辞。老爷的居处搭建松柏彩门，挂红灯，结红绸，贴上红对联；老爷家里还为女神设置喜气洋洋的供房，新床按男左女右备有两套大红喜字的被褥和枕头。老爷睡左，娘娘居右，但她的半边床虚位以待。在六月初七这天，两位老爷按婚宴标准办酒席款待村内村外的本家邻里和亲朋好友，并接受他们送来的被面、毛毯、喜帐及其他礼物。这种场面只能是婚礼，笔者对此深信不疑。

图 5-3　水头老爷家

① 一、二、三会为上三会，四、五会为下二会。

经过调查发现，在当地的传统中有类似的文化安排和创意。岷县作为旧时西北边陲和农业区，遗留着丰富的湫神信仰，县境南北各有18位湫神，其中女神占8位，数量上男女旗鼓相当。岷县人对湫神的称谓颇有人情味，称男神为“爷”，如姜维是“王家三爷”，范仲淹是“太子爷”；称女神为“阿婆”，如“金花阿婆”、“添炕阿婆”。男神多为历史人物，女神皆本地女子。女神可以在某村某姓中找到她的户籍所在地。在湫神中间，一些女神与男神被传为神仙眷属，且流传着美丽的情爱故事。湫神中的梅川大爷（宗泽）与金火娘娘、关里二爷（庞统）与珍珠娘娘在巡境途中成双成对，结伴而行，晚上两女神分别在两男神的庙中留宿。在女神庙的壁画里，男女二神比肩而坐的形象颇显亲密。[①]然而老爷本人和当地村民却否认并强烈反对婚姻之说。我起初的问题是：延川社会为什么用婚姻的形式维系人神关系？神总是高高在上，而延川女神为何下嫁于人，婚配的实质究竟为何？提出这样的问题我深感得意，然而局内人和局外人所表现的认知差异令我困惑。我开始怀疑，人神之间的婚姻关系是真命题吗？

起初的观察资料支持乡村领袖与女神有婚姻关系的看法，但当地人的坚决否认使我们再回到观察中，重新思考和审视之。从污染禁忌和洁净仪式切入也许有助于理解人神之间的真实关系。老爷从六月初一开始在庙中坐床，坐床仪式是藏传佛教中以转世、继位为标志的重要宗教现象。坐床天数由旧制的60日、40日、30日缩短至目前的12日。老爷坐床表示他仪式地从人转换为神的角色，局内人特别强调老爷是湫神娘娘的替身，我想这种理解是准确的。在月露滩庙，我们看到无论是现任老爷还是前任老爷，出入神殿或接近神灵，都要净手净身，衣冠整洁。在地上放一片瓦，上面点燃松柏枝，双手做洗手状用桑烟熏之，长袍撩起来熏烤两腿之间。一位长者说，洁净不光是衣衫光鲜洁净，更讲究内在的德行，洁身自好。坐床不限于老爷一个人，伞客、锣客也一样坐床。娘娘去谁家居住，谁有资格来陪侍娘娘要看个人品德，老爷不一定是首选，伞客、锣客也有获得这一殊荣的可能。期间老爷出入行动需要保持衣帽整洁，坐床前全身沐浴、木香熏身，由陪官毕恭毕敬地服侍上床。与神共居一室者禁食葱蒜以防异味

① 李璘.甘肃省岷县民间的湫神崇拜.载《丝绸之路》，1999（1）：115.

图 5-4　煨桑以净手、净身

溢出；不准随意说一句话；厕所不与他人共用且每次使用的位置不能重复。供房亦专用，女人与戴孝之人止步，此间老爷须系一条红布裤带，不与女人性交，更禁止在供房内发生性交行为。违者将受神的惩罚，身体的什么部位触犯规矩，什么部位就会遭受病痛。此间老爷克己敬神，使自己成为村民的道德表率。老爷与女神虽共居一室貌似亲密，但污染观念、种种严格的禁忌和及洁净仪式表明人神之间存在分层和区隔，这是不同分类体系之间的差异和张力。人与神在地方传统中保持了非常亲密的关系，但女神的神性又使她不同于普通女性，而且远远高于作老爷的男人。这就造成地位不对等或者这种两性关系无法归类。在玛丽.道格拉斯（Douglas，2008）看来无法分类即是边缘化存在，即是异常和位置不当，即是跨越不该跨越的界限，所以是危险的。[①]他们必须以某种距离感来强调其神性以防污染，因此当地人用近乎苛刻的洁净仪式禁忌去消除潜在的危险，使亲密与敬畏、人性与神性保持某种平衡。哪里有污染（观念）哪里就存在一个有序的体

① [英]玛丽·道格拉斯.洁净与危险.北京：民族出版社，2008：123.

系。[①]换言之，污染观念和洁净仪式创造和谐、秩序。用价值判断去理解污染禁忌显然不妥，在我看来从地方性建构或者文化生产的角度去看待问题更合适。

当地人把人神归于不同的分类体系，人有意维系这种和而不同的秩序而无僭越结构之心。人神婚姻只是一个晃人耳目的表象和假设，老爷的实际角色是女神的“代理人”或者当地人说的“替身”。水头老爷就职后尚未度过非圣非俗的阈限期，[②]他在常人和女神替身之间摇摆，坐床即是功课，必须经过一定时间的宗教体验。这种状态就像供房的门，隐喻着内外两个空间，伊利亚特（Mircea Eliade, 1959）指涉的神圣空间和世俗空间。[③]门上贴了一副对联：“今日起金炉不断千年香，以此按玉盏常明万古灯，横批为‘天人感应’。”这与新婚的气氛无涉，与宗教体验相关，看似人神交接的排他性空间，事实上是致虚守静、体悟道德的领域。笔者视之为道教体悟之法在民间的遗留。供房的门使得神圣与世俗在此中断又在此联系，它接受虔敬的跪拜、严格的禁忌和繁琐的净化仪式，意义重要如此。

污染观念和种种严格的禁忌及洁净仪式表明人神之间存在分层和区隔，老爷与女神虽共居一室，我相信人神之间有某种亲密关系，但两者的距离感是显而易见的。对于污染禁忌不可简单地用价值判断去理解，正确的做法是从地方性建构或者文化生产的角度去看待问题，玛丽·道格拉斯的观点值得回味：哪里有污染（观念）哪里就存在一个有序的体系，[④]换言之，污染观念和洁净仪式创造和谐、秩序。

水头的宗教体验遵循圣时、圣地制度。圣时制度有平日和节日之分，在时间上具有可逆性和间隔性，这就意味着水头在任期内可以重复度过圣时，获得定期体验的机会；从圣地原则看，如果供房设在水头家里，即神圣空间切入世俗空间，在生活空间中分离出一块圣地。禁止女人入内不是

① [英]玛丽·道格拉斯.洁净与危险.北京：民族出版社，2008：123.

② 指身份处于模糊、不确定、临界和边缘化的状态和时间。见 [英]维克多·特纳，黄剑波、柳博赟译.仪式过程：结构与反结构.北京：中国人民大学出版社，2006：94—126.

③ Micea Eliade, *The Sacred and The Profane: The Nature of Religion*(New York: Harcourt, Inc. 1987).

④ 王明珂.羌在汉藏之间.台北：联经出版事业股份有限公司，2003.

女神的嫉妒，原因在于圣地的隔离原则。理论上在某一特定时间水头不能随意出入供房，甚至不能说话，以免被纷纭复杂的外部俗务所迷惑，而是静修其德。富有浪漫气质的道德训练制度是一个地方性的文化创造，它对乡村领袖的选拔和共同体的稳固不可小觑。对于乡村精英来说，谁能入驻神庙与女神共居，谁家的供房能迎来女神的光顾，谁就有资格主持祭祀活动而成为政教合一的乡村领袖。这跟杜赞奇研究的华北乡村社会一样，参与领导祭祀活动是乡村精英进入世俗政治结构的一条重要途径，[①]水头借助神灵的荣耀，顺理成章地使用和控制象征资源。

一位前任老爷在祭文中说，人以神生，神以人行。在当地人看来，人神是在同一自然中栖居的生命共同体，对自然的污染和冒犯即是对神的污染和冒犯，对自然的过度干预和污染威胁到神和人两个世界的秩序，不仅对神来说是危险的，对人也是危险的。因此金矿开采带来的污染和破坏引起环境抵抗出于信仰和现实的双重原因。

第二节　乡村领袖与联村组织

回顾人类学关于地方领导权的研究，有三种模式值得注意：①斯瓦特“男子之家”模式。其首领通过对土地、房产的控制和小恩小惠的伎俩对男子之家施行绝对的统治，同时组织成员亦根据经济上的损益得失选择某个“男子之家”。[②]②努尔人的“豹皮酋长”模式。在受到西方思想和制度影响后，努尔人的“豹皮酋长”的主要角色是仪式代理人和解决世仇的调停人，酋长在普通努尔人看来没有什么特殊之处，因而政治结构通过价值观念来控制人们之间的实际行为，人们遵守某些习俗惯制去行动。[③]③华北

① [美]杜赞奇.文化、权力与国家.南京：江苏人民出版社，1994：126.

② [挪威]弗雷德里克·巴特.斯瓦特巴坦人的政治过程.上海：上海人民出版社，2005：103-132.

③ [英]埃文思·普理查德，褚建芳、阎书昌、赵旭东译.努尔人.北京：华夏出版社，2002：198-219.

社会“经纪人”模式。由于当时出现国家羸弱、社会动荡和乡村萧条的情势，杜赞奇观察到华北乡村的精英们极力回避乡村权力，那些有野心的不良之徒攫取乡村权力、欺上瞒下，成为“赢利型经纪人”，乡村实际上形成“权力真空”。[①]本调查说明这里的乡村领袖不同于上述社会的情形：洮岷青苗会的会首不是通过聚敛财富从经济上达到政治控制的目的；宗教体验提升乡村领袖的道德感，造就一位联村社会中值得信任的人而避免成为“赢利型经纪人”；仪式为他赋权，使其拥有足够的能动性以掌握乡村控制权，而非有名无实的“豹皮酋长”。

从人员配置上看，乡村社会组织与仪式信仰有天然的共生关系。延川青苗会的核心成员如下（两会）：①老爷（水头）各 2 位；②伞客、锣客各 2 位；③总会长 1 位，大会长共 5 位；④二陪官、三陪官、四陪官各 3 人；⑤老友若干；⑥仪式专家各 1 位（常任）。该组织的核心层皆与仪式信仰有关，皆在仪式中担任某个角色。水头须在 40 岁以上，子孝妻贤，品行好，家境殷实，其职责是服侍女神，主持仪礼。过去选老爷可以连任，现为一年一选；伞客、锣客是老爷的助手和娘娘的侍从；仪式专家皆为世袭，负责唱诵、跳舞，配合水头和会长完成祭祀活动。会长除了祭祀以外还负责筹集经费，协调各村青苗会的关系，物色和选拔会首人选。该组织不同于其他同类组织的特点是老友制度。前任老爷到今年则变成二陪官，第二年变为三陪官，第三年变成四陪官，第四年及以后的老爷则全部是老友，即娘娘的老朋友。老友制度使得卸任水头成为新水头的监督者、辅导者和协助者，这样的文化设置和组织制度在很大程度上体现了一代代乡村领袖的创造力。陪官和老友制度设置对组织的稳定性和连续性有重大意义。

表 5-2　延川青苗会水头（老爷）任职情况汇总（1989-2008 年）

姓名/年龄/村落	姓名/年龄 /村落
第一届（1989 年）	**第十一届（1999 年）**
赵俊秀 55　严家	赵如璧 61　赵家
马彦林 56　古素	尚志义 69　窝儿里
第二届（1990 年）	**第十二届（2000 年）**

① [美]杜赞奇.文化、权力与国家.南京：江苏人民出版社，1994：36-37.

岳继贤 56　后家	买宝奎 65　买家
王世秀 61　窝里儿	马彦忠 66　古素
第三届（1991 年）	**第十三届（2001 年）**
陈志贤 49　买家	张天绪 58　赵家
马俊杰 57 古素	马黍娃 54　古素
第四届（1992 年）	**第十四届（2002 年）**
马俊清 61　严家	罗玉存 47　后家
马文超 58　拔那	马尕张 59　拔那
第五届（1993 年）	第十五届（2003 年）
严郭德 50　赵家	严生忠 46　潘家
马　忠 64　古素	乔玺珍 46　古素
第六届（1994 年）	**第十六届（2004 年）**
严怀明 65 背后庄	王和禧 51　严家
岳贤珍 52 窝儿里	李怀仁 62　拔那
第七届（1995 年）	**第十七届（2005 年）**
马超龙 58　林畔	张国勇 58　赵家
李常德 65　古素	王尚家 72　古素
第八届（1996 年）	**第十八届（2006 年）**
王正清 63　后家	买世新 59　买家
王秉乾 53　拔那	马诚忠 57　拔那
第九届（1997 年）	**第十九届（2007 年）**
严老二 53　潘家	严　瑛 64　严家
马献忠 54　拔那	马俊文 64　古素
第十届（1998 年）	**第二十届（2008 年）**
严炳信 55　严家	刘超德 59　后家
薛正功 66　古素	徐忠明 58　古素

资料来源：甘肃省岷县文化局张润平的调查资料。

我们发现整个湫神信仰最具象征意义和实际价值的场景便是两位老爷交换羊头并相互跪拜。新老爷在锣客、伞客、陪官、老友、司仪和会长的簇拥下，前往湫池取水。二位娘娘乘八抬大轿紧随其后，沿途村庄敬香煨桑以表敬意。人们敬献给娘娘的供品中有一特殊的食物——糌粑——藏族

图 5-5　交换羊头（拍摄：王淑英）

人的主食，这意味着其中一位女神出自藏家。取水地——娘娘池，前有开满鲜花的草地，后有郁郁葱葱的松林，这里是水之源，是湫神娘娘真正的住所，庙宇仅是接受香火之地。落轿后娘娘坐北朝南注视取水过程。水对于农人和湫神来说皆有重要价值，水既是湫神显圣的媒介、能量，又是施予众生的福利，所以引来十里八乡民众的瞩目。取水地点选择在合龙口处，此处坡地上铺了新毡，二位老爷面朝下坐好，二位仪式专家在两棵柳树下分别为自己的联村取水，具体过程非常神秘和庄重，从不外泄。取毕，富有意味的场景出现了：二位老爷交换各自的羊头祭献给娘娘，上三会的大老爷及会首与二老爷一方相向而跪，然后交换位置再叩。之后将水瓶系于衣袍率众回庙。

一个联村领袖与另一个联村领袖交换羊头献祭神灵，这是信仰一体化的象征，也就是说一个联村集团与另一联村集团达成共识，彼此认同对方的神灵，至此二位娘娘成为整个沟域社会共享的神灵。共同崇拜不仅仅是表达村落情谊的文化表演，而是有着实质性的协同行动，如水利设施的分担和水资源的分配，因为当地人相信有共同信仰的人是可以合作的人。双方相互跪拜是村落集团之间确认合作关系的象征，表明延川社会从信仰一体化的努力变为组织一体化的成果，从仪式合作转变为组织行为。

当神话传说建构了有利于当下行动的文化资本或象征资源时，该社会利用地方信仰仪式来建构一个神圣的精神领袖，并选择一位现实的乡土领袖做神灵的代理人，使他与神共居以接受宗教体验，使他在道德上磨炼成社区信任的人，通过象征资赋予他权威，通过行使仪式权力赋予他行动自主性，实现从信仰一体化向组织一体化的过渡。乡村领袖也许被创造的对象约束，也可以运用仪式资源达成治理乡村之目的。

有些人类学家天真地认为仪式就是仪式，这也许忽略了仪式的社会文化语境。神案上的苹果和仪式上的羊头交换不仅仅是仪式程序，或者是文化脚本（文本），仪式表演者也不是文本指使的机器人，而是有行为选择能力的能动个体。[①]仪式是对象，人才是仪式的主人。我更倾向于认为仪式即行动。

莫斯(Mauss,2002)把圣物、政治权力等定义为不可转让的财富；[②]维纳（Weiner A.,1992）认为不可让渡的财富可以使拥有者延续社会地位，验证和展示身份、权威、集团自治,但是它们可以交换、丢失或损坏。社会生活的中心问题不是互惠原则，而是既拿来又送出(keeping-while-giving)的模式。[③]神案上苹果是不可让渡的权威资源，送出与接受是经过神灵授权的权力交接，接受者只能接受不能让渡；羊头祭品代表一个社会群体对其神灵的虔诚，是不可让渡的象征物，交换象征物表明双方有共同崇拜和认同感是两个人类群体之间交换信任的举动。羊头的交换不是固有的而是生成的，在实现社会联合的过程中乡村领袖极富想象力地修改了文化脚本，

① Margaret Drewal, *Yoruba Ritual*(Bloomington: Indiana University Press,1992).

② [法]马赛尔·莫斯，卢汇译.论馈赠.北京：中央民族大学出版社，2002：10.

③ A. Weiner, *Inalienable Possession: The Paradox of Keeping-while-giving*(Berkeley: University of California Press,1992).

适时让渡不可让渡的权威资源，对文化脚本能动地再生产。在特定社会中，人们总是倾向于在价值观趋同的共同体内部采取协同行动，至于在不同文化的人群中和在不同族群的村落之间如何组织社会生活，是西北乡土领袖需要在实践中加以解决的问题。乡土领袖如何在实践中判断、权衡现实问题，做出合适的行动选择？看青、护林和生产互助的经验材料表明乡土领袖在组织化社会生活中拥有不同于部落和宗族社会的创造性和能动性。

第三节　“再造自然”与灾害性反馈

传统社区都有自己的文化特质，社区的共同体亦养成共同的文化性格。进入 20 世纪 90 年代，开采黄金成为社会与文化变迁的主要推动力。人们如何看待工业化的推进，如何采取行动保护家园，村民对“再造自然”的采矿活动持有何种态度，进行何种抵抗。这在一定程度上受到文化传统的影响。矿山开发不仅包括占压土地、采掘、选矿和精炼的生产过程，以及对大气、水体和土壤的扰动过程，而且对人类基本权利包括健康与安全、居住的环境权无疑是一种剥夺。因此笔者将讨论（1）人类基本权利问题；（2）地方社区进行环境抗争的形式和水平；（3）利益相关群体研究：农牧民、矿企、政府部门。

锁龙金矿位于甘肃省岷县锁龙乡（旧名延川），地处青藏高原与黄土高原的过渡带上。延川境内海拔 2,500 米，西南有丰美辽阔的狼渡滩湿地草原，南北长 20 公里，东西宽 8 公里，曾为秦人的天然牧场。其土壤由经年积淀的腐殖质演化为黑色泥炭，可用做烧炕做饭的燃料，亦可做花卉的腐殖土。境内水利资源极为丰富，有锁龙河、燕子河和狼渡河三条河流穿境而过。当地最大的自然灾害是冰雹、洪涝，然而矿山开发带来的显性和隐形灾害远超自然灾害带来的影响。

传统社区把自然视为家园的延伸，她像母亲一样为社区成员提供清新的空气、洁净的水源和丰产的土地。卡洛琳·麦茜特（1999）把自然喻为

图 5-6　露天金矿

“养育众生的母亲”，大地的附着物包括矿石，皆为大地母亲的有机构成。[①]在传统社会里，人类行为受制于文化强制的作用，即使因商业开发、开采的需要，人也不愿意戕害自己的母亲，将她的身体肢解得残缺不全，侵入她体内挖掘黄金。在人们的意识中，矿物被看作在地球母亲子宫内孕育成熟的，矿井是人造阴道，而熔炉则是人造子宫，冶金术是催化术，这一过程缩短了金属自然成长的周期，因而是人工流产行为。[②]在笔者调查的地方也都持有类似的大地母亲观念，并以神山圣水的形式将自然环境神圣化。这就是莫尔特曼的“家园”，人类寄居其中的自然系统，如同神灵居

① [美]卡洛琳·麦茜特，吴国盛等译.自然之死.长春：吉林人民出版社，1999：2-4.
② 同上。

住在人的灵与肉之中。[①]自 20 世纪 90 年代采矿业繁荣以来，工业化在青藏加速推进，技术和资本的融合使得榨取自然、改造自然成为难以逆转之势。自然灾害是以偶发的、间歇的方式发作，而开矿引起的灾害是以持续的、污染的方式发生。对于自然灾害人们借助公共仪式和人的能动性加以控制，而矿山灾害则是他们无法控制和抵挡的，因为采矿是地方政治、经济以及利益相关群体相互作用的复杂而微妙的运作过程。2000 年在岷县锁龙林畔村发现金矿，无序的采挖使得延川地方满目疮痍，此时岷化金矿以恢复矿山植被、保护生态的名义取得进入矿区的资格，承包了岷县政府的一项“矿山恢复治理工程”，2005 年岷化金矿取得县政府的信任获准投产。该矿在矿山环境恢复方面所做的努力比起大规模开采所造成的环境灾害显得微不足道。

图 5-7　金矿作业场景

① [德]莫尔特曼，隗仁莲等译.创造中的上帝——生态的创造论.生活·读书·新知三联书店，2002：3.

金矿的开采方式令人震惊，只能用“再造自然”四个字来形容。所谓“露天采矿”就是把草山和林山剥一层皮，然后一排一排的挖掘机和重型卡车把整座山一口吃掉，这些矿石经过浮选和精炼，只有少部分的矿石留下，其余皆作为废渣运往他处。就是说此处的整个山已化为乌有，而在彼处堆起一座废渣山。当地一位报告人遥指矿区说：

> 原来的绿山被整个拉掉，这个山就没了，换一个地方生出一座荒山。我们这个地方空气好，水好，比兰州市的矿泉水还好。暖水河有三股清泉流淌，冬天冒着热气，河里鱼虾成群。而今好山好水都没了，把整个环境破坏完了，真正心疼！
>
> ——岷县田野调查资料 2013-07-15

在赛什塘铜矿，地质灾害的隐患让每个普通人很容易预见。建在曲什安河岸边的选矿厂，高高的废渣山离河道只隔了一条简易公路，从高处俯视着河流，坍塌或滑坡随时都会发生，而装满废石的铁皮矿车还在不停地往下倾泻。这座大型矿山年采选矿生产能力 80 万吨，每采挖 1 吨矿石平均产生 1.5 吨废石，意味着每年至少新增 120 万吨的废石和废渣，令其堆积在山谷之间和河流岸边，而青藏高原 70%的降水量集中在 5-8 月份，其间最易引发地质灾害。轻者引起河流改道，重者引起泥石流、滑坡等地质灾害，从而危及人的生命以及耕地、草场和水源。

锁龙人举办“抱水”仪式的目的是借助女神来控制自然灾害，作为乡村领袖的水头有责任保护青山绿水，然而矿山开发者不计后果地开采地下水，从根源上破灭了人们追求风调雨顺的梦想。调查的困难在于问题的敏感，开采地下水、黄金产量和尾矿库的数据很难获取。令人欣慰的是，玛曲格尔柯金矿一位年轻工程师为我们提供了相关数据，且有公开出版物进行印证。该矿有格尔柯和贡北两个矿区，格矿日排水量6,000m³，贡矿为10,000m³。两矿区每日排放 16,000m³ 的地下水可生产 2.7 公斤的黄金。[①]如果按水利部

① 张卫雄等.格尔珂金矿矿山开采引发的主要环境地质问题及防治对策.甘肃科技纵横，2009，38：2：75.

《2004 中国水资源公报》统计，2004 年西部省份人均用水量 487m³，包括居民生产和生活用水。根据玛曲县 2010 年人口统计，该县常住人口为 5.49 万。两矿区年排水量 576 万立方米可供 11827 人即该县五分之一人口用水一年。同样使用浮选法工艺的赛什塘铜矿和锁龙金矿，采排地下水的相关数据无从获得，但从当地人报告的情况看地下水的抽排非常严重。泉水流量剧减、断流甚至干枯的情况在贡布一带引起牧民的激烈反应。人畜饮水成了大问题，牧民对矿山的野蛮开采极为不满，矛盾不断激化。在岷县锁龙和兴海县赛什塘亦有类似情况发生，人畜饮水问题关乎人类基本权利，因而成为引起环境事件的导火索，地下水的过量开采积累了地质灾害的隐患，地面塌陷和沉降在格尔柯矿区甚为严重，而泥石流灾害在岷县较为突出，而河流污染则在赛什塘更为严重。

第四节　农牧民的环境抗争与矿山老板的民俗策略

人们希望矿石在给国家经济注入动力的同时，也能为地方经济和人民带来好处。然而矿石并未激活地方活力，也未给当地人提供多少就业岗位，而是带给地方难以修复的破坏和对未来的焦虑。“资源诅咒”的理论假设由奥蒂（Auty，1993）在经济学的框架内得到证明。他认为资源丰裕国家或地区不但不能从矿产资源中获得利益和实现经济增长，且易引起民众与国家、矿山的环境冲突。[①]其原因是这些国家或地区法制不健全，官员治理能力低下，不可避免地出现利益寻租现象，并与腐败相互传导。[②]

① Auty RM., *Sustaining Development in Mineral Economies: the Resourse-curse Thesis* London Routledge，1993, p.1.

② Likka Korhonen, “Does Democracy Cure a Resource Curse?” BOFIT Discussion Papers 18/2004, Bank of Finland, Institute for Economies in Transition.

斯科特“弱者的武器”

如果从环境人类学和生态民俗学研究矿山，我们会把视角下沉到地方社区。这样“资源诅咒”就不单是经济学关心的增长问题，而且是矿产开发引发的人类基本权利的伤害。按照联合国人权宣言的定义，人类基本权利包括拥有适于生存、工作、发展和健康的环境权。在采矿业大举进入地方社区之前，人类环境遭外部侵害的情况鲜有发生，今天人类和其他生命栖居的环境及其环境权正在遭受外部力量的大肆围攻和践踏。国内学界包括人类学和民俗学还未充分关注像矿山开采与人类基本权利的社会敏感话题，而社会期望他们有所担当。在我调查的甘青四地矿区，环境抗争的形式有上访、驱逐、盗窃、群体环保行动、协商等不同层面和水平的抵抗。

> 在锁龙矿区的买家庄，两件事促使普通农妇杨吉女走上上访之路。一条渭河支流从金矿采选厂流经买家庄。由于矿山堆浸出现的问题引起河水氰化钠超标，杨家的猪饮河水被毒死，而矿企和乡政府没能解决问题且态度傲慢，此事郁结于心。在2006年的庄稼成熟之际，三沟金矿在杨家的耕地上修建废水池时践踏青苗，此时矿山与杨家并未达成土地买卖或租赁合同。这位妇女希望乡政府能够帮她解决问题，乡上工作人员对她粗暴无礼，并以妨碍公务为由对她进行治安拘留的处罚。此事直到2009年县政府出面才达成息诉罢访协议，此时杨家已经家徒四壁且身心俱惫。
>
> ——岷县田野调查笔记 2013-07-15

一个村妇不惜身家性命长期上访折射出村民在政府—矿企—公安的权力联盟之下所受的不公待遇。村民的基本权利在闪闪发光的金子面前显得如此之轻，他们感觉活得没有尊严。人类学以研究民俗传统中的互惠而闻名，如果互惠不复存在而只剩下赤裸裸的权力剥夺，那些无权无势的群体会怎样想怎样做？

在岷县锁龙，盗窃亦成为抵抗形式，在斯科特（2011）看来就是“弱者的武器”。那里的矿渣废石占压了村民的土地，选矿和提炼的有毒物质污染了天空、河流和土壤，超载的尾矿坝增加了泥石流爆发的可能性。在严家庄、林畔村，村民失去一亩地仅获得补偿款 1,600 元，而起初的价格低至 600 元。金矿出于自身利益的考虑，一般不用当地人做工，只提供几个矿山保安的岗位，甘青两地的矿企基本如此。土地一旦卖给矿山，在村民看来就等于宣布这片土地的死亡，因为在他们的传统里，土地是有生命的。“生地”就是拥有内在活力和丰产的土地，“死地”意味着土地的裸露、枯竭和衰败。村民的权利被剥夺使得他们以报复的心态铤而走险。矿区周围一些敢于冒险的村民趁黑夜来到矿区喷淋场，把“载金板”（活性炭）埋于矿石堆的下面，当氰化钠喷淋到矿石后发生变化，金子顺水流到载金板时被活性炭黏附，这些黏附金子的载金板装满一个编织袋大概 60 公斤。盗金者用摩托车把东西拉走，120 公斤的载金板可得 10 克金子。

图 5-8　金矿的废渣堆

在为金矿服务的少数当地人中，协警（保安）是一类富有弹性的人。他们既为矿企防盗又从矿企获利。该乡派出所有 4 名正式警察，其余 8 人为协警。协警的工作范围和工资来源是多样化的，这是利益相关群体在地方情景下利益平衡的结果。协警的全部收入是 1,800 元，其中县财政拨付 300 元，派出所拿出 1,200 元，矿企出资 300 元；协警在所里工作 7 天，在矿企工作 15 天，在家休息 7 天。他们负责两个矿企的治安。

Q： 当协警工资很低，在矿企做保安有额外好处吗？

A： 我们这里冬天冷，不能开工生产，冬天有机会的话可以交给矿企一定数量的款子，承包一个矿点。用活性炭在矿企没有处理干净的矿堆里淘一些金子。

Q： 你们村上有没有在矿企干活的？

A： 我们严家庄有几百亩土地卖给矿企，但村上没有人在那里干活。有几个人在矿上开挖掘机。

——岷县田野调查资料 2013-07-16

偷盗者和协警的材料可以视为一种抵抗形式，更重要的意义在于材料隐含着地方政府治理能力低下和腐败问题。政府机构的贪赃枉法被当地人千夫所指，其涉及县里某些主要领导人索要矿企股份，国土部门利益寻租，公安部门与矿企沆瀣一气的问题。斯科特认为，如果抵抗是公开的，那就极少具有集体性；而如果抵抗是集体性的，它们就极少可以公开。[①]在锁龙没有形成有组织的环境监督行动，人们的抗争仅限于软弱而零散的个体行动，其与矿企利益链条表现强势有关。虽然我赞同斯科特把怠工、偷盗当做弱者的武器，但不意味着偷盗行为具有合法性，其实是村民对金矿开采暴行采取的具有索赔性质的报复和抵制。一位乡政府领导说：

老百姓对矿山环境意见很大，环境破坏严重影响了人们的生产生活，当地人没有人权的概念，忍让多于抵制。我来这里主持工作一年多，想改变过去民企开矿的状况，县上就是不同意。民企开矿对于地方来说不但收不到什么税，而且还破坏了环境。我的思路是把矿产资源整合起来挂牌拍卖给有资质的国有大型企业，地方不但能增收利税，

①[美]斯科特：《弱者的武器》，译林出版社，2011。

而且能减少环境污染。我本想好好干一番事业，上面阻力大就有点灰心。

——岷县田野调查资料 2013-07-14

权力与资本的结合，腐败、治理能力低下导致几个后果：（1）“资源诅咒”和环境退化，滥用权力者从中获益，品尝苦果者遭殃；资源之所以成为诅咒是因为采矿导致发展受阻、内部紧张、人权滥用和环境冲突；[①]（2）贬低意义、权力和生态环境的完整性；（3）环境完整性取决于地方政府和矿企的决定和行为，村落社区没有话语权。景军（2009）在甘肃大川的环境冲突研究中发现，在地方社区经过生态认知革命的过程中，文化因素在动员行动中起到核心作用，[②]我以为文化仪式的作用可能被高估了。从中国乡村社会的整体看，文化因素驱动起来的环境抗争是极为少见的，更为常见的情况是无权无势的村民使用弱者的武器。因而，引起环境抗争的真正原因是村民基本人权受到严重伤害的现实因素，即环境压力影响了人的生存。文化仪式作为动员手段不是普遍采用的策略。

金矿老板的民俗渗透策略

在民俗学的传统里，民众是民俗的享有者和实践者，官方和企业则不会把民俗用于行政和企业管理中，然而这一认识被一些调查资料所颠覆。在甘青地区的矿企与村庄的互动中，村民把民俗方式放在一边转而求助于环境抗争，矿企则乐于使用民俗策略去获取社会声望。不是说民众彻底放弃民俗，而是他们知道什么时候使用和不使用。在民众需要消除精神和心理焦虑时他们会使用民俗的办法。比如青根河牧民举办法会试图控制和消除矿山开发引起的越来越多的交通事故，锁龙人借助祛灾仪式祈愿青山绿水的永续，这些祈愿不见得对环境事件有实质性影响，但对民众的心理却有不可替代的作用。关于民俗策略用于矿山企业管理的问题，我们必须将

① Chris Ballard, Glenn Banks, “Resource Wars: The Anthropology of Mining,”*Annual Review of Anthology*, Vol. 32 (2003), p. 287-313.

② 景军：《认知与自觉：一个西北乡村的环境抗争》，《中国农业大学学报》（社会科学版）2009（4），第 5-13 页。

矿山管理者分为国企和民企，尽管他们都实行现代企业制度，但两者的文化诉求有差异。民企与地方和乡村有着天然联系，因而在现代企业框架中为日常管理注入更多的民俗方式；国企实行较为经典的现代企业制度，更愿意在法律框架下应对矿企与村庄的关系。锁龙金矿的董事长王守仁是一个颇受争议的人物，一方面，他投资教育，兴建公路和其他公共设施，支持传统文化的复兴。另一方面，又廉价获得土地，极为粗暴地“改造”自然而引起许多环境问题。他颇受地方政府和大众媒体的正面关注，也多次因环境问题受到环境和安监部门的通告警示。

表 5-3　锁龙金矿捐资教育、传统文化、公益事业及负面影响汇总

1. 投资教育
2010 年出资 5 万元为严家庄小学硬化校园
2011 年为锁龙中学修建 300 米跑道
2. 资助民间文化
2007-2013 年出资 15,000 元资助“抱水”仪式和社戏
2008 年捐献 11 卡车石料修缮女神庙
3. 支持地方公益
2007 年 8 月年投入 100 万元修建 10 公里公路
2008 年投入 70 万元为乡政府修建宿舍楼
2009 年投入 160 万元和 40 台大型机械用于林畔村整体搬迁
2010 年投资 20 万元赵家、后家修建人畜饮水工程
2012 年为岷县“5.10”特大冰雹泥石流灾害捐资 100 万元
4. 负面反馈
2008 年被列为环境违法及挂牌督办企业（岷政办发[2008]68 号）
2012 年 3 月被列为重大危险源单位（定安委办发[2012]10 号）
2012 年 6 月林畔 60 万立方米尾矿库被定为无主病库（安监总厅管[2012]84 号）
2013 年受“打非治违”行政处罚（定西市安监局）

社会声望和形象对于矿山企业有着特别重要的意义，甚至影响它的生死存亡。锁龙金矿把投资地方教育和公益事业作为它获取社会声望的形象管理策略，把资助地方传统文化作为获取社区成员好感的民俗渗透策略。

在赛什塘、青根河，矿企也采取类似的做法。尽管我把这些善举视为形象管理策略，不意味着矿山主始终被贪婪所左右，没有个人道德诉求和回报社会的心愿，而是说他经常处在道德感和赢利压力的纠结中。民企矿山主使用民俗渗透策略的调查资料颇引人思考。在最近 6 年里，金矿每年要为延川五会的“抱水”仪式提供演剧资费，为联村村民唱 6 天大戏。这些村庄都在矿区周围，矿山以极低的价格买走了他们的土地，在他们村庄边上修建尾矿库，污染了他们的河流和土壤，村矿之间的紧张不言而喻。对于传统乡村来说，信仰活动是他们生活中的重要内容。矿山老板看准了这一点，资助乡村的庙宇重建，他们花费很小的成本改善了与乡村领袖的关系，通过渗透和传导进而安抚了村民不平衡的心理。这些聪明的矿山老板懂得民俗文化是地方意识形态的一部分，农牧民把土地、河流及其附着物（如矿石）视为有生命的东西，而采矿与他们的文化禁忌是背道而驰的。通过资助信仰活动、兴办公益至少给受害者一定心理慰藉，从而缓解两者意识形态之间的张力和冲突。

在矿企看来，政府部门及官员掌握着生杀予夺的权力，它们的生存和发展仰赖于此。对于政府部门，民企还会额外地使用“互惠”策略，即送钱、送礼、送股份以换取官员睁一只眼闭一只眼的默许。所谓互惠实际上是用钱铺路，其作用在于掩盖某些事实，使不道德看起来道德，把环境破坏者粉饰为环境保护者。在公开的信息和政府文件中，金矿被列为重大危险源、安全生产隐患、无主病库，上了负面清单；在格尔柯、赛什塘等矿山地下水过量开采导致水源枯竭和地表沉降，污染黄河源导致人类健康受到威胁。这些不道德行为和无视人类基本权利的问题，无论古今中外都会受到法律和制度约束的。中国采矿业有一怪象，矿企使用各种策略绕过国家法律赢得社会声望和社会形象，抵消它们因环境破坏带来的负面影响。这在很大程度上应归咎于一些政府机构的低效和腐败。

“烧火棍传说”与复垦神话

地方传说所表达的思想往往成为地方意识形态的重要元素。“烧火棍传说”在矿区附近村庄流布。明朝成化年间（1465-1488），严家庄和窝里村出了两位女神。二娘娘因抵制婚姻而终日无语，不停得捻麻线，当接亲队伍来到她家门前却不见她的踪影。母亲最后在一座林木茂密的山顶平台上发现二位姑娘（娘娘）在那里梳发。母亲问她们是人还是神，如果是神就让她手里的烧火棍变成青枝绿叶的一棵树，以便向婆家接亲队伍说明原因。二娘娘没有回答，只是用手触摸烧火棍，那根干枯焦黑的棍子开始抽芽，长出枝叶。当二娘娘把烧火棍插入一座秃山上时，山体瞬间变得郁郁葱葱。从此这座山因二位娘娘的梳妆台而成为人们祈福祛灾的神山。五会村民还在赵家庄为她们盖了一座“月露滩庙”，每年都要在五会中选出二位德高望重的人做二位娘娘的替身，名为“水头”。水头任职仪式按照婚礼的排场进行，且把娘娘请到装饰一新的供房（新房），在双人床上留有娘娘的床位。这是当地人对未婚女神的一种人性关怀，他们希望女神以她的爱心、哺育能力和合作意识把延川五会村庄按照他们的生态想象管理好，并通过举行盛大的抱水仪式，保佑五会村庄风调雨顺，青山绿水永存。

烧火棍传说中的两位娘娘具有“自梳女”的文化性格，如果岷地果然存在自梳女，广东的自梳女研究将会得到拓展。自梳女是题外话，我们关注的是传说中的生态想象。在岷州地方文化的语境中，冰雹、洪水和泥石流是当地人要面对的气象和地质灾害。这些灾害看起来是水的问题，实则是森林植被的问题。锁龙人拥有朴素的生态完整性思想，水依林生，良好的植被不但可以控制和减缓自然灾害的发生，而且能有效改善农牧业生态系统。这在锁龙人地方传说和“抱水”仪式中得以体现：仪式地点选择在山林，仪式目的是借助于女神的灵验控制和管理水的分配。仪式中“水头”老爷在毡帽上插上两支松柏枝。除了祈福的意义外，烧火棍传说在村庄与矿山的接触中得以传播，虽然不能确定传说对矿山决策的影响有多大，但矿山管理者能够意识到青山绿水是当地人的生态想象和环境价值观，所以复垦或者环境修复工作成为地方政府、矿企和村庄共同关心的焦点。

岷地作为黄土高原与青藏高原的交汇处，曾经发生过多次地质灾害，因而人们通过美丽的传说来寄托一种青枝绿叶的生态想象，金矿开采所呈现的“改造自然”惨象对当地人形成强烈的视角冲击。人们对自然生发的地质灾害的焦虑已经变为对金矿开采这种人为次生灾害风险的恐惧，传说中的生态想象已经变成现实的生态危机。

图 5-9　严家庄远景

图 5-10　水土流失

复垦真能把废弃的土地像烧火棍传说的那样变成青山绿水吗？据统计，我国现有国营大中型矿山企业 8,000 多个，小型矿山 23 万个。[①]截至 2005 年，全国采矿破坏的土地面积高达 400 万公顷，其中森林面积 106 万公顷，草原面积 263 万公顷。我国从 20 世纪 80 年代 2%的复垦率提高到今天的 12%，依然远低于发达国家 65%的复垦率，其中德国在 2000 年煤矿复垦率（包括复绿）达到 62%，美国的采矿地复垦率占比 70%。[②]我国西部矿山复垦在数量和质量上均有较大差距，事实上复垦与其说是昂贵的工程还不如说是一种策略。

锁龙金矿一只眼盯着国家环保政策，一只眼回望着文化记忆中的烧火棍，牢牢抓住对自身生命攸关的题材，承包和自投几个矿山恢复项目。2007 年以来岷县国土局在锁龙金矿项目中投资 630 万元恢复土地面积 500 亩，其中种草面积 330 亩。大众媒体的报道把锁龙金矿及其管理者树立为成功的样板，调查组在复垦现场看到的情况却不尽相同。粗略的估计，复垦的土地面积大约占废弃地的 30%，这些复垦地尚嫌贫瘠亦缺乏活力，采掘以后留下的岩石层非常坚硬，土层孔隙较大，持水性差，显然缺乏有机质。目前国内的复垦只注重覆土工程，而对生物工程则很少使用。复垦地很难适应野生植物的生长，更遑论农作物的生长了。当地人直言，挖掘过的土地已经“死亡”了，覆上一层土只是眼前看着好，解决不了问题。矿企在各种场合都宣扬“既要金山银山，又要绿水青山”，可是这个命题在现有的生态认知水平和技术条件下基本不成立。如果土地复垦不能达到生态恢复的目的就只能是一种展示姿态的“神话”，直白地说，就是讨好政府糊弄民众的形象工程。事实上许多矿山所进行的复垦、复绿与投资教育、兴办公益一样，成为矿山改变自身形象的手段。

---

① 王英辉，陈学友.金属矿山废弃地恢复技术.金属矿山,2007（6），4-12.

② 王英辉，陈学友.金属矿山废弃地恢复技术.金属矿山,2007（6），4-12.

图 5-11　复耕的土地

小　结

像格尔茨的农民研究一样采矿者古已有之，采矿人类学直到 20 世纪 80 年代才开始进入人们的视野，在戈多伊看来系统的研究尚未到来。[①]国内相关研究止步于矿山问题的敏感和不易进入的问题。在传统时期，人类掌握破坏自然的能力还极为有限，人类破坏行为还不至于危及地球自身的平衡。他们对自然的态度主要是敬畏，人类轻柔地踏在土地上，除了脚印没有在

① Ricardo Godoy,"Mining: Anthropology perspectives," *Annual Review of Anthology*, Vol. 14 (1985):p. 199-217.

大地上留下多少痕迹。直到工业革命之后，占据人类绝大部分历史时期的生态文明才被技术大发展时代所打断。

矿产资源是国家财富，然而由于一些矿山的不道德生产，矿产开发给当地人带来的不是祝福而是诅咒。“资源诅咒”表现在自然和社会领域：生态环境的破坏，人为地质灾害的威胁，使得当地人民生计维艰，损害了他们自我发展、清洁饮水和安全居住的基本权利遭到严重破坏。

各地的环境抗争呈现不同的形式，主要是受不同社会的文化模式的影响。岷地的文化模式主要表现在以下几个方面。第一，洁净与污染的观念。大量此类仪式强调乡村领袖的道德修养和自然与社会秩序。乡村领袖通过宗教式的静修和“坐床”进行修身养性，培养自己的忍耐力，公益心，以胜任社区领袖的工作。污染和洁净观念强调对神的污染如同对自然的污染一样都是危险之物，必须加以净化，否则会危及神的秩序、自然的秩序和社会的秩序。“生地—死地”的地方概念是人们关于污染与洁净的分类。由此延伸，人为的自然干预活动一种严重的污染，亦应得到治理。第二，保护水资源和生态想象。“取水”仪式是保护水资源的仪式行动，它所激发的是社区共享的生态意识。“烧火棍”传说中包含着地方性的生态想象，一种理想的生态环境状况。第三，组织模式。一个小地方却拥有复杂而精密的社会组织网络，它所倡导的组织理念是“合作”，这是“社区管理”的精华所在。

一个地方的文化模式决定它所采取的生态抗争的类型。环境抗争主要有三种类型：（1）直接的对抗；（2）弱者的抵抗；（3）协商与讨价还价。作为一个恐惧污染威胁的乡村社区，锁龙人希冀的环境是一个生机盎然的有序自然，一个社会稳定有序社区。这就要求乡村领袖必须具备忍耐、品德高尚和内心强大。当金矿生产对该地区产生持续影响时，甚至危及居民生存时，该社会并未发生组织化的暴力对抗，而是寻求协商解决争端，而且在共同体层面限制过激的集体行动，也不支持盗取的方式从矿山获利。岷地的环境抗争表现为自发的软抵抗，以上访、盗取、侵蚀矿山资源的方式加以抵制，但不是集体行动而是个体行为。这不同于藏区的集体行动模式。由此可见文化模式对环境抗争行动的影响。

该社会拥有巨大的环保潜力，因为锁龙地方群体内生性地存在积极向上的生态意识和生态想象，强调秩序和道德修养，这非常符合生态文明的时代精神。如果环保权力下沉到社区，如果制度环境许可，那么此类社会所拥有的社区管理的潜力将会在生态文明建设中得到释放。

在资本推进和权力博弈中，传统文化无法抗衡来自政府机构的权力和资本的倾轧，维护人类基本权利的方式和途径受到限制，只能通过驱离和弱者抵抗的方式进行，令人振奋的是农牧民开始学习和探索法律框架下的协商对话制度与矿企处理争端、冲突，去保护人类基本权利。

矿山企业利用民俗手段获取社会声望以期改变社会形象，而农牧民转而求助法律框架下的对话协商方式保护人类基本权利。看似奇怪的现象其实是文化语境的差异所致。农牧民生活的世界拥有传统文化的语境，民俗有其市场，故而矿企所采取的民俗渗透策略可行且有效；矿企实行或正在推行现代企业制度，其工业化思想和价值是其基本语境，其最大的兴趣是利润和增长，缺少文化语境。此与地方社区尊重生命、倡导人与环境合一的价值迥然不同。那么一个尊重生命、顺应自然的群体和一个相信资本、技术和攫取自然的群体不可能在意识形态上产生共同意识。因此矿山企业选择在农牧民那里有市场的民俗策略获取民心，掩盖环境破坏和人类基本权利受害的不道德生产；农牧民也只有顺应现代社会的生存法则，学习新的知识保护自己的权利免遭侵害。

第六章 “金黄”的利税与玛曲草原的环境退化

第一节 玛曲草原的生态危机

玛曲草原地处青藏高原东端，行政归属于甘肃省甘南州玛曲县。该区域海拔在 3,300-4,800 米，年平均气温和降水量分别是 1.55℃和 600 毫米。玛曲气候高寒阴湿，这反映了玛曲大山大河的地貌特征。在玛曲草原南部，阿尼玛卿山自西向东穿越境内，北部则有西倾山呈西北—东南向横亘其境。黄河从青海久治县入境，在玛曲境内形成了一条长达 433 公里的 U 字型，即黄河九曲中的第一弯。由于山地系统、草原系统和湿地系统的共同作用，境内拥有黄河支流多达 300 条。河流、山脉、草原和湿地一起构成了一个富有审美和健康的自然系统。人们把玛曲草原称为“亚洲第一优质牧场”，实在是赞叹其优越的自然禀赋。然而，这样的生态环境已发生和正在发生巨大的变化。河道断流，草原退化，湿地萎缩，沙漠化加剧。变化因子主要来自自然和社会两大因素。自然因素不可控，社会因素却可为，我们能否寻求更好的方案去改善环境？

湿地萎缩问题

传统时期的牧民虽无我们称为科学思想的东西，但对湿地的感知跟科学思想几乎是一致的，这就是他们的地方性生态知识，学术界叫做 TEK。科学知识和地方性知识最大的区别在于，地方性知识不但关注物性或者自然规律，更把情感、道德与万物化为一体，即整体性认知。科学知识在发展过程中逐步偏离了人类的本意，为国家权力所利用，使用者只关注客观、理性而不顾情感、道德以至于技术背叛人类的情感诉求。在玛曲草原，草原承包以后人们的思想开始发生变化，从政治家、科学家到农民、牧民，自然自然资源被划分为“有用”和“无用”，牛羊、谷物、金属矿物是有用的，而自然荒野、野生动物、没有生产能力的滩涂沼泽是无用的。政府在发展计划中追逐和掠夺“有用”资源，改造和重置“无用”的自然环境；农牧民在生产实践中被动追随和参与破坏自然。玛曲和若尔盖连为一体的湿地在 20 世纪 70 年代曾经尝试被改造为牧场，特别是若尔盖湿地修建了大规模的排水沟渠，新添了数目可观的牧场，然而湿地生态系统却遭到不可逆转的破坏。人们看重可以畜牧牛羊的草场及其有用性，却忽略了湿地的“无用之用”，使大量草场因为湿地的消失而变得干旱和沙漠化。最近十几年，科学家开始关注湿地的“生态系统服务功能”。美国生态经济学家科斯坦萨（Costanza, 1997）把它定义为“人类直接或间接地从生态系统功能中获得的好处”。①他还对全球 16 种生态系统的年服务价值做了估算，其中湿地生态系统的服务价值为每公顷每年 19, 580 美元，相应的草地生态系统为 232 美元。虽然自然资源不可能用货币化形式精确再现，但科斯坦萨的贡献在于使人们认识到生态系统对人类的重要性。玛曲草原拥有高寒草甸 586, 935 公顷，高寒沼泽（湿地）31, 706 公顷，以此推算，该区草地生态系统的服务价值约为每年 8.2 亿美元，约合人民币 56 亿元。②谢高地等人（2001）对两者的估计是 10.52 亿美元，合人民币 71 亿元。③为什么湿地有如此昂贵的价值表现呢？主要是因为湿地系统对人类和其他生态系统有着关键作用，比如湿地对土壤侵蚀的控制，截留降水，涵养水分，吸收二氧化碳，降解废弃物，以及维系生物多样性等方面均有不可替代的作用。湿地还是一个福祸同体的二元结构物，它有碳汇功能，即吸收工业和

---

① Robert Costanza et al., “The value of the world's Ecosystem Services and Nature Capital,” *Nature*(1997) 387,253-260.

② 陈敏，曹建军.黄河水源区首区湿地草地生态系统服务价值初步估算.草业科学，2010（5）：10-13.

③ 谢高地，鲁春霞等.青藏高原高寒草地生态系统服务价值评估.山地学报，2001（1）：50-55.

动植物排放的二氧化碳，其吸收碳的能力超过森林的10倍；同时湿地本身也是一个巨大碳库和碳源，玛曲湿地的主要物质为泥炭，如果湿地遭到破坏变干就会释放大量二氧化碳和甲烷。[①]造成地球上温室效应和气候变暖的因素之一是碳排放问题，因而湿地问题至关重要。

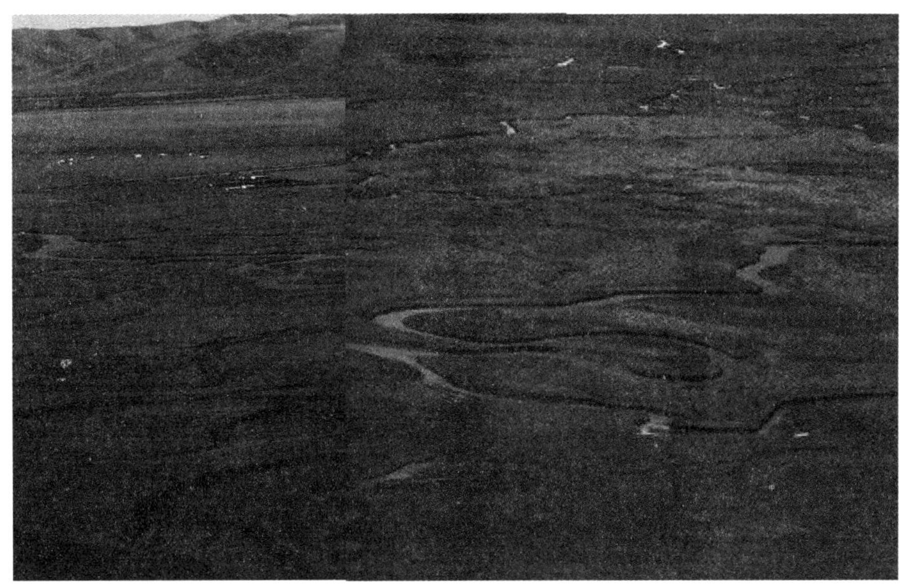

图 6-1 阿万仓湿地的变迁

玛曲湿地是世界上保存完好和少有的泥炭地，如今正沿着“湿地—草甸—退化草甸—沙化草地—沙地”的演进路线变化着。[②]据湿地专家估计，玛曲原有6.6万公顷的沼泽湿地在2009年已萎缩到2万公顷。另一份材料说，玛曲南部的乔科曼日玛湿地面积曾达到10.7万公顷，与四川若尔盖湿地连成一片，成为黄河上游最重要的水源补充地。[③]湿地退化表现为草场沙化，植物愈加稀疏，河道水位降低。近年来玛曲草原有11条黄河支流发生断流，数千眼泉水干涸，16个湖泊水位下降。湿地退化直接导致黄河补

① 吕铭志等.中国典型湿地系统碳汇功能比较.湿地科学，2013（1）：114-119.

② 戚登臣，李广宇.黄河上游玛曲湿地退化现状、成因及保护对策.湿地科学，2007（4）：341-346.

③ 圈华.关于长江、黄河源头地区草地现状以及成因之调查.草原与草坪，2000（1）：46-47.

水量减少，20 世纪90 年代玛曲湿地注入黄河的补水量为40 亿立方米，占黄河上游补水量的40%左右，最近几年已降至34 亿立方米的水平，减少了15%。[①]因此高寒湿地对黄河的重要性被大大低估了，尤其在追求经济增长的地方政府那里。

湿地退化的主因是什么，是学术界争论不休的话题。主因有三种观点：一是人为因素说，二是自然因素说，三是两者的综合，即自然—人为说。2010 年一份名不见经传的刊物《人与生物圈》举办了一场关于湿地退化的专家论坛，三种观点得以碰撞和交流。来自“湿地中国”（NGO）的专家陈克林认为，湿地系统相当稳定，其退化主要是人类活动的干预，和气候关系不大，因为气候本身也不会产生剧烈变化。红军过草地付出了多大牺牲，说明湿地系统好。1995 年曼日玛湿地骑马才能过去，现在开车也能进去。气象资料说明，降水量基本稳定而没有明显减少。自然系统或者说温度变化对玛曲湿地退化不是重点，重点是人口增加和过度放牧。在农业学大寨时期，若尔盖湿地挖沟排水，湿地出现明显的径流，降水随着沟渠流走了，湿地缺少蓄水和持水功能，也就丧失了慢慢蓄水和再释放的过程了。湿地对气候的影响是积极正面的，湿地是碳库、碳汇和碳源。什么意思呢？玛曲湿地作为泥炭地其重要的生态价值在于吸收来自人类和自然界本身的碳排放，其负反馈在于它是碳源，即释放大于吸收，负反馈仅在湿地系统遭到破坏时才会发生。全球湿地储存了 5500 万吨碳，说明湿地有着异乎寻常的碳汇能力，吸收碳的能力强过森林 2-20 倍。如果泥炭湿地保护好可有效减缓碳排放的压力，如果保护不好就会变成碳源。[②]

中科院生物所罗鹏则认为，若尔盖湿地挖沟排水是局部的，其影响有限。北京林业大学雷光春持同一观点，虽然挖沟排水开辟了大量草场的做法影响了湿地系统，但不能低估气候因素的主导作用。与若尔盖隔河相望的玛曲湿地没有经过挖沟排水不是也一样退化了吗？这说明湿地退化和整个气候及水文条件有关。玛曲降水量的总体趋势是减少的，气温和蒸发量是增加的趋势。

---

① 戚登臣，李广宇.黄河上游玛曲湿地退化现状、成因及保护对策.湿地科学，2007（4）：341-346.

② 黄河首曲湿地缘何干化？.人与生物圈，2010（2）：53-57.

这两种针锋相对的观点在人文和自然科学界都有支持者。人文学者倾向于强调社会因素，比如人口增长、管理制度和文化传统的丢失；科学界则倾向于主张自然因素的主导作用，如大尺度气候条件，气温上升和蒸发量增加或者降水量减少。其实两种观点都有自己的依据但都有失偏颇。戚登臣（2007）的研究成果支持自然因素说的观点，他使用玛曲气象资料得出的结论是，全球变暖的气候特征是玛曲生态环境恶化的主要因素。气候变化导致降水量减少和地下水位不断下降，温度升高又造成蒸发量加大，因而湿地变得干化和沙化。[①]有意思的是，兰州干旱气象研究所宁和平等人也同样使用玛曲气象资料，得出一个相反的结论。玛曲（1969-2008 年）40 年蒸发量波动较小，甚至略有下降。出现了年均气温上升而蒸发量下降的“蒸发悖论”，蒸发量减少的原因可能是风速下降所致。[②]这一发现从数据上否定了气候主导论的假设。在自然科学界拥有越来越多的数据支持人为因素说的观点，甘肃省荒漠化实验室胡小柯使用遥感影像技术监测了玛曲高寒湿地的变化情况：1994-2001 年玛曲湿地景观逐年减少，2001-2008 年逐年增加，但未达到原来的面积。湿地减少是人为因素，而湿地增加的原因是联合国全球环境基金（GEF）于 2001-2008 年在该地区实施了“中国湿地生物多样性保护项目”，以及 2002 年国家将玛曲湿地化为十大重要生态功能区并实施保护工程。[③]对于 2000-2005 年湿地面积的增加，既有自然因素亦有人为因素的贡献，期间降水量小幅增加是自然因素中偏正面的原因，这些年里牲畜存栏量得到控制是社会因素的积极努力的原因。

以上资料表明，目前多数学者承认湿地退化是社会因素和自然因素共同作用的结果。亲历湿地变迁的牧民也拥有相似的看法。关于社会因素的负面影响，采矿无疑是最为直接的人类干预行为，后文将展开讨论。

---

① 戚登臣，李广宇.黄河上游玛曲湿地退化现状、成因及保护对策.湿地科学，2007（4）：341-346.

② 宁和平等.黄河上游玛曲地区近 40a 蒸发量变化特征分析.干旱区资源与环境，2011（8）：113-117.

③ 胡小柯等.黄河源区玛曲县高湖湿地景观动态变化.西南林业大学学报，2012（6）：43-47.

草原退化与沙漠化问题

流传在玛曲草原的黄河传说蕴含着藏人心系天下苍生的生态理想和对干旱加以控制的美丽愿望。在藏族神山圣湖的文化逻辑中，山为男性，水为女性。全藏六大神山之一的阿尼玛卿神山被青海和甘南牧民称为祖先或阿爷。当黄河围绕阿尼玛卿神山一周经久治县流入玛曲时，在四方神灵的朝贺声中，阿尼玛卿父亲要把黄河女儿嫁给位于四川松潘的夏尔东日神山。神山之父极目远眺北方土地，见玛曲草原和华北广大地区正遭受干旱少雨带来的苦难时，突然改变了主意。他叫停向东奔流不息的黄河女儿满怀深情地说："你的长江姐姐和许多姐妹河流都流向东方，东方大地依然是鱼米之乡了，而北方大地干旱贫瘠，民不聊生，你需要以菩萨的心肠去滋养华北大地，泽被苍生。"黄河女儿谨遵父命，携众多姐妹河流在玛曲急转向北，这就形成了天下黄河第一弯。[①]

图 6-2　沙化的黄河第一弯

① 宁文芳主编.玛曲史话.兰州：甘肃文化出版社，2009：3.

寄托着美好生态想象的黄河传说，如今不得不在黄河源区书写草原沙漠化的残酷现实。在20世纪50年代玛曲草原还没有沙化现象发生，1960年代开始出现零星沙化土地和小沙丘，到20世纪80年代草场沙化面积达1,440公顷，1999年草场沙化进一步扩大至6,080公顷，2001年微幅下降至5,340公顷，占全县总土地面积的5.53%左右。①草原沙漠化与湿地萎缩、草场退化是同一问题的不同侧面。自然因素不可控，但是人类的干预活动是可以控制且可优化的，所以我们的研究重点放在社会因素的分析。

如果拿玛曲沙漠化过程的资料与存栏量做一下对比，便可直观发现草地退化、沙漠化与人类活动呈正比关系，如表6-1。

表6-1　玛曲沙漠化与载畜量对比（1950-2001年）

单位：公顷/万头

年代	20世纪50年代	60年代	80年代	90年代	2001年
沙化	几乎没有	零星	1,440	6,080	5,340
存栏	24	33	170-213	198-246	227

资料来源：张龙生、马立鹏：黄河上游玛曲县土地沙漠化研究，中国沙漠2001（1），第84-87页；甘肃省统计年鉴2001；牛叔文等：过牧对玛曲草地沙化的影响，生态学报。2008（1），第150页。

沙漠化与人类活动的相关性是真实的，过牧问题无须质疑，真正需要探索的问题是过牧是如何引起的，这是事物背后的深层意义。那种把过牧的责任归咎于牧民的观点是极为错误和荒唐的，误把现象当作本质。在玛曲草原最为人们看重和称道的是“黄河第一弯”和“亚洲第一优质牧场”，其实就是水和草的问题，玛曲遭遇的问题皆在其中。自然因素固然不可小觑，而社会因素特别是政策设计的问题更应该成为我们关注和反思的重点。实际上黄河源头危机、牧民贫困化，包括湿地、草原的退化，这一切环境问题是谁造成的，究竟由谁负责？在发展话语中牧民被污名化了，他们成了草原破坏者和唯利是图的过牧者。这种结果促使一系列的改革措施围绕着如何监管牧民而设计，比如草原承包制、围栏和生态补偿等等。环境问

① 张龙生，马立鹏.黄河上游玛曲县土地沙漠化研究.中国沙漠，2001（1）：84-87.

题的制造者是牧民吗？调查资料反映的情况却并非如此。后文将剖析草原环境恶化过程中的发展话语（权力话语）和外部性暴力以正视听。

调查的困难在于问题的敏感，开采地下水、黄金产量和尾矿库的数据很难获取。令人欣慰的是，玛曲格尔柯金矿一位年轻工程师为我们提供了相关数据，且有公开出版物进行印证。该矿有格尔柯和贡北两个矿区，格矿日排水量 6,000m³，贡矿为 10,000m³。两矿区每日排放 16,000m³ 的地下水可生产 2.7 公斤的黄金。[①]如果按水利部《2004 中国水资源公报》统计，2004 年西部省份人均用水量 487m³，包括居民生产和生活用水。根据玛曲县 2010 年人口统计，该县常住人口为 5.49 万人。两矿区年排水量 576 万立方米可供 11,827 人即该县五分之一人口用水一年。同样使用浮选法工艺的赛什塘铜矿和锁龙金矿，采排地下水的相关数据无从获得，但从当地人报告的情况看地下水的抽排非常严重。泉水流量剧减、断流甚至干枯的情况在贡布一带引起牧民的激烈反应。人畜饮水成了大问题，牧民对矿山的野蛮开采极为不满，矛盾不断激化。

第二节　牧民社会心意已决：摆脱矿产依附

玛曲像三江源地区的其他牧区一样，面临着社会变迁和气候变化带来的草原退化、湿地减少和水资源问题。气候变化所引起的环境退化是积累性和渐进的，而采矿业的发展，特别是当地方完全依附于矿产资源时，对环境的影响就变得直接而迅速。

开矿之初

在历史上，甘南州曾经出现了零星且颇为原始的采矿业，人们仅限于在河道上淘沙取金。由于采矿规模小加上地方社区对采砂的有效制约作用，

① 张卫雄等.格尔珂金矿矿山开采引发的主要环境地质问题及防治对策.甘肃科技纵横，2009（2）：75.

"砂金"的破坏作用被控制在一个合理的范围。我们来到玛曲，印象最深的是玛曲的茶馆，大街小巷有数量众多的茶馆，就像河曲马、欧拉羊一样成为新的人文景观和交流平台。牧区社会的剧烈变迁所产生的成果之一就是遍布城区的茶馆，或许是人们需要社区感，或许是因为牧民有太多的伤感需要倾诉。茶馆是一个十分理想的人类学参与观察的地方，我们只需足够的耐心和专业的组织技巧即可。一个叫才让的牧民讲述了开矿之初的故事：

> 1990年，玛曲牧区还是非常闭塞，跟外界接触较少。当时有几个外地人来到尼玛草原，拿着仪器在草地上到处挖土取样，回补填埋，牧民觉得这些陌生人十分奇怪，不知他们想干什么。1991年金矿破土动工，才引起尼玛乡牧民的恐慌和愤怒。藏民恪守神山圣湖制度，山脉、草原和水体皆有神灵，他们相信山体内有"宝气"，如果宝气散了草原就只能衰败下去，山里之所以有黄金就是因为神灵的宝气凝结的产物，人们把山体内的宝气、草原蕴含的福气以及其他自然物中可以造福人类的东西叫做"央"。牧民一开始特别害怕那些钢铁之躯的机器会伤害他们的牛羊，驱散草原蕴含的"央"。焦虑的牧民跑到金矿质问开矿者，凭什么在他们的草地上采挖，开矿者拿出红头文件说他们有权力开采这块土地，牧民们遂无语离开。传统的游牧者一般都远离行政中心，对政府敬而远之，视现代机器为不祥之兆，所以他们放牧时尽量避开和绕过矿山走。

玛曲格尔柯黄金矿业采矿场位于玛曲县城东北18公里。矿区海拔3,600-4,000米，矿区长2,000米，宽约600米；相距不远的贡北矿区长800米，宽60米。选矿厂、尾矿库位于西倾山南麓沟谷地带，靠近黄河第一弯的拐弯处，矿权面积661公顷，原为天然草地。现有采空区44个，暴露面积大于50,000平方米，复垦率小于40%，采空区坍塌存在隐患。[①]这里是国家级的生态功能保护区。1991年建成堆浸总场、一分场、三分场

① 编写组：甘肃省玛曲格萨尔黄金实业股份有限公司大水金矿（格尔珂）国家级绿色矿山建设发展规划基础材料汇编（2012-2016），专题研究之三，第7页。

和选矿场。[①]2000年玛曲县黄金冶炼厂建成，县里开始把围绕金矿发展地方经济作为地方政府的目标。2005年该矿改制和重组为格萨尔黄金实业股份有限公司。年生产能力为采选矿石30万吨，年生产黄金2,300公斤。

玛曲发现金子的消息不胫而走，各种怀揣财富梦想的人带着资本像打了鸡血一样涌入草原来淘金。许多小矿企应运而生，可他们大多是无证开采，即所谓“黑矿山”，他们对草原的破坏力极大。尼玛镇牧民感到莫名的恐惧和愤怒，他们质问矿山主凭什么占有他们的土地，矿山主拿出红头文件，指着大红印章和白纸黑字表明其开采权，牧民成了不受欢迎的人。有的矿山更是蛮横无理说，“你们去告吧，别说县上，就是省上我们都有关系，告到北京也没用”。尼玛镇某村牧民曾经向玛曲县相关部门和黄金稽查大队投诉无证开采及环境污染问题，可是前往矿山的稽查大队在半路上接到某个大人物的电话就原路返回，此事不了了之。牧民才知这些肆意妄为的开矿者“上面有人”。牧民对此忍无可忍，被迫采取环境抗争。

从未消歇的草原保护行动

牧民有过部落战争的历史，但对资源掠夺的场面从未有过思想准备，起初牧民对政府和企业总是奉行和平主义，即便遭受一些经济损失和不公待遇，只要不触及生存的底线能忍则忍。当生存和文化受到外部的挑战，家园遭到肆无忌惮的入侵时，牧民与矿山的抗争便不可避免的发生了。开采金矿给草原带来三个方面的破坏：地下水过量开采，占压，污染土壤、植被、水源。

占压土地乃是因为粗暴而原始的采矿方式决定的。如同甘肃锁龙金矿那样，格尔柯金矿亦采取“露天采矿”，牧民眼含泪花地看着一片一片的草地草山被挖掘机翻开，翠绿的牧场顷刻间化为青灰色的土石，草地就此不复存在，他们简直不敢相信自己的眼睛。采矿点周围的草场惨遭剥皮剖腹，成为人造的“黑土滩”，如果复绿在生态学上几乎不可能。有人统计过，在玛曲分布的468,667公顷的“黑土滩”中，因采矿造成的土地退化

① 《玛曲县志》，第121页。

面积达 24,000 公顷。[①]挖开的草皮、废石和土方占压土地是必然的，此处挖掉一座山必然在他处生出一座山，废土石料被弃之草地和河道旁边，矿山通常会选择一条山谷倾泻，这对自然系统的扰乱十分明显，比如河流改道，而最危险的灾害隐患是泥石流。人们获得财富的过程实际上是野蛮改造和重置自然系统的过程。采矿除了毁坏植被、土壤之外，过量开采和排放地下水造成湿地来水中断，乃是草原退化和湿地干涸的重要原因。

采矿对草原的另一影响是化学污染，污染方式分为可见与不可见两种。由于地方社区缺少必要的监测手段和监督机制，牧民对污染的识别主要靠颜色和味道的感官方式。在矿山非清洁生产施工的条件下，一个金矿包括采矿场、堆浸区、冶炼厂和尾矿坝，实际上变成一个综合性破坏和污染的干预系统。堆浸是一种使用化学方法分解矿石的技术，目前西北矿山常用的“浮选法”当地人叫“喷淋”。所使用的化学药品叫氧化钠，俗称“黄药”。这类剧毒的药品用于矿山是国家严格控制的危险源，一般来说，大型矿山比较守规矩，小矿山特别是“黑矿山”几乎没有任何控制措施，随意使用和丢弃。一座完整的金矿系统拥有精炼厂和尾矿库。精炼的过程产生工业污水，现在大多数矿企在环保政策的压力下加大了治污力度，但还是无法彻底阻止矿企的污染行为，矿企常怀侥幸和博弈的心理，见缝插针往河里排污。

尾矿坝不仅占压土地而且是潜在的高危污染源。通常建在山谷中的尾矿坝危险着大气、河流、草原和人类以及非人类生命。传统牧民在生活中的大多数时间里投身于自然系统中，几乎全部的精神生活来自藏传佛教，藏佛承袭了苯教的自然信仰，在所有宣教场合教导人们爱自然、爱一切生命。牧民对动植物知识熟悉的程度就像他们对市场、工业缺乏的程度一样。可是毕竟开矿者和大机器来了，草地被矿山占压，氰化物毒害他们的牛羊。地下水过量开采加剧了草原的沙漠化，人畜饮水成了大问题，尤其是在贡北矿区，泉眼干涸，饮水危机步步紧逼。

1996 年 4 月，尼玛镇 40 多名群众冲进金矿，以静坐方式迫使金矿停工

① 杨振宇.玛曲草原“黑土滩”分布特征及其植被演替规律的研究.兰州大学硕士学位论文，2007.

停产。玛曲县委紧急召开联席会议，对牧民进行必要的赔付，把静坐定性为“4.4 事件”，这就意味着牧民抗议行为具有不正当性，但出于保护矿山生产和社会安定的考虑，没有将事态扩大化。在甘青地区，我所调查过的岷县、卓尼、兴海和玛沁县都出现过类似的环境抗争，起因多为矿山占压牧民草场，非道德生产引起的污染水源、滋扰神山以及侵犯人的基本权利。地方政府有很大责任，原因是牧民下情上达的渠道不畅，反映的问题得不到及时的解决和反馈，牧民采取激烈行为反映了政府效率低下且有失公平的官僚作风。其实牧民很在意甚至惧怕政府部门的动怒，许多人在采取行动之前都抱着坐牢的打算。在民族地区，一些政府机构既低效又腐败，一般的信访方式的环境投诉不足以引起官员的重视，唯出现群体抗争事件方能惊动主要领导。行政不作为的深层原因在于政府部门与矿企有某种共同利益。拥有矿产资源的地方，政府部门往往以入股、投资或寻租的方式参与矿产开发，所以政府部门通常会包庇矿企、打压牧民。1997 年，草场承包制度在玛曲实施，原为尼玛镇四大队拥有的 1 万亩草场在牧民不知情的情况下划拨给金矿，尼玛镇被分割为三块：县城、金矿和牧场。土地分配的结果出乎所有人的预料，牧民 1 万亩草地被无声无息地分割出去，没有解释，没有通知，牧民们眼睁睁地看着一车车矿石从原本属于他们的土地上拉走、冶炼，而他们与矿石带来的好处没有任何关系。

人们的积怨终于在 1997 年某天爆发。四个大队中 14 位青壮牧民各自动员和召集自己村里 5 个人， 60 多个牧民自备猎枪、藏刀和䅟耙，包围了金矿。在包围金矿的 27 天中，牧民们骑马巡逻，采矿、浮选和冶炼的工作都停顿下来。我的报告人扎西也在其中，他不无自豪地说：

> 县政府着急了，据说要派武警抓我们，可是没有一个人害怕，我们太生气了。后来县上要求我们解散，协商解决问题。这样做也是冒着很大危险，真心感谢县委书记把我们保下来，要不然我们现在可能在监狱里蹲着呢，你们也见不上我了，更不可能在茶馆里喝茶聊天。
>
> ——玛曲田野资料 2012-07-26

协商的结果还是令人满意的。按照草原补偿标准，赔偿尼玛镇四个大队 80 万元，外加 2%的金矿股份，保证所有人年年有分红，虽然分解到牧户红利不多，但是牧民的诉求得到响应。事实上让金矿撤出草原不太可能，因为它牵扯到各个群体的利益，尤其是县政府的利益。他们也就接受了这个协商结果。

结果十几年的开发，金矿规模越来越大，赚取的利润越来越多，可是草原却越来越衰败。大量开采地下水，大量使用氰化物，使得草原日益退化，沙漠化在快速蔓延，人畜饮水的问题日渐突出。矿区附近的贡北沟原来是处处清泉，流水潺潺，2005 年河水出现断流，泉眼干涸，可这一年并非旱年。牧业生产离不开水和草，传统游牧者逐水草而居就是选择草地和水源，现在不能自由放牧更显得水源的重要性。人畜饮水的危机使得牧民再次在 2005 年来到县政府抗议金矿的野蛮开采，要求县上驱逐金矿。牧民这一次不再提出任何经济赔偿，他们表示不要补偿要草原，为子孙后代的永续发展保护草原。8 个藏族牧民，日后被称为“八君子”，扎西是其中一员。他们抛去一切私心杂念，为父老乡亲争取生存的希望，决定上访维权。在他们看来，金矿的野蛮开采破灭了放牧生计的希望，草原没了草就等于断了活路，不争取毋宁死。扎西他们已经准备好坐牢的被褥，走上上访之路。所幸上访并未带来厄运，虽说还是不能改变现实，但毕竟争取到 1,500 万元的生态补偿款。这些牧民领袖把款项用于举办实业，让尼玛镇所有牧民都拥有股份。尼玛牧民的环境抗争与前一次一样被压下来，解决的方式还是经济赔偿，似乎牧民的抗争总是夹杂着逐利思想，其实不然。无论是政府的生态补偿还是来自金矿的占地补偿，对于尼玛镇牧民来说，都不足以让他们摆脱困顿，过上幸福的生活。众多的牧民报告人都希望草原能够好起来，或许以前他们试图通过经济补偿改变生活境况，但经过十几年的实践和认知，牧民的眼睛比任何时候都更加明亮和深邃，获得补偿决非牧民追求的目标。其实他们希望得到的东西非常简单却也困难重重，那就是家园安宁，草原永续繁荣昌盛。

尼玛牧民的环境抗争很难说是一种胜利，仅仅是框架内允许的突破，或者说是一种讨价还价，很难摆脱结构的制约。生态补偿款和金矿股份能使牧民重回水草丰美的牧歌家园吗？显然不能，而且成为进一步掠夺自然资源的挡箭牌。金矿对自然资源的索取和破坏变得更有恃无恐和名正言顺了，使不道德生产看起来合乎道德，使侵害人类基本权利的行为通过经济补偿而变得“公平”。因此，金钱和股份不但不能改变草原衰败的进程，而且通过经济收买把牧民绑架在金矿挖掘机上。在牧民—矿企—政府的关系网络中，政府部门的低效和不公实际上是一个定位、取向和目标问题。政府把自己视为矿产资源的分享者，矿企是矿产资源的利益实现者，牧民是土地的主人和草地退化责任的追索者。政府与矿企拥有共同利益而加以联合，因而县政府不能为牧民出头说话，也不可能有效治理牧民期望的环境问题，更无法制止矿企的不道德生产，因为县政府也被矿产资源牢牢地绑架了。科技在进步，但并未用在环境保护上，而是体现在对自然资源更有效的攫取上。以前金矿限于技术问题在冬天不开工，现在机器更新后，金矿一年四季开足马力，不分昼夜地采挖，草原退化的速度随之加快。

第三节　草原社会管理者的共同问题：资源依赖性

发展机器是一个抽象机构，无论在国家机关部门还是县级政府部门都找不到相应的实体，但发展机器所表达的陈述和观念却无处不在。在当下中国，发展机器由整个政治和行政体系来推动。在它的凝视下，政府机构通过制定利税任务、官员评价体系、GDP 指标和“工业强县”等发展话语去驱动和服务于发展机器。矿企必须按照发展机器规定的利税、GDP 指标为各级政府发展计划做出贡献。整个地方社会包括政府、牧民和金矿都被采矿业绑架了。环境问题在发展中被屏蔽，矿企有时还利用自己制造的环境问题获取环境治理项目的支持。当环境问题成为环境话语时，环境问题更无望得到解决。这不是哲学的思辨语言，而是“话语”与人类行为的差距。

“金黄”的草原

在牧民看来，草原上最诱人的颜色是翠绿，是“深绿”的家园；而在矿企和官员看来却是象征财富和发展的金黄色。如果我们不了解黄金是如何生产出来的，就不能理解金黄色的背后意味着什么。玛曲草原的黄金开采历程伴随着技术的进步、发展节奏的加快和利益相关群体的加入。其采矿历史如下：

1991 年，格尔珂金矿实验性开采，堆浸生产矿石 6,000 吨，产金 42 公斤，纯利润 44.3 万元。

1992 年，甘肃地质三队与玛曲县政府联办矿山，设立总场、一、三分场，生产黄金 74 吨。

1994 年，格尔珂金矿日选矿石 150 吨，当年生产黄金 2,572 公斤。

1999 年，组建玛曲县格尔珂黄金矿业有限公司，年采矿量 25 万吨。矿山开始出现枯竭苗头，此后转入地下开采，即竖井和斜井。

1992-1999 年，累积处理矿石 83.42 万吨，产金 3,594 公斤，实行利税 1.07 亿元。

2002 年，采取新工艺，选矿能力达 1,150 吨/日。

2005 年，改组为甘肃省玛曲县格萨尔黄金实业股份有限公司。股东及所占股份为：玛曲县国资委占 50.78%；甘肃省地勘三院占 43.08%；玛曲县卓格尼玛建材有限公司占 3.08%；甘南州黄金公司占 1.53%；玛曲县格拉工贸公司占 1.53%，就此完成股份制改造。

2007 年，生产黄金 2,313 公斤，实现利税 2.07 亿元。①

作为普通人我们对黄金饰品很熟悉，但很难精确了解黄金的生产过程以及在此过程中对自然环境的破坏力有多大。金矿开采出来后，通常是将采出矿石经破碎、磨矿，制备成适合氰化物浸出的矿浆。对含金石英脉矿石，一般磨至 60～70%-200 目；而对硫化矿物含金矿石，多采用浮选富集，精矿再磨至 90～95%-325 目；对含砷或磁黄铁矿高的矿石，则采取浮选精矿焙烧脱硫脱砷后，焙砂进行氰化处理；1971 年世界上第一家工业规模的金堆浸场在美国内华达州投产，目前已发展成为成熟的工艺。目前玛曲金

① 编写组：甘肃省玛曲格萨尔黄金实业股份有限公司大水金矿（格尔珂）国家级绿色矿山建设发展规划基础材料汇编（2012-2016），专题研究之一，第 29-30 页。

矿主要采取堆浸氰化法，主要用于处理低品位金矿石。矿石破碎成为 3～10 毫米的块矿，堆垛在防渗的底垫上，用氰化液从矿堆顶部喷淋，使矿石中的金溶解，含金贵液从矿堆中渗滤出来，落入活性炭吸附板上。至此选矿阶段产生两种产品：一个是我们需要的黄金，它被吸附在活性炭载金板上，它的去向是冶炼厂；另一个产物是我们不需要的尾矿，其中夹杂着有毒物质，它的去向是尾矿库。见图 6-3。

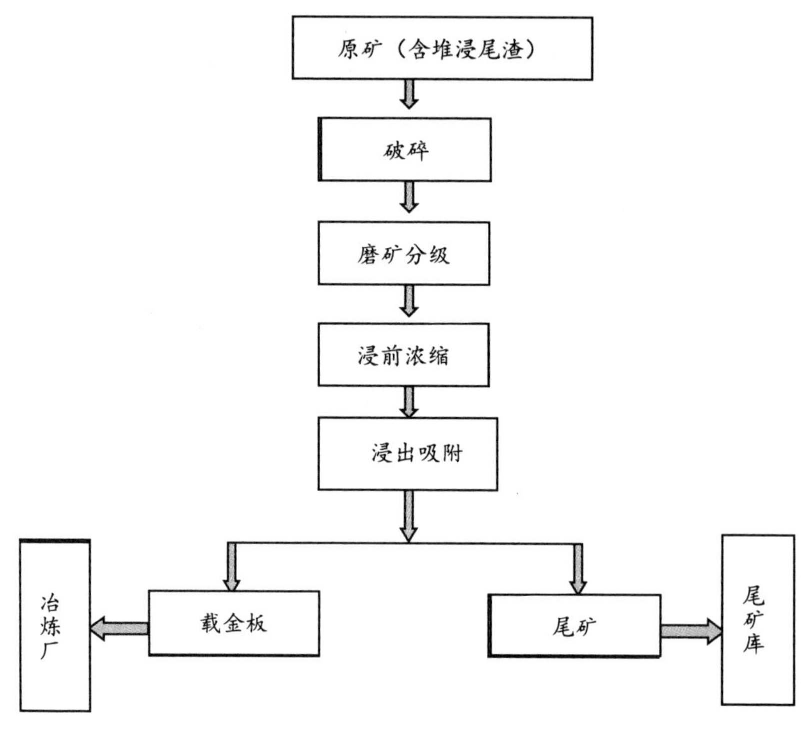

图 6-3　黄金选矿工艺流程图

我们从黄金生产的物料平衡图也可以直观看到生产过程中污染是如何被制造出来的。玛曲金矿每一吨矿石大概生产不到 10 克黄金，即便是品位较高的金矿石也仅生产 50 克黄金，采矿和冶炼的过程就是生产废石、废料、毒性物质的过程，如表 6-2。

表 6-2 2011 年大水金矿（格尔珂）物料平衡图（单位：吨）

输入物	数量	输出物	数量
矿石	366,700	载金碳	43,385
活性炭	440.8	粉末	8.87
氰化钠	443.6	废渣	365,600
漂白粉	1,983	废水	189,700
新鲜水	189,700		
合计：	560,566.8	合计：	555,742.7

资料来源：编写组：甘肃省玛曲格萨尔黄金实业股份有限公司大水金矿（格尔珂）国家级绿色矿山建设发展规划基础材料汇编（2012-2016），专题研究之二，第 5 页。

该公司关于建设绿色矿山的规划书制作了一份"物料平衡"示意图，并做了简要分析，如图 6-4。

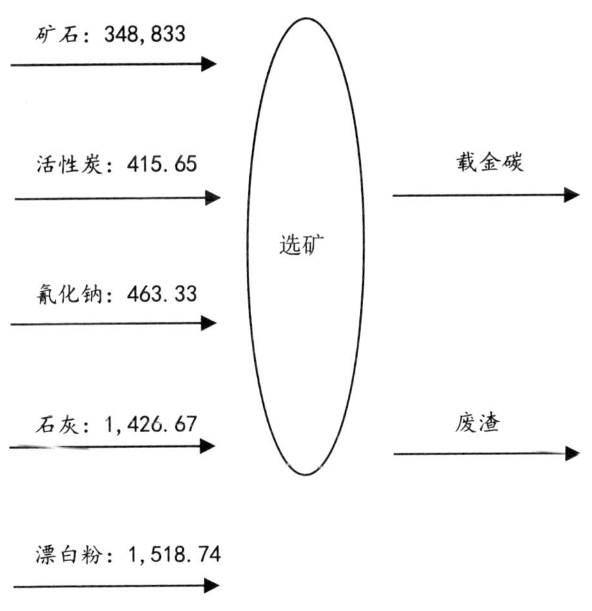

图 6-4 物料平衡示意图

资料来源：编写组：甘肃省玛曲格萨尔黄金实业股份有限公司大水金矿（格尔珂）国家级绿色矿山建设发展规划基础材料汇编（2012-2016），专题研究之二，第 6 页。

生产过程中输入成分为金矿石，吸附材料，溶解矿石的化学药物，其中氰化钠为剧毒，溶于水。当地老百姓把氰化钠叫做“黄药”，它可以通过三个途径进入人体：呼吸系统，消化系统和皮肤系统。氰化物中毒分为三个阶段即征兆：一是恶心、呕吐；二是全身乏力、耳鸣，伴有呼吸困难情况；三是小便失禁，麻痹。我们在青海赛什塘调查时，牧民丹巴杰描述过这种症状。我国矿企普遍使用浮选法，在选矿浮选过程中使用的大量药剂进入废水和尾矿，一些小矿企则直接排放到河流。丹巴杰所在的曲什安河就是被排放了这种有毒药剂，引起牧民身患莫名的病症。矿区周围的牧民对冬天的尾矿细颗粒物有种恐惧感，这是尾矿中存在的未被提炼出来的重金属颗粒，一经大风袭击则尘土飞扬，对草场危害尤甚。示意图表明，输入物合计 352,657.39 吨，输出合计 348,203.04 吨，可见废渣、废水和有毒物质的量大得惊人。该矿的破碎除尘工艺落后，粉尘排放量超过 10 吨/年，规划书强调“粉尘损失”而无视粉尘污染，令人难以接受。矿企在规划书中承认尾矿坝有问题，但其表述却表明另一种态度，“废弃物堆放尾矿坝，待科学技术进步后再次利用资源”。[①]

要命的利税

发展机器是无形的枷锁，实体的机构听命于抽象的机构。只要发展话语发生作用，只要利税仍然是考量政府官员业绩的指标，发展机器便不会消停，环境问题就继续产生而不是解决。由此看来，金矿虽然是环境问题的直接制造者，但并不是问题的根源所在。在发展话语的上下文中，省府提出 GDP 和利税指标，州政府压县政府，县政府落实到金矿。各级政府官员是否称职的评价标准不是民众的幸福感，而是创造的利税和 GDP 数字。发展话语下的视觉体制按照对指标贡献的程度把官员划分为两个等级。所谓“好官”就是那些能够按照计划为指标做出贡献者，所谓“庸官”则反之。对于一省、一地、一县，在数字指标的压力下社会的均衡而全面的发展很难实现，官员所关心的是如何快速获得效益。因此他们通常会把矿产

① 编写组：甘肃省玛曲格萨尔黄金实业股份有限公司大水金矿（格尔珂）国家级绿色矿山建设发展规划基础材料汇编（2012-2016），专题研究之二，第 6 页。

资源作为实现目标的手段，盯住几个见效快的资源型企业。甘南州的格尔柯金矿、青海海南藏族自治州的赛什塘铜矿、什多隆铅锌矿都是各级政府眼中的摇钱树。于是这些地方的经济逐步依赖于采矿业。

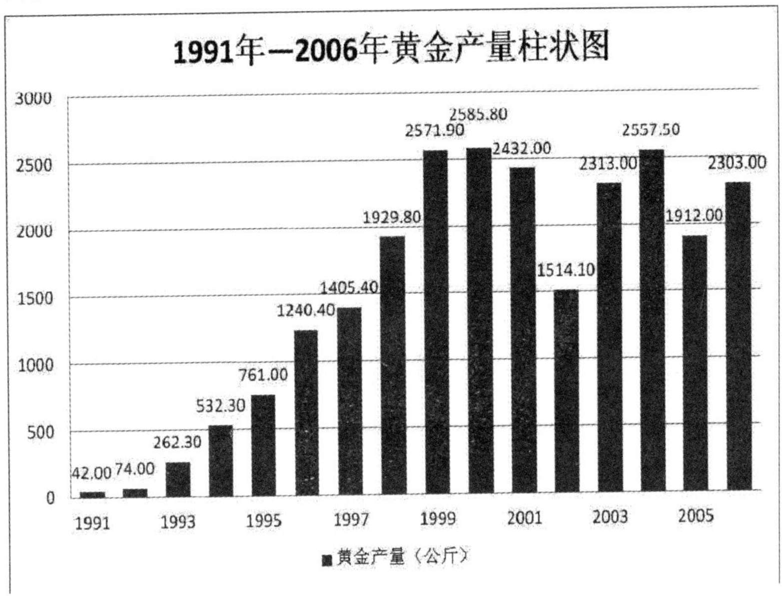

图 6-5　1991-2006 年黄金产量柱状图

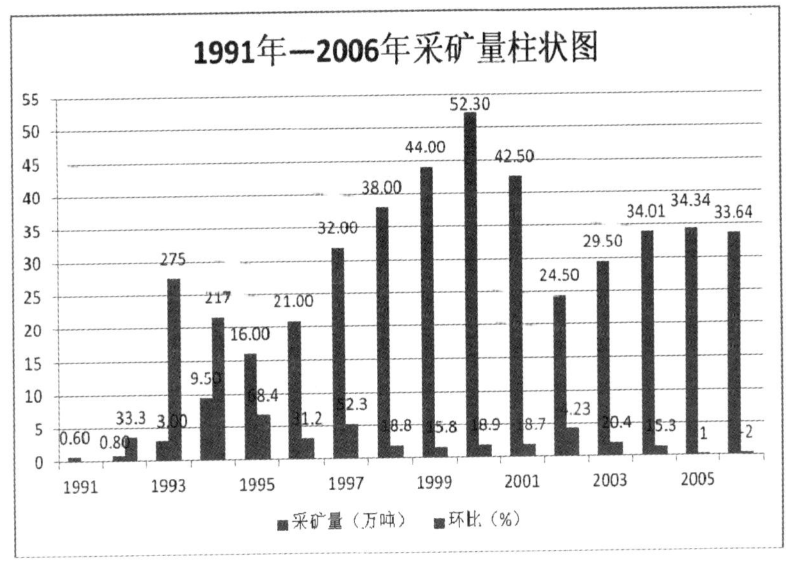

图 6-6　1991-2006 年采矿量柱状图

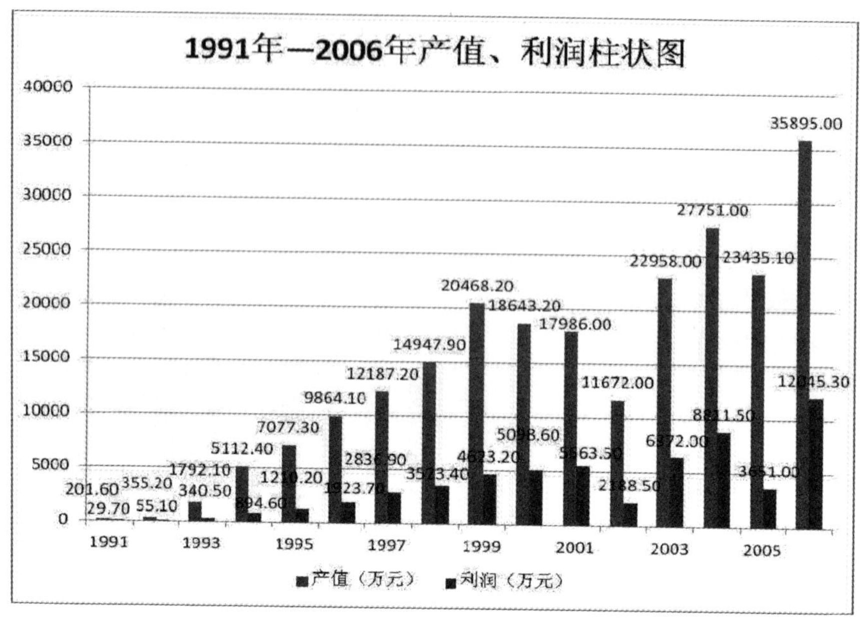

图 6-7　1991-2006 年产值、利润柱状图

（资料来源：以上图表来自 http://www.kitco.cn/）

玛曲格萨尔金矿实现的利税情况：2004 年 1.32 亿元，2005 年 8,752 万元，2006 年 1.9 亿元，2010 年为 2.23 亿元。2010 年计划完成 35 万吨的采矿量，实际完成 40.2 万吨，完成原计划的 135%，采矿深度达 3,302 米；利税也较往年有大幅提升。对于玛曲金矿来说，每年下达的黄金生产任务和利税指标不仅年年有所追加，而且都超过企业正常的生产能力。矿企出于无奈必须开足马力，把吃奶的劲都用在采矿上没有时间和精力探矿和更新设备。没有新的矿石储备只能寅吃卯粮，更无暇顾及清洁生产更遑论环境保护。经过 20 年的开采，格尔柯金矿正在面临资源衰竭的压力，现在最低采矿深度已达 320 米，主采区深达 3,000 米。3,000 米是什么意思？其一，在现有开采技术条件下矿石品位的下降，由富变贫。它意味着每开采一吨矿石，采矿成本比原来提高数倍，而且废石、废料所占比例随之增加；其二，开采深度增加必然引起地下水的进一步过量开采，这意味着人为加速草原沙漠化进程。尼玛草原是玛曲县6 个乡镇退化最严重的地区之一，那里的草扎不住根就是地下水枯竭所致，草弱则无法固沙防沙。如表6-3 所示。

表 6-3 玛曲县各乡草场情况统计（2006 年）

乡镇	人口（万人）	牲畜（万头）	土地面积（万亩）	草场面积（万亩）	草场占比（%）	人均草场（亩）	草场类型
尼玛镇	0.36	7.75	140.8	69	49	192	黑钙土、草甸
曼日玛	0.65	13.11	167.5	165.1	98.54	252	沼泽、泥炭
齐哈玛	0.47	7.45	102.4	100.3	97.91	212	泥炭
阿万仓	0.55	11.70	237.3	232.5	97.75	424	泥炭、沼泽
采日玛	0.47	5.86	102.6	95.6	93	204	泥炭、沼泽
木西合	0.30	5.80	238.9	212.6	88	712	草甸
欧拉	0.45	9.90	202.3	169.6	83.9	373	泥炭
秀玛	0.28	5.89	244	155	63	551	草甸
合计	3.53	67.5	1,436	1,200	83.5	339	

资料来源：樊怀玉主编：《甘肃年鉴-2006》，中国统计出版社出版，2006 年。

从图表看，曼日玛、齐哈玛、阿万仓和采日玛四乡的可用草场覆盖率较高，尼玛镇草原面积最小，这与金矿开发有着直接关系。在所有草地面积中，退化草地面积达 1,120 万亩，占草地面积的 90%，重度退化草地 496 万亩，占 40%左右。

表 6-4 玛曲县沙化土地面积（2006 年）

单位：万公顷

乡镇	沙化面积	潜在沙化面积	总土地面积
欧拉	0.13	0.16	13.50
尼玛	0.48	0.21	11.60
曼日玛	0.10		10.90
总计	0.71	0.36	36.10

资料来源：袁宏波：玛曲县天然草地沙化动态及现状分析，甘肃农业大学学报，2006（1），73-78。

在玛曲县沙化严重的三个乡中，尼玛镇位列首位。草原沙化研究者几乎把原因归结为气候影响和牧民的过牧问题。虽然从过牧到沙化看起来没错，也是问题的一部分，但忽略了更为本质的东西。事实上，采矿业对草原环境的破坏是致命的和不可逆转的。由于金矿集中在尼玛镇，因而尼玛镇的沙化速度较其他乡镇可谓异常迅猛，沙化程度也更加严重。当我们初到玛曲，可能会把沙化问题与过牧联系起来，但事实上过牧只是现象而非本质。首先，过牧问题是承包制度本身的问题，相关章节会有论述；其次，草场面积是固定不变的，采矿占压土地直接引起过牧和沙化只是问题的一个方面。沙化的另一直接因素是地下水过分开采。采矿业并非只能作为草原破坏者出现，但要消除采矿业对环境的负面影响有一个前提：必须对发展话语和发展机器加以反思。采矿业受制于发展机器，其运行不得超出体制允许的范围，所以矿企不能对沙漠化负全部责任。透过发展话语的人类中心主义的面纱，我们会发现利税和GDP指标对于这些只有矿产而无工业基础的县域来说，简直是霸王硬上弓，既难以为继又缺少人性。

地方政府受利税要挟固然显得可怜，一方面，官员们不得不奔走于发展计划，即便出现环境问题也不敢问责企业。这种状况使得官员们比较尴尬，守土之责和经济利益难以均衡。另一方面，官员们也可以从发展话语和实践中获得好处。其一，他们以个人名义或者以部门为依托从矿产资源开发中获利；其二，好看的数据有利于保住官员们的乌纱帽。我们在收集资料时遭到县政府某部门负责人的拒绝，但在工作之外的茶馆里他向我们敞开心扉：

> 今天我们聚在茶馆里聊天我有啥说啥，就不管办公室那一套约束了。你们说玛曲作为一个传统的纯牧业县，怎样完成5亿元利税？牧业显然不成，它本身还受国家补贴，谈不上对利税有什么贡献；除了金矿及其配套产业，玛曲基本上没有什么工业，利税还不是全靠金矿嘛。在2011年的5亿元利税中，金矿贡献了80%以上的利税。实现GDP指标几乎成了全部工作的中心，环境保护喊得再响亮也得为利税让路，沙漠化、草原退化问题也必须避让GDP。
>
> 金矿是玛曲地方经济的支柱产业，县上靠它、州上靠它、省上也靠它增加利税。县上在黄金公司有股份，县办冶金厂依赖金矿才能创造利润。地方经济与金矿有着共同利益，对金矿有着很强的依赖性。

如果金矿停工一天，可能被视为重大事故，不但县上着急，州上和省上会很快打来电话询问，金矿就是地方政府的命根子。所以外面来玛曲做调查的人想获取资料，如果没有过硬的关系，拿不走任何有价值的东西，这是“上面”统一发布的非公开“封口令”。县上最害怕矿企停工停产。

如此看来，一味追逐经济增长和利税成为发展话语的表现形式。在国家与地方关系上，利税是维系上下关系的纽带，人与自然关系对立的毒品，也是政府与牧民关系疏离的异物。矿产资源总有枯竭的一天，那么地方社会、经济和文化将如何面对潜在的危机呢？

有一种话语叫“工业强县”

越是不具备工业基础的地方越要强调发展工业，越是不具备城市化的地方越要高喊“城市化”，“工业强县”事实上是超越地方实际的“发展话语”。在笔者所调查的三个地点，甘肃的岷县、玛曲县和青海的兴海县，都无一例外地提出“工业强县”的发展方向，而前者作为农业县，后两县作为纯牧业县，事实上其工业化水平远不如东部较低县域的表现的那样，仅凭地下矿产资源就拿来想象未来的工业前景，这种发展只能是霸王硬上弓式的发展。所谓“工业强县”仅仅是在矿产资源开采上面做文章，而资源经过超常规的开采，不出10年、20年就会矿竭县衰，现在玛曲正在面临矿产枯竭的危险，这将成为资源依赖型地方经济的悲催命运。

草原有其自身的自然禀赋和生态脆弱性，它适于游牧生产方式已被藏族传统文化所证明，即是说草原发展逻辑是牧业而不是农业，更不是工业，除非我们想毁掉草原及其生态功能。在“农业学大寨”时期，玛曲草原曾经按照农业方式开荒种地，结果失败了，而且失败得很惨。导致大片草原荒芜而变成无法修复的“黑土滩”，至今无法逆转。玛曲在20世纪50、60年代基本没有或者零星出现沙化土地，而今沙漠化已经危机四伏，气候因素起到一定作用，而人为因素更为直接和本质。当人们开始意识到沙漠化的严重后果而投入大量资金修复时，我们看到的仅仅是局部的改善，并无趋势上的扭转。草原退化问题有过牧、采矿和气候的综合因素，人们开始反思人类干预活动，而引起人类持续而过分的干预活动的背后力量正是看不见的发展话语。

在发展话语的统治下，政府被采矿业绑架了，牧民也被它绑架了。牧民所有的环境抗争都无法挣脱发展话语的结构性束缚，就像他们采取各种抵抗形式也无法驱逐矿企企业一样，抗争之后一定是接纳矿企。最近 10 年的“生态补偿”机制及其实践在中国得以推行，这是一种国家层面的生态认知，它本着“谁污染谁治理，谁受益谁付费”的原则。牧民对生态补偿寄予厚望，然而这一政策在推行过程中出现令人失望的结果，政府通过实施生态补偿获得好处；牧民觉得补偿费就是撒胡椒面，食之无味、弃之可惜。生态补偿机制有些荒唐就在于它是一个界定不清的对象，事实上把牧民当做草原退化的受害者，同时也是破坏者。因而在生态补偿项目的实施中，其指导思想是把牧民从草原上分离出去。其实过牧是承包和围栏制度造成的，过牧之罪却由牧民独自承担。牧民作为行为者既是受害者和被补偿人，又是破坏者和监管对象，牧民自感委屈和愤怒。项目实施以后，一些牧民被迫离开草原，搬迁到移民定居点，看起来是生态补偿和城市化的成果，实则成为草原退化的替罪羊；另一部分留下来的牧民继续被采矿业绑架，被发展机器束缚，成为“工业强县”的边缘人。移民和禁牧之后，草原无人看守，违法开矿者更加肆无忌惮，一些矿企失去道德约束，更变本加厉地攫取自然，草原退化更是雪上加霜。

第七章　散落的与可激发的文明：藏族传统生态知识

高原藏族所孕育的游牧经验和智慧属于传统生态知识，虽然它在发展机器的压抑下只能地方性的活着，但是其作为生态文明的意义必将在人类文化觉醒以后被在发现和激发，因为任何对人类有价值的知识和文明都遵循着“兴盛—危机—复兴”的路径进行生产和再生产。当前的草原生态危机是人类躁动的表现，驱动的引擎是发展机器，发出的声音即是发展话语。躁动的背后存在着深层的制度性因素。

第一节　玛曲草原的“六个圈”

普通牧民拥有的生态知识不见得比一位生态学家逊色。通过“六个圈”的描述，我们大致知道地方性知识与科学知识有何不同，同时也令我们反思科学技术之不足。在玛曲县尼玛镇秀玛村，丹加在炉火边绘声绘色地讲述了牧民头脑中的草原生态系统：

玛曲是一个风水宝地，是藏区最好的天然牧场。为什么玛曲是个风水宝地呢？它由“六个圈”保护着，这样草原才肥沃、多产和健康。第一个圈是草原上的牧民，在传统时期三五家合作游牧，驻牧地点形成一个圆形账房圈，每一个帐圈既是放牧者，又是草原的守护者；第二个圈是盆地，为草原积蓄充足的水和肥沃的土壤。第三个圈是游牧路线，牧民按照季节的节奏在不同地方轮牧，游牧制度保证牛羊健康而不过度啃食牧草，这就是“转场浅牧”。浅牧的好处是，既能刺激和更新牧草使之充满活力，又不伤害它的自然生长，更不会出现如今的“过牧”问题。第四个圈是草场周围的树林，树木固土、纳水，维持草原湿润而不受洪水冲击；第五个圈最为重要，那就是河流。玛曲有 300 多条大小河流，众多的河流滋养着草原和草原上的牧民、牲畜，没有水流就没有草原。第六个圈是山，玛曲有座大山，一个是南北向的西倾山，另一座是东西向的阿尼玛卿山。山脉就像地理屏障，阻隔和减缓了高寒气流的入侵，又是森林、盆地的依托。山不但提供水源，也改变玛曲的气候，使得其他五个圈更好地运转起来。每个圈都是草原生活必不可少的部分，它们互动共生才有玛曲的风水宝地。承包到户以后，草原成了碎片片；金矿破坏了山体，山丧失了灵气（央），河流开始断流、干旱。六个圈现在已经变坏了，老人们时常惋惜，生闷气。①

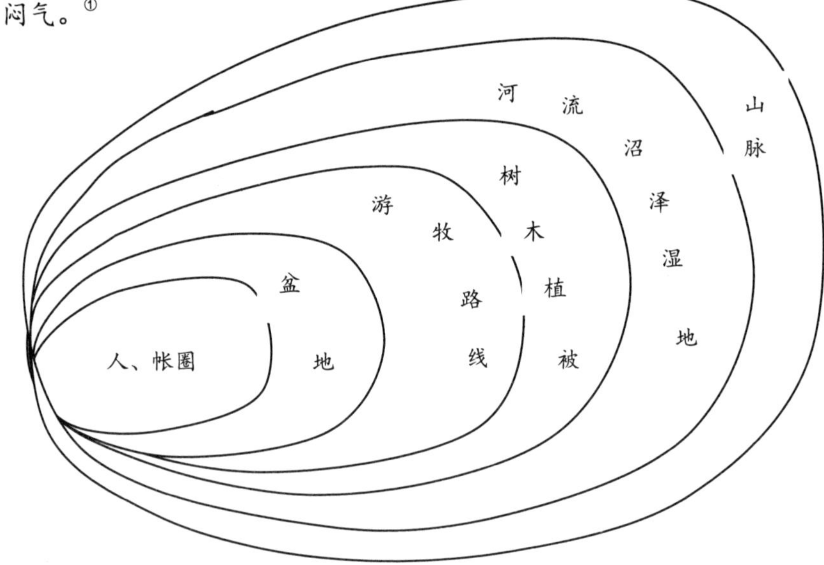

图 7-1 曲玛藏人的“六个圈”

① 刘嘉尧.藏区社会发展中的生态补偿实践研究——以甘肃省玛曲县为例.兰州大学博士学位论文，2012.

假如让一位生态学家去描述草原生态系统的话，他的界定仅仅是动植物和非生物性的地形地貌以及气候条件，总是忽略人、社区和价值观的存在。这是科学知识和传统知识的区别所在。忽视人和文化且一味追求发展的科学知识，如果运用到实际生活，事实上已被发展机器当做教科书用于实践中，结果人的基本权利被剥夺和践踏，牧民成为草原的“破坏者”而无权成为草原保护者，通过生态移民的方式把人与草原分离，让真正制造环境问题的人继续制造问题。

科学知识与传统知识皆为人类知识体系的一部分，应为相互依托和补充的整体，没有哪种知识尽善尽美，也无高下之分，否则就不存在进步和发展的空间。科学知识的拥有者在做出决策时，没有必要炫耀自负的优越感，人类知识体系所显现的最大问题在于“结构性无知”（constitutional ignorance），因为人理性是有限的，那么人所掌握的知识亦有限，于是人“不可避免无知”。[①]尤其当权力和知识联手时，结构性无知会给人类带来灾难。比如在草原进行农业生产，毒杀鼠兔，诸如此类的科学观念和实践已经给该地区造成不好的影响。

第二节　高原鼠兔的个案：权力话语与藏族生态伦理

公元七世纪之后，青藏高原的佛教化造成藏传佛教基本取代了苯教对藏区的控制权，众生平等思想的深化大大减少了血肉祭的施行，在青藏高原基本看不到猎人和狩猎行为。藏人喜欢用“轮回”概念解释好生行为，用三界空间的概念处理人与神、人与自然的关系，用三世因果——“业”连接过去、现在和未来——解释天、人、鬼神及动植物的轮回。这样轮回的概念反过来有效地论证了“众生平等”的主张。众生平等意味着一切生命在价值上无差序，人亦不能厚此薄彼，这一理念的广泛灌输使戒杀生成

① [英]哈耶克，邓正来译.个人主义与经济秩序.生活·读书·新知三联书店，2003：52-85.

为青藏的佛教徒应当具备的基本原则。那些横刀立马、英勇无比的藏人对动物则是柔肠似水，不会轻易伤害一只蚊蝇。我的房东宫用手掬起一只飞虫扔出窗外，绝不像城市人对蚊蝇嫉恶如仇非拍死不能罢休。许多藏人奉行众生平等而无“害虫”的概念，而城市人在弄死飞虫之前已经将它认定为害虫了。所以，城市人所认知的是科学的“卫生”概念，牧区藏人唤起的是宗教道德感。

藏人的好生之德不仅付诸动植物，在他们眼中山体、河湖、湿地、冰川皆为有生命的实在。众生平等看起来是一个宗教理念，但我相信宗教理念与生活实践的有机结合在青藏表现得最令人叹为观止和无以复加。千万不要低估藏人对众生平等的认知水平，这种认知不是概念或宗教上的无意识，而是基于生活实践的反复锤炼和思考。在热爱生命的行动中众生平等的概念提升为好生之德，这种品行在自然的恩赐和惩罚中凸显其意义和价值。

2011 年夏天，我在果洛州白玉镇做调查时观察了藏族僧人和小学生的行为。一个宁玛派僧人环保组织“年保玉则生态保护协会”召集了 50 多名藏族学生，在久治县草滩上举办“认领花草，保护草原”的活动。两位僧人和一位女性项目组成员，在没有长草的河边临时搭建一处三角灶生火做饭，这条河流流出久治县进入玛曲。年轻美丽的拉姆措舀了一瓢河水洒向天空和草地以表敬意，然后把清澈的河水舀入锅中，他们要为孩子们做中饭。年长的僧人珠桑拿出一小碗酸奶撒在草地上，口中默念感谢上苍赐予人们食物之类的话，我莫名其妙。珠桑给我解释说，在草原上动土、生火都可能伤害草皮和小动物，或者引起火灾。牧民通常会以此方式祈求神灵原谅人们对草原的冒犯。此外，取水和收集的牛粪、柴禾，食用的肉、奶和青稞都出自草原，要感谢草原的恩赐。鲜美的牛肉散饭飘散着诱人的香味，僧人中的尊者扎西桑俄堪布在用餐之前向附近的白塔和神灵点火煨桑。

闲不住的男孩子开始做一种抓鼠兔的游戏。他们很快在植被稀疏的地方找到了鼠兔的洞穴。一个完整的洞穴至少有三个出口，这些牧民的孩子有特别的技巧很快就能抓到鼠兔。有个调皮的家伙叫桑杰，是我房东的二儿子。他把外衣脱下来弄成一个口袋。确定好哪三个洞是一窝鼠兔的家，然后三人各自把守一个出口。两个洞口的守卫者向洞里高声呼叫，桑杰把袖口罩在另外一个洞口。喊了几遍之后，桑杰的口袋动弹一下，一只鼠兔慌里慌张地落入孩子们设计的口袋，桑杰轻轻地从口袋里拿出一只鼠兔。仔细观察它的形貌，的确像一只小号的兔子，耳朵大，尾巴短，圆圆的，不像老鼠。三个小孩如法炮制，捉到三只鼠兔，他们用手指调戏鼠兔的头和尾巴，玩够了就放它们“回家”。我问珠桑，草原上不是在灭鼠吗？牧民对鼠兔是什么态度？珠桑说，鼠兔和人一样，万物皆有佛性，你看那些比鼠兔体型大的哈拉（旱獭）站起来双手抱拳，像不像一个双手合十的僧人？按牧民的说法，阿布热（鼠兔）也是山神的子民，众生平等，不杀生是牧民最基本的信条。

我们总是抱怨鼠兔太多而天敌太少，却不反思投毒会殃及其他生物。草原鹰是很敏感而有灵性的猛禽，但它搞不清哪些鼠兔有毒还是无毒，所以误食了有毒的鼠兔也就牵连着中毒身亡。

高原鼠兔的生态习性

动物学和生态学视野里的高原鼠兔是一种具有某种生态习性和功能的哺乳动物；而在急于发展生产力的行政系统及依附于它的科学部门看来，高原鼠兔是与牛羊争食、与人争利的“害兽”；在藏传佛教和地方性知识中，鼠兔作为芸芸众生的一员与世界万物无异。经过环境和生态危机的浩劫之后，人类逐步认识到高原鼠兔是草原生物链中的“关键物种”。在政治、科学、文化和当地人的多重视角下，一个普通的高原物种为我们提供了关于科学意识形态、生物多样性和地方生态知识的诸多思考。

高原鼠兔是一种会鸣声而无尾的小型哺乳动物，躯背呈黄褐色，颈背和前胸灰白色。在大众的想象里和媒体的表述中，均谓之“鼠类”，其实它是兔形目动物。高原鼠兔体重在80-200克，其奔跑的速度达189米/分。基本上实行一夫一妻的单偶制，鼠兔每年4、5月开始组建家庭，6月初进入繁殖期至9月结束，妊娠时间大约30天，一年生两窝，每窝3-6只不等，雌雄共同或各自抚育幼体。[①]在哺乳动物中少见的一夫一妻家庭结构只有在下述情况发生：雄性动物不能直接为雌性提供足够的食物，需要雄性直接

① 梁杰荣.高原鼠兔的家庭结构.兽类学报，1981（2）.

抚育后代以保证生存。鼠兔在地面的活动半径为25米，采食行为占25%，警觉、防御行为占21%，修饰、亲昵、象征性格斗等社会性行为所占时间较短。[①]鼠兔观察敌情的样子十分可爱，后足站立前足置于胸前，好像人类的致敬姿势。鼠兔能发出长短不一的鸣声，短鸣一般由雌性发出表示情况紧急。[②]高原鼠兔的食量相当于其体重的一半，体重150克的鼠兔日食草量大约75克。不同生境鼠兔的取食有选择性，在披碱草草甸它喜食披碱草（牧草），在杂草草甸喜食甘肃棘豆（毒草）。[③]作为草原消费者之一，高原鼠兔与其他食草动物既有食物重叠，又为牲畜清除毒杂草。鼠兔还有一种特殊的“刈割”行为，其与采食和防御有关。在6-9月鼠兔刈割两类植物：一类是禾本植物如鹅绒委陵菜（蕨麻）、弱小火绒草等，堆晒在洞口以备过冬；另一类是高大植物如乳白香青、伏毛铁棒锤，但并非食用。对于这

图7-2　高原鼠兔

① Smith，Andrew T，王学高等.草原栖息高原鼠兔的社会行为.兽类学报，1986（1）.

② 樊乃昌等.高原鼠兔与达乌尔鼠兔的摄食行为及对栖息地适应性的研究.兽类学报，1996（1）.

③ 刘伟等.高原鼠兔冬季食物选择.兽类学报，2009（1）。

种不可思议的行为，刘伟解释为一种预防天敌的举措。[①]刈割行为说明鼠兔对生境的选择有偏好，安全是先决条件。理想的生境并非食物充足的茂密草地，而是具有开阔视野的生境用以观察敌情，即植被盖度不高于30%，高度不超过5cm（李生军,2008）。[②]牛羊过度啃食后的黑色裸露土地——黑土滩（藏民叫作“沙纳赫塘”）正好符合鼠兔栖息的条件。安东尼（Antony,2008）说，鼠兔密度与牲畜采食压力成正比，放牧强度越大对鼠兔生境越有利。[③]鼠兔的生命周期受气候影响较大，冬季死亡率约为91%；[④]如果气候持续变暖，鼠兔的生境会越来越狭小，它可以忍受的温度上限是25℃，气候变暖导致的积雪融化使它失去雪的保护而直接暴露于高寒中，夏天的急剧升温又会烤死这个高寒物种。[⑤]

“有情众生”和“如母有情”

在藏传佛教看来，“众生”可分蘖出两个子概念，“有情”和“无情”。有情指一切有感情、有意识的人和动物，高原鼠兔属于“有情众生”。无情/非情指涉山川河流、草木金石等没有感情、意识的自然物。无情并非没有生命，故佛教主张“无情有性”，无情众生亦可具备佛性。这些概念的分类和定义成为“众生平等”原则的基石。经曰“一切众生皆可成佛。以佛性等故，视众生无有差别”。[⑥]尊者米拉日巴（1077-1084）劝化猎人的故事表达了藏族文化的众生平等原则。米拉在山野静修时见一只被猎人追赶的麋鹿迎面跑来，遂以佛歌点化它，鹿感其恩以至眼泪簌簌而下，俯身舔舐尊者衣。猎狗至，见鹿安卧尊者之侧，顿失凶狠本性。猎人至，见麋鹿、猎狗在米拉膝下相安无事甚惊异。米拉用佛歌唱于猎人：

---

① 刘伟.高原鼠兔刈割行为与栖息地植物群落的关系.兽类学报，2009（1）.

② 李生军.鼠类分布与“黑土滩”退化草地形成原因的研究.草业与畜牧，2008（11）.

③ Arthur,Anthony D. 2008,"Livestock grazing, plateau pikas and the conservation. of avian biodiversity on the Tibetan plateau," *Biological Conservation* 141(1980).

④ 王学高，Andrew T. Smith.高原鼠兔冬季自然死亡率.兽类学报，1988（2）.

⑤ Holtcamp,Wendee ,"Silence of the Pikas," *Bioscience* Vol. 60, 1(2010) :8-12.

⑥ 大正新修大藏经（第十三册）.大般涅槃经-卷六.CBETA 电子佛典集成，2004.

汝形似鬼罪业聚，捕杀众生谋私利；
汝虽寻求自生乐，皆因罪业不能得。
若能于内除贪念，必能获得成就果；
捕捉外物有何用，宜用此生修佛法。

在米拉点化下猎人放弃打猎的生计，以佛歌言志：

身边有黑鹿，其嘴如白螺；
我若宰杀之，能除七日饥。
我今不需之，供奉尊者前；
祈求度此鹿，令入安乐道。[①]

米拉以佛教轮回学说的逻辑，把牛羊称为“父母”，杀害动物就等于杀害自己的父母。对待有情众生应“如母有情”，即是将十方有情包括怨敌在内视为母亲而报以爱心、感恩。[②]宗喀巴大师说，“较其子死，宁肯自死；较其子病，宁肯自病。较其子苦，宁肯自苦；出自于心，实愿易代”。[③]在藏族文化中人对动植物、水体和土地实为“如母有情”。

藏人把山泉湖泊视为“阿妈的眼睛”加以爱护， 藏区严格施行水体禁忌以保证泉水洁净，这样阿妈的眼睛才会明亮。土地、水源都是有生命的自然物，就像女人的身体，没有被人为干预和挖掘的草地是充满活力的“活地”，一个健康和丰产的躯体；被铲掉草皮或采挖的土地因失去活力而成为“死地”，也变成丧失生命力的肌体。在不得不动土的情况下，人们先请示神灵，获得神的许可方可动土。在高寒气候下，泥炭土和腐殖质的形成需要漫长的时间。王一博（2004）等人的研究发现，青藏铁路的施工对高寒草原植被的扰动使植被盖度由30%－60%降至5%左右，且长期不能恢复。[④]科学研究佐证了动土禁忌具有生态学价值。藏文典籍经常提及“地乳”一词，

① 张澄基译.密拉日巴大师全集（上）.上海佛学书局，1996：625-626.
② 才让.藏传佛教慈悲伦理与生态保护.西北民族研究，2007（4）：35-39.
③ 宗喀巴，法尊译.菩提道次第广论（卷八）.上海佛学书局，2000：217.
④ 王一博等.人类活动对青藏高原冻土环境的影响.冰川冻土，2004（5）.

这是人与土地关系的富有情感的表达。《藏汉史集》载：

> 三千世界形成之时，此赡部洲（佛教用语，四大部洲为东胜神洲、西牛贺洲、南赡部洲和北俱卢洲）为一片大海。有若干光净天之神，转来此处成为人类。此时之人，身具光明，能够空行，食喜乐之食为生，能享寿之无算。此时无日月、星辰、季节、男女之别。复有一人得味美之地乳，尝其味，众人逐渐以为食，身体变重，光明消失。地乳食尽之后，又依次取食甘露、芽菜、不种自生之谷。因此产生男女之器官及交媾之事。
>
> ……
>
> 大海已干，法王阿育王来到此地（于阗），在现在的和田城住了一晚，王妃生下一子形貌美好。看相人说，此儿命相很好，在父王没有转生之前，就会执掌国政。国王大怒，其母无奈将小儿抛弃此地。由于此小儿之福德，地上生出一个大奶头，小儿吸吮奶汁得以长大。①

把土地视为母亲是一个跨文化现象，藏族社会的大地母亲观念不同于17世纪机械主义学者把自然比喻为卑微妇女和女巫。自然作为母亲是一位养育者，作为女巫是一位狂暴的施虐者。②妇女被认为是财富生产的源泉，自然的子宫拥有公开的和隐藏的秘密。科学的任务即是探寻其秘密，深入自然内部并加以控制，解开自然的长衣让她裸露在科学面前，她必须作为“奴隶”去服役。③虽然培根并不对后来工业时代伤害自然的后果负责，但培根从伦理上确认了开放自然的合理性。这种控制和再造自然的观念虽然受到谴责但依然存在于当下政策制定者的思想中，在青藏高原毒杀鼠兔长达50年，至今依然进行中的灭绝生物运动便是这种思想的表现。

藏族万物有灵论思想认为，人的灵魂有多个且可以离开身体寄存于自

---

① 达仓宗巴·班觉桑布，陈庆英译.汉藏史集.西藏人民出版社，1986（12）：15，55-56.

② [美]卡洛琳·麦茜特，吴国盛译.自然之死——妇女、生态和科学革命.长春：吉林人民出版社，1999：151-164.

③ [美]卡洛琳·麦茜特，吴国盛译.自然之死——妇女、生态和科学革命.长春：吉林人民出版社，1999：186-210.

然物。寄魂现象表明人与自然存在交换和互动关系，是藏人对有情和无情众生的基本文化态度。当个体、部落在其成长发展过程中遇到疾病、灾害、兵燹的危机时期，把灵魂寄存于体外以免遭受伤害，这种现象叫做体外寄魂。法国藏学家石泰安（石泰安,1999）记录了一个家庭所拥有的寄魂物。9个儿子都有与其同庚的“马魂”、“牛魂”和“鸟魂”，还有9个“树魂”和“湖魂”。[①]在格萨尔史诗中，部落战争的过程就是使用寄魂物和战胜寄魂物的过程。格萨尔的寄魂山是果洛的阿尼玛卿山，寄魂湖是玛多县的扎陵湖、鄂陵湖和卓陵湖，这些寄魂物同时也是岭国（部落）的，均在三江源的核心地区。格萨尔有三个寄魂鸟：白仙鹤（黑颈鹤）、黑乌鸦和花喜鹊。鲁赞王的寄魂牛——红野牛、寄魂湖——黑魔谷、寄魂山——九间铁围宫、寄魂鸟——共命鸟王。寄魂现象今已趋淡，但人与物之间转生的观念依然存在于藏人的记忆中。寄魂物有个体和群体之分。当个体或部落将灵魂寄存于山水、动植物时，人与自然建立了生死与共的关系，即寄魂物的健康、强壮意味着个体或部落的兴旺、健康，反之亦然。弗雷泽(2007)在《金枝》里提及的橡树便是一个寄魂物，他认为灵魂寄存体外比放在自己身上更安全，就像把钱存在银行而不随身携带的道理一样。[②]由于万物有灵和寄魂观念的内化作用，加之藏传佛教的戒杀教义，藏人在儿童期就开始培养好生之德。这也可以解释，藏人为何不愿意毒杀高原鼠兔，更不愿意因毒杀鼠兔而伤及其他动物的生命。这为生物多样性保护提供了难得的社会基础。

在雪域藏族的文化中，所有动物皆为有情众生，不存在害虫、害兽之说，人们相信天行有常，自然系统的内在秩序比人为的干预更行之有效。随着工业化和科技进程的加速，作为外部力量的政治与技术合谋建构了高原鼠兔的“害兽”身份，在青藏高原展开长达50年的毒杀鼠兔运动，毒杀并未取得令人满意的结果却引起生物多样性的危机。地方社会对此进行文化抵抗，有识之士对技术合理性开始质疑，独立思考的科学家开始反思，有人提出“关键物种”的概念，尽管如此生物多样性的灾难依然在持续，

---

① 石泰安.西藏的文明.北京：中国藏学出版社，1999.

② J.B.弗雷泽.金枝.北京：新世界出版社，2007.

保护青藏母亲的工作依然任重道远。

权力与科学话语之下："害兽"的污名与毒杀运动

自20世纪50年代起高原鼠兔作为坏动物被写入国家、省区和州县的政府文件中，或者登上大众媒体的前台，鼠兔被妖魔化乃权力话语使然。1965年青海省草原工作队被指派进行调查，之后公布数据：分布在青海草场的高原鼠兔有3亿只，危害甚大。按一只鼠兔日食草66.7克算，年食草总量达20亿公斤，相当于137万羊单位的食草量。各级政府文件和媒体用"害虫"、"鼠害"的字眼表述高原鼠兔。1964-1965年，整个青海牧区组织5万多人次，利用115万个劳动日开展第一次大规模灭鼠活动，毒杀面积4,000多万亩。[①]1970年8月，青海省革委会召开全省牧区工作会议，之后号召牧区"学大寨"，提出牲畜头数"百万县"的口号。果洛州第一次鼠害调查（1971-1975年）显示，全州鼠害面积217万公顷，占可利用草原面积的37%，每公顷害鼠150只，损失鲜草达265万只羊（羊单位）一年的饲草量。第二次果洛鼠害调查（1980-1987年）说，全州鼠害面积144万公顷，比20世纪70年代减少73万公顷，害鼠每公顷减少至105只。1998年的调查数据表明，全州鼠害面积回升至247万公顷，每公顷害鼠150只。[②]2000-2004年鼠兔的平均密度约每公顷227只。[③]花费50年，投入巨大人力、财力的毒杀运动没能剿灭鼠兔，事与愿违的是其数量不升反降，鼠兔数量的反弹是自然的反抗。史密斯（1999）在藏区长期的实地研究表明，企图消灭所以鼠兔的计划在生态学上几乎不可能，而保持鼠兔的适当数量对恢复草原生机和维护草原系统的生态平衡是必要的方法，而不是问题的一部分。[④]三江源生态保护协会杰出的环保人扎西多杰在2011年的访谈中说：

---

① 青海省地方志编委会.青海省志-畜牧志.合肥：黄山书社，1998.

② 王宝元，华本，杨海伟.果洛州草地鼠害防治的回顾、现状及对策.青海畜牧兽医杂志，2002（5）：43.

③ 来德珍等.果洛地区草地害鼠的危害及生物防治探讨.青海草原，2006（1）：18-20.

④ [美]安德鲁·史密斯等.野生动物的故事.载汪松等编辑《保护中国的生物多样性》（二）。北京：中国环境科学出版社，1999：148-192.

在1985年玉树大雪灾中，牲畜、野生动物包括鼠兔几乎死光，可是过几年又恢复起来。草原如果没有鼠兔，那么这个草原一定有问题。青海一些部门成天想灭绝鼠兔，结果头一年灭掉一些，第二年就又回来了。他们根本不需要灭，也不可能灭，完全是在做虚假而有害的“工程治理”。你走在路上，就会发现，鼠兔洞穴外，往往站着一只大鵟，它们是对鼠兔最好的生物控制力量。现在果洛开始推行招鹰架这东西，其实也是画蛇添足，不等于生物防治。你想一下，草原上过去哪有招鹰架？既然没有，就说明大鵟不需要，他们能够在草原上繁殖和觅食。既然不需要，你建了它，就可能是违反鹰的本性，它们只需要站在鼠兔洞穴边而不是从木架上等待出击。

——玉树田野笔记2011-08

果洛州原政府干部却热回顾说，1967-1978年全州年均牧畜存栏达363万头的历史最高水平，持续20年居高不下。这种“掠夺式”牧业经营直接导致了天然草场的超载过牧和草原退化（2011年访谈）。一些学者认为玛多不存在人口增加和过牧超载的问题，与六七十年代相比还有发展空间。[①]以玛多为例，牧区曾经的繁荣恰是长期以来特别是20世纪70、80年代人口增长和超载过牧的结果，当下的草原退化、水源枯竭，千湖盛景不再，也是那时的前因后果。2005年果洛州印发的红头文件强调加强三江源生态保护，促进草原畜牧业可持续发展。[②]自此权力话语开始由单纯的提高草原生产力转向生态保护，高原鼠兔再次成为环保话语下的毒杀目标，地方政府、科研机构和施工单位必须顺应新的权力话语才能分享资金分配带来的经济利益，直白地说，经济利益与灭鼠挂钩。在权力话语之下，高原鼠兔对草原系统的正功能和生物多样性的积极作用一概不复存在。“草原可持续发展”实际上是旧话语的重复，在六七十年代意味着高原鼠兔与牛羊争食，畜牧业因而无法持续增长，故政治权力和科学结为“灭鼠”联盟，共

① 邵侃，田红.藏族传统生计与黄河源区生态安全——基于青海省玛多县的考察.民族研究，2011（5）；祁进玉.草原生态移民与文化适应——以黄河源头流域为个案.青海民族研究，2011（1）.

② 果政办180号，《关于进一步加强冬季鼠害防治工作的紧急通知》，2005。

同为鼠兔定义为“害虫”，高原鼠兔从而被妖魔化。在我看来，话语从来都不是话语本身那么简单，而是行动的潜台词。

美国毒杀土拨鼠的“根除项目”完成于 20 世纪 70 年代，所造成的生态问题可为我们当下在青藏高原实施的灭鼠计划提供一些反思的材料。美国大草原上的土拨鼠（prairie dog）性如兔而声如狗在农场主和联邦政府看来，每年吃掉牧场大量的牧草，对草原破坏力极大甚至威胁到人的生存。如表 7-1 所示，1902 年美国农业部通过文件把土拨鼠定义为有罪的“害虫”，1915 年美国第一个灭鼠法案在科罗拉多州获得通过，[①]1920 年在 450 万英亩的草原上实施毒杀行动[②]。在强势的政治话语体系推动下，数十年的“根除项目”在 1970 年消灭了 90%以上的土拨鼠。虽然 2000 年土拨鼠被美国列为濒危物种而加以保护，但已无法挽回生物多样性的巨大损失。发展话语无论以科学进步、生态环境还是以可持续发展的形式出现，都是一种权力工具。它给人类造成的影响都是痛苦的，它所影响的范围也是世界性的，权力与话语的共谋在美国的草原上出现过，在中国的草原上亦然。

表 7-1　毒杀土拨鼠和高原鼠兔的话语制造和行动实施过程

美国土拨鼠	中国高原鼠兔
1902 年美国农业部定之为“害虫”	1950 年报纸以“害鼠”相称鼠兔
1915 年第一个灭鼠法案在科罗拉多州获批	1965 年青海草原大队公布鼠兔危害数据科学话语；政府文件称为害虫之首
1920 年毒杀行动在 450 万英亩草原进行	1965 年大规模毒杀，4,000 多万亩
1970 年土拨鼠被毒死达 90%以上	2005 年红头文件灭鼠成为三江源生态保护话语
2000 年被列为美国濒危物种	

资料来源：(1)Jones,Susan 1999,“Becoming a Pest: Prairie Dog Ecology and the Human Economy in the Euroamerican West.”Environmental History Vol. 4, 4(531-552); (2)笔者的访谈资料。

① Jones,Susan,"Becoming a Pest: Prairie Dog Ecology and the Human Economy in the Euroamerican West," Environmental History Vol. 4, 4(1999):531-552.

② Bell,W. B.,“Death to the Rodents,”*Yearbook of the United States Department of Agriculture*. (Washington, D.C.: GPO,1920).

草原的关键物种

越来越多的科学家开始反思美国的大毒杀行动，专家意识到土拨鼠对草原大有裨益，它们是“天然的肥料制造者”，[①]其生物活动增加了牧草的蛋白质和适口性，而且是十几种草原动物的食物来源。生物学家重新定义了土拨鼠的生态作用，即草原系统的关键物种。关键物种的概念由动物学家佩恩（Paine，1969）提出，后经其他学者的发展形成现在的概念：对维系生态群落的结构具有无可替代作用的物种，它的存在影响生态系统中其他许多物种的存在，并决定多种动植物的类型和数量。[②]由此引出一个相关概念叫做“生态工程师”，其功能是改变、维系和为其他动植物创建栖息地。高原鼠兔有理由成为青藏高原上的生态工程师和关键物种。

其一，高原鼠兔为鸟类提供栖息地。在青藏高原253万平方公里的面积中，森林系统仅占8.6%，草地系统占51%左右。[③]在高寒无树的草甸上，鼠兔的洞穴为雪雀等多种鸟类提供藏身之处。笔者曾在年保玉则地区观察过鸟兽同穴的场景。如果鼠兔被毒杀，那么许多鸟类将面临毒死和冻死的厄运，这将直接降低青藏高原的生物多样性。

其二，为草原几乎所有食肉动物和猛禽提供食物来源。鼠兔没有冬眠，是食肉动物全天候的食物储备。夏勒博士（Schaller，1999）发现，棕熊食物量的60%，一些地方狼的食物量的50%来自高原鼠兔。[④]大型食肉动物雪豹在食物匮乏时也把鼠兔当作缓冲食品。在猛禽的食谱中，鼠兔是草原雕、大鵟的主食。因此毒杀鼠兔已经危及其天敌数量的生存，使得生物多样性锐减并加剧草原生态系统的失衡。

其三，促进土壤营养物质的循环，减缓水土流失的程度。从洞穴把粪便和植物碎片搬运到地面是鼠兔的日常工作，这一过程增加了草地的腐殖质覆盖。冬春期间鼠兔的死亡率极高，这些死亡的鼠兔和食草动物的粪便一起成为草原腐殖质的主要来源。在牧民眼里，高寒草甸的植物不是长在

① 来德珍等.果洛地区草地害鼠的危害及生物防治探讨.青海草原，2006（1）：18-20.

② Paine,R.T.,“A note of trophic complexity and community stability,”*American Naturalist* 103(1969):91-93.

③ 谢高地等.青藏高原生态资产的价值评估.自然资源学报，2003（2）.

④ Schaller G.B. ,*Wildlife of the Tibetan Steppe*.Chicago: University of Chicago Press, 1998.

土里，而是长在动植物的“尸体”上。腐殖质层对草地意义重大，它就像保护膜覆盖在冻土层之上并为植物提供养分。牛羊偏爱鼠兔洞穴附近的草，因那里的草蛋白质丰富且适口性强。霍根博士（B.W. Hogan，2010）认为鼠兔是草地系统的“生态工程师”。在采食过度的草地上，鼠兔的地下洞穴可减缓水流的速度，降低水土流失的程度。[①]

高原鼠兔之所以在青藏高原成为被控制的对象，是因为权力话语认为它不但与牲畜争食牧草而且造成草场大面积出现“黑土滩”。所谓“控制”即毒杀，有计划地毒杀某一物种以减少其在特定区域的种群密度或令其灭绝(Hsun & Andrew, 2003)。[②]权力话语所依托的食物重叠命题，掩盖了牲畜超载过牧的事实，因而是一个伪命题。一头体重 168 公斤的牦牛，日食草 5.80 公斤，[③]藏山羊日食 3.4 公斤，[④]而高原鼠兔日食量为 70 克左右。除了食草量的巨大悬殊，鼠兔在不同类型的草甸上有食性选择，[⑤]与牲畜的食物选择部分重叠，而在杂草草甸鼠兔以毒杂草为主要食物。换言之，当鼠兔种群密度低时采食有选择性，在种群密度高时才与牲畜发生食物冲突。即便两者有食物重叠，作为草原消费者的所有野生和非野生动物都应该拥有采食权力，所以权力话语的霸权隐含着人类中心主义的利益驱动。高原鼠兔导致“黑土滩”（藏民称为“沙纳赫塘”）的假设是虚假的因果关系。在植物不足 50%的裸露草甸，鼠兔据为栖息地的原因在于植被盖度低，生境开阔，有利于发现天敌和及时逃跑，且可借助阳光取暖。在“沙纳赫塘”生境中高原鼠兔种群数量的爆发是超载过牧的结果而不是原因，就是说过度放牧在先，鼠兔栖居在后。由于因果关系的倒置使它蒙受了来自本土和科学的双重责难，因而背负着“草原破坏者”恶名。

---

① Hogan,Brigitte Wieshofer,“The plateau pika: A keystone engineer on the Tibetan Plateau.”(D). *Arizona State University*(2010).

② Lai,Chien Hsun& Andrew T. Smith 2003,“Keystone status of plateau pikas (Ochotona curzoniae): effect of control on biodiversity of native birds.”*Biodiversity and Conservation* 12(2003): 1901–1912.

③ 刘书杰等.不同物候期放牧牦牛采食量的研究.畜牧兽医杂志，1997（2）.

④ 欧阳熙等.藏山羊放牧采食量及牧草干物质消化率测定方法的比较研究.民族学院学报，2000（2）.

⑤ 刘伟等.高原鼠兔冬季食物选择.兽类学报，2009（1）.

技术的自负与科学的伦理

话语意味着行动，不幸的是充当毒杀行动的工具是技术和科学。毒杀运动非但没有消灭“鼠害”，而且违背初衷，给草原带来难以估算的生态伤害。杀鼠剂对地下水、土壤和牧草的污染导致生物多样性急剧下降。长期使用化学药剂导致鼠兔天敌大量死亡，1963-1989 年牧区普遍使用的磷化锌、甘氟在投毒后 20 天内难以降解，导致雪域特有的野生动物雪豹、狼、赤狐、棕熊和猛禽二次中毒，或死或亡，而这些动物是鼠兔的天敌。杀鼠剂包括 D 型肉毒素生物制剂不像技术专家声称的那样点对点杀死“害兽”，希望精确定位和有选择击中特定目标的想法太过自负，毒药不长眼睛。在我的访谈中几乎所有牧村都有野生动物、家畜和人二次中毒的案例。在投毒期间果洛的医院和兽医站繁忙的情景令人惊讶，但是人畜中毒事件的披露却非常保守，欲做全面的统计没有可能。更令人不安的是，科学和技术专家中拥有科学伦理和独立判断勇气的人实在太少。美国土拨鼠的前车之鉴希望给科学界和政策设计者提供一些反思的材料。20 世纪初美国农业部清除土拨鼠运动和青藏高原毒杀鼠兔运动颇为相似。在那时的美国许多地区，土地主、科学家和州政府联合谋杀了土拨鼠，到 20 世纪 70 年代环保运动兴盛之时，土拨鼠的毒杀政策引起争议。[①]20 世纪 50 年代美国农业部要使用 DDT 杀虫剂灭杀伤害庄稼的火蚁，美国昆虫协会根据调查数据反驳火蚁伤害农作物的无稽之谈，随后阿拉巴马州自然保护局、生态学家、动物学家发出反对声音。[②]在国内公开出版物中，所有研究成果讨论的问题是杀毒剂的效力，至于投毒对土壤、水体、居民环境带来的影响无人过问。近年新一代 C 型和 D 型杀鼠剂经过毒性升级且冠以“生物”二字遂在青藏高原广为推广，问题是这种作用于鼠兔中枢神经的新药对生态系统和水体究竟有多大影响尚未可知。面对毒物的确定性危害和不确定性影响，科学家在哪里？科学研究为何失语？

---

① Jones,Susan,"Becoming a Pest: Prairie Dog Ecology and the Human Economy in the Euroamerican West," *Environmental History* Vol. 4, 4(1999):531-552.

② [美]蕾切尔·卡逊，吕瑞兰、李长生译.寂静的春天.长春：吉林人民出版社，1997：140-142.

文化抵制及其思考

福柯说，哪里有权力，哪里就有抵制。[①]同理，哪里存在话语控制的地方，哪里就存在反对话语控制的话语和行动。20 世纪 60 年代果洛州毒杀鼠兔使用磷化锌、甘氟等剧毒农药。磷化锌是危险化学品，易发生粉尘污染；毒性高，污染环境和水体的污染，危及人、畜及鸟类安全；甘氟是一种醇类有机化合物，为无色或微黄色透明油状液体，略有酸味，暴露在空气中易挥发，是一种植物内吸性药剂，在植物体内能保留 20-30 天。1989 年至今青藏草原主要使用 C 型和 D 型肉毒素杀鼠剂。权力话语一方面推动了自 20 世纪 60 年代至今长达 50 多年的灭鼠运动，1963-1965 年达到高峰，毒杀面积 1,300 万公顷；[②]另一方面也遭到来自藏族文化传统的抵抗，人们使用的方式就像斯科特（2007）的“弱者的武器”，[③]或者说一种如野火春风般顽强的好生之德。仁青老人说：

> 我自小修习佛法，没有杀过一只羊。“文革”期间乡里组织灭鼠活动，指明叫我参加。当人们戴上口罩和手套往草地上投放毒药时，我悄悄吃了一点儿沾在手套上的鼠药，药是剧毒，毒性发作起来，我剧烈地呕吐着，乡干部马上派人把我送回去，此后再也没有参加灭鼠的活动。
>
> ——果洛田野资料 2011-08-18

长期的投毒灭鼠过程几乎颠覆了佛教不杀生观念所积累的生物多样性成果。在藏人眼中，杀鼠剂实际上成为“杀生剂”。玛沁县草原站一位退休人员告诉笔者：

---

① [法]福柯，佘碧平译.性经验史.上海：上海人民出版社，2000：96.

② Lai,Chien Hsun& Andrew T. Smith, “Keystone status of plateau pikas (Ochotona curzoniae): effect of control on biodiversity of native birds,” *Biodiversity and Conservation* 12(2003):1901–1912.

③ 詹姆斯·斯科特，郑广怀等译.弱者的武器.南京：译林出版社，2007.

藏民普遍不愿意毒杀鼠兔，乡上派下任务，他们总是消极怠工，能逃则逃，后来只好找外地民工，四川人、甘肃人。六七十年代，灭鼠的药是磷化锌，后来使用甘氟、敌鼠钠盐，都是剧毒。九十年代换成C型肉毒素，现在用D型，这东西虽然安全些，还是有毒性。一到冬天果洛医院经常有不小心中毒的牧民挂急诊。

——果洛田野资料 2011-08-20

爱惜生命作为藏族的游牧传统，是根据青藏高原特有的生态环境长期积累的人类经验，它以宗教、文化和部落制度的方式呈现，却包含着实践理性和生态智慧，为人们提供了一个人与自然、人与动植物的行为框架。果洛白玉乡牧民宫却说：

阿布热（鼠兔）是个坏东西，破坏草地，但它是造物主造下的，自有天敌。鹰、狐狸和狼都是它的天敌，我还见过黑颈鹤把它叼到虚空里。我放牧三十几年，我爷爷、父亲们都在这里放牧牛羊。鼠兔成灾不在动物，是人的错。下药毒杀不管用，还伤害牲畜。阿布热专门找草不好的地方，草不好的原因是围栏，你固定在一个地方放牧，草肯定好不了，所以鼠兔问题主要发生在冬季牧场。八十年代乡里发放毒药给牧委会，牧民不愿意投毒杀生，这跟佛教扭着劲呢！乡干部花钱请上四川的民工来投毒。那时所有的动物和鸟类都不见了。

——果洛田野资料 2011-08-16

中科院西北生物所边疆辉说，肉毒素灭鼠并非长久之计。一部分鼠兔被杀死，剩下的一部分会产生抗体并遗传给后代，结果整个种群都有了抗体。肉毒素属于神经毒素，肯定会产生二次中毒，比如藏狐中毒的事情时有发生。反观权力话语和灭鼠政策，结合牧民和研究者提供的口述资料，发现权力话语存在两个逻辑问题：其一，没有找到造成黑土滩或草原退化的根本症结所在，在缺乏对高原鼠兔生物属性的全面科学认知的情况下，武断使用权力话语界定该物种为“害虫”。其二，忽略了宗教情感和地方性生态智慧。当宗教情感表现为好生之德，其实是保护生物多样性的宝贵力量。当宗教情感面临权力话语的强势压迫时，人们自然选择“弱者”的武器加以规避和捍卫，这也部分解释了耗资耗时巨大的灭鼠运动总是不尽如人意的原因。关于高原鼠兔，既往的权力话语和毒杀政策，既缺乏缜密的科学研究又缺乏文化自觉。建议在以下领域进行跨学科的调查研究：

1. 神山圣湖制度，宗教仪式中的环保思想和生态伦理；保护土壤、水源、动植物的文化禁忌；部落制度中的转场浅牧和其他牧业生产传统。

2. 全面、系统、科学、自主且不带任何机构利益的方式去研究高原鼠兔，摒弃过去单纯研究负功能的老套。

3. 已经发生在土拨鼠身上和正发生在高原鼠兔身上的毒杀活动应该引起深刻反思，至少要先调查研究清楚问题再做政策设计。建议国家相关部门在青藏高原做一次“关键物种消失的生态风险评价”，关键物种的存在和消失对草原生态系统、生物多样性有什么样的正负功能，对三江源和青藏高原的生态保护功能的发挥有什么影响。

藏佛的环保潜力

藏族游牧社会的运行在很大程度上是藏传佛教推动的，藏人的生态意识亦在藏传佛教框架内生成。人民公社时期公开的宗教活动被禁止，人们除了文化抵抗还未找到更好的替代办法解决文化危机，不杀生的信条让位于果腹之需。人们只能活在过去，记忆既往的野生动物繁盛、蓝天白云、牛羊成群的天人合一图景。在过去的牧场上，家畜与野牦牛以及其他野生动物一起采食，此谓“合群”。合群为牦牛的杂交提供了改良品质的机会。1985 年大雪灾以后，草场严重退化，围栏严重限制了合群现象的发生，牲畜数量锐减且种群品质下降，牧民甚为焦虑。在玉树措池村，活佛和村干部部认为草原是一个整体，干扰生态整体性的因素很多。鉴于宗教情感和生物学认知，2002-2004 年村里自发成立保护小组，后来升格为“野牦牛守望者协会”。现代生态知识在牧民中的传播和濡化几乎是一帆风顺，主要得益于藏传佛教爱惜动物和积累功德的宣教，因而很容易在保护动物方面与环保 NGO 达成共识并付诸行动。环保行动的动员和组织关键在于领袖人物，他们是措池村的带头人尕玛和活佛格日扎西，他们的贡献是把科学概念转译为地方性概念。

一个重要的举措是开发神山，所谓“开发”不是经济学市场化的概念，而是通过高僧大德为神山圣湖开光之意。在彭措晋美大师的经书里，措池一带有 13 座可供开光的神山。神山的开发意味着封山仪式和禁忌行为的展开，区域内动植物可望得到特殊照顾。在措池村拉琼寺门口写着“对动物的慈悲”的劝诫文：

> 释迦牟尼是我们的佛祖，慈悲是我们的习惯，爱护动物是我们的义务。众生皆欲远离恐惧和痛苦，故对不能说话的生命和人类一样，都要一视同仁。

即便对待与牛羊争食的鼠兔，措池牧民也不付诸毒杀手段。乡政府每年年底都要分配毒杀鼠兔的任务，这一惯例被濡化了生态意识的措池村所打破。按县、乡政府规定，不参与灭鼠的村庄将不能获得相应的福利和资助。尕玛拿出协议保护合同说，措池村是协议保护地区，不能随便杀害保护地的动物。他们向乡里解释说，措池村引入大量的大鵟捕捉鼠兔。这种天敌制衡的生物方法赢得了上级的理解，既避免了杀生对宗教情感的伤害，又在某种程度上限制了鼠兔的数量。

当牧民把环境保护理解为善行和功德时，协会工作开展得富有热情和效果。协会成员使用自己的摩托车作为交通工具，自己花钱加油，所以工作实实在在，不搞形式主义。更重要的是，野牦牛协会从 NGO 那里学到科学监测环境的方法，社区参与的理念和社区权力的使用。截止 2008 年在村支书尕玛和活佛的领导下，村民在半个青海湖大小的区域内设立 18 个野生动物监测点，9 个物候监测点，2 个气候变化和雪山冰川监测点。

传统生态知识是近年来国际学术界研究的热点。TEK 是知识—实践—信仰的复合体；[①]其拥有者认为人与自然融为一体不可分离，自然空间是社区

① Berkes,Fikret&Johan Colding&Carl Folke,“Rediscovery of Traditional Ecological Knowledge as Adaptive Management,”*Ecological Applications*, Vol. 10, 5(2000): 1251-1262.

的一部分，自然不是“野外”而是“家园”。[①]TEK 的特点是质性、直觉、整体和口头性；科学知识则是量化、分析、可还原和文本性。[②]在藏族文化中处理人与自然关系的价值观、生态实践、宗教仪式生发的生态伦理、部落内部规定的生态制度等知识体系。文化自觉要求科学放下唯我独尊的架子，承认和学习地方性知识对人和自然关系的洞察力，把 TEK 当做人类共享的智慧和生态文明成果的一部分，只有科学具备文化自觉的能力才能真正造福人类。

第三节　流动的游牧与固定的围栏

游牧的本质是流动，这是避免草原退化的人类经验和智慧。古人同我们一样会遇到草原退化的问题，但游牧文明通过流动来解决问题而不是依靠画地为牢的办法坐吃山空。围栏的本质分割土地，分裂人与自然的和谐关系。牧民在游牧中创造了高原生态知识，其知识的精髓是顺应自然，保护自然；发展话语和权力的联盟不但为了眼前利益生产新的环境问题，而且把酿成的苦果转嫁给边缘群体。

游牧文明赐予的自然红利

人类创造了农耕文明的同时也创造了游牧文明。正像农耕文明在冲积平原和黄土山地发育了定居和精工细作的农业一样，游牧文明在高海拔草原创造了转场浅牧制度。游牧的核心在于流动，牧民称为“转场”。转场通常以部落法规的形式将其制度化，从而变成传统环境资源管理的一部分，而不仅仅是使用草场而不保护环境的牧业生产。转场的合理性表现为在流

① Pierotti,Raymond & Daniel Wildcat,“Traditional Ecological Knowledge: The Third Alternative,”*Ecological Applications*, Vol. 10, 5(2000):1333-1340.

② Nadasdy,Paul,“The Politics of Tek: Power and the 'Integration' of Knowledge,”*Arctic Anthropology*,Vol. 36, 1/2　(1999)：1-18.

动中避灾、免于过牧，在游牧中实现畜种交流和营养交换，促进草场的更新和演替。玛曲牧民的轮牧制度大致如下：

冬季牧场位于河谷、低地草滩，水草丰美，但牲畜只能在草场行将枯黄时采食。春天来临，牧草从低到高开始返青，牧民此时不能贪恋冬场，而是将牲畜转场到海拔稍高的春草场，盛夏前后牧民把牛羊赶至海拔最高的夏草场，甚至在雪线附近，待上两个月。10 月山上开始下雪，草原枯黄，牧民赶牲畜逐级下走。11 月重回冬场。转场浅牧旨在避免过牧，这是牧民的平衡策略，他们叫做“先苦后甜”。转场制度以部落法规的形式制定了轮流放牧的时间和地点：搬迁牧场，重新落帐，各户均应统一行动，每年搬迁六次，不允许提前和推迟。①现在藏区大量存在一种“机关牧场”或者“单位牧场”，牧畜一年四季固定在冬季牧草场采食，所以必然引起过牧超载。转场浅牧是藏族文化中保护生态完整性的地方性知识。科学所需的文化自觉并非指涉某一具体的传统，而是对整体的传统文化的自觉。

对于高寒草甸的牧民来说，雪灾与干旱是影响牲畜数量的重大灾害，而游牧是他们应对和躲避灾害的有效策略，牧民以此减少畜群损失。如果发生重大雪灾，帐圈或部落首领在社区内挑选有经验的牧民到周边选取一个缓冲地带避灾是明智之举。在草原承包以后，特别是搭建围栏以后，传统游牧已经行不通了。2008 年初，玛曲草原遭遇了持续 20 天，30 年不遇的大雪灾。全县一半以上的草场被没膝的冰雪覆盖，牧草的根在雪下腐烂，6 万多头牲畜被冻饿而死。欧拉乡牧民索南才让流着眼泪描述了当时雪灾的情景：

> 这次大雪太砝码（厉害），眼看着冬窝子无法维持下去，就跟其他牧户一起迁到夏窝子，经过一条 7 公里的峡谷时，牛羊蹄子卡在石缝中拔不出来，牦牛的眼泪都掉出来了，心疼死了！可是到了夏场又遇上一场大雪，牛羊又冷又饿，一天死掉 20 几个羊。我家 100 多只羊，80 多头牛在十几天里死了一半还多。当时门前的草场上横七竖八扔了一堆羊尸体，都是扒掉羊皮还没来得及掩埋的死羊。我妻子抱着两只

① 张济民.藏族部落法初探.西宁：青海人民出版社，1992.

刚断气的小羊，哭得稀里哗啦。齐哈玛乡比我们这里情况还惨，我家的一个亲戚在吉勒合村，牲畜死得比我们这里多。那个地方积雪封山，偏僻得很，牧户的草料断了，本来8毛一捆的草料涨到3块。大雪封山，狼群饿极了下山到牧民家的羊圈围攻瘦弱不堪的羊，一个牧民家里有20只羊被狼吃掉。

现在牧民最怕雪灾，过去还可以到别处没有雪灾的地方维持一阵，现在好多地方都有围栏，都是各家各户的草地，这围栏把我们捆得结结实实，只能听天由命。

现在的牧业政策套用了农区的土地承包制度，草原承包必然带来过牧、成本过高而抗风险能力低下等等诸多问题。传统时期牧民多合作放牧，现在每家每户成为一个生产单位，需要更多的劳动力引起人口的增长，需要更多的牲畜养活更多的人又增加了牲畜的数量；灾害是草原牧业生产的一部分，在甘青藏区灾害非常频繁，十年一大灾，五年一小灾，单家独户的牧民只能困守在自己那狭小的牧场上，草原避灾的功能几乎丧失了。当前的牧业导向是种草或者在市场上买草料，可是用草料发展牧业不但增加了牧民的成本，降低了牲畜的品质，而且人工种草实际上对草原的破坏后患无穷。雪灾的问题说明政策设计者带着已有的“经验”去改变传统文化，其错误在于既不反思政策为何在牧区的失误，又不追问藏族传统生态知识何以对牧业生产方式具有千百年的指导作用，对政策是否存在借鉴价值。

科特那（Cortner and Mootc，1999）用利息和本金的比喻解释了保护生态系统的完整性的道理。[①]土地、草场作为天赐的本金，按照自然节律不断增值的东西即为红利。野生动物在每个草场不会逗留太长时间，动物的节制本性是生物学秘密，牧人的转场使得家畜也遵守自然法则。传统的游牧藏人只享受自然赐予的红利，并不挥霍它的本金。而私有化带来的围栏人为地分割了草原生态系统，特别是“机关牧场”的设置，不断地蚕食和消耗自然的本金。红利与本金的道理是藏族环境资源管理的生态智慧，科

① Cortner H. and M, A. Moote, *The politics of ecosystem management*(Washington, DC: Island Press, .1999).

学发展应该吸纳来自地方经验的生态文明成果。藏族牧民对待人与动植物之间的关系具有生态系统的观念。牧民说：草好的年月，狼不吃羊；草不好时狼才吃羊。外来者不明白其中隐含的知识，其实它讲述了一种自然的物种平衡或者天敌制衡的地方性知识。当草原牧草丰盛，鼠兔和旱獭不会在这里栖居，因为植株密且高大遮挡了它们观察天敌的视线，所以会选择远离牧场的荒野，因而成为狼、棕熊等食肉动物的猎物。狼有食物来源故不会冒险去吃羊，所以藏人并无“害虫”、“害兽”的观念。[①]

在游牧过程中，牧民慢慢习得了一些对牧业颇有价值的传统生态知识以抵御雪灾。雪灾的发生具有不确定性，而牲畜的交配和接羔是可以控制的。师法自然使牧民能够更好地把握最安全的接羔时间，也许草原上的野黄羊更能读懂大自然的秘密，它所选择的交配和生育时间总是成功地规避雪灾，从而避免雪灾对种群数量的毁灭。生态学家再聪明也比不上野生动物，黄羊知道如何调节自己的交配和生育行为，每年交配时间都不一样，它的预测能力使得该物种能够幸存下来。过去牧民通过观察黄羊的行为选择牲畜的交配时间。

牧民经常提及五畜兴旺，这不仅是寄托幸福生活的吉祥话，而且包含着深刻的生态智慧，“五畜兴旺”既体现了牲畜之间的相生之关系，也减缓雪灾的影响。五畜没有好坏之分，各有其用。马是牧民的交通工具，牦牛是牧民最为得力的运输工具，牛羊能提供肉、奶和皮。绵羊性格温顺，狼来了也不吱声，但绵羊的热量大，有绵羊的圈比较暖和，山羊经常与绵羊抱团取暖；山羊机敏好动，能给羊群找到最富营养的牧场，当它发现野狼来袭时，会立即报警。当雪灾来临，有马和牦牛就没有太大问题，马是开路先锋，能为羊群踩出一条通路，马和牦牛刨开积雪食草，羊群也能吃到露出头的牧草。实在没草的时候，马粪可以作为羊群的食物替代，因为马不反刍，其粪便尚留下没有消化的草。

游牧不光是躲避灾害，牧民踏着自然的节律，顺应自然的变化，可以还获得自然赐予的诸多恩惠：规避过牧超载，畜种优化，草场丰美健康。在游牧状态下，牧民不停地移动以避免牲畜过分采食同一块草场，故很少

① 南文渊.藏族生态伦理.北京：民族出版社，2007.

出现过牧现象。“过牧”一词在传统时期尚未出现，它的产生是在草原被分割为单户经营以后。游牧制度的重要贡献在于使用移动策略规避牲畜过度采食的风险。

引起过牧的原因是复杂的，比如牲畜存栏量伴随着牧业人口和外来人口普遍增加而增加，最根本的是草原土地制度引起的问题。在传统时期的藏区，草原实行大公有、小公有的草原放牧制度，人和牲畜可以在部落范围内或者超越部落土地范围进行自由移动，当然所谓“自由移动”是在部落转场制度的指导下的自主游牧。一切都按照自然节律和部落制度安排有序放牧，冬季牲畜在冬草场采食，春天在春草场采食，夏秋自有夏秋草场。牧民和他们的牲畜一年四季几乎都处于移动之中，频繁的移动让草场不但使草场得到更新，而且有足够的时间休养生息，草原总是欣欣向荣，生机勃勃。牧民把这种移动放牧叫做“转场浅牧”，草原一般情况下不会出现“过牧”问题。不仅如此，转场浅牧对草原系统还有诸多正向价值。草地学专家发现，牧草长时间的生长过程中，如果没有食草动物的采食，草原就会出现干枯、萎靡的状况，草原需要“更新”或者生态学上的“演替”，牲畜和野生动物是草原系统的有机组成部分和“维修工”。

现在草原的过牧问题从本质上讲是草原所有制引起的不当使用的问题。在承包制度下，牧民拥有了自己的牧场，牲畜被固定在围栏中一个狭小的地方，只能反复啃食同场浅牧毫无疑问促进了草场的更新，从而保护了草原生态系统；而围栏定牧限制了一块草地，牧场还未长出来就被牲畜吃掉。如果比较两种放牧方式，我们会发现转牲畜的采食范围，毫无例外地引起过牧的结果。

综上，游牧对草原环境资源的价值已不言而喻，但是当下的草原能回归游牧时代吗？在草原使用制度和围栏定牧不改变的情况下，草原没有可能回到游牧时代。但是游牧文明和游牧精神在任何时候都是人类的宝贵财富，如今国家也鼓励草原牧区探索新的生产组织方式，一些联户经营的牧场和牧民合作社在草原出现并显露勃勃生机，正是游牧文明的再现。

游牧与畜种优化

无论野生还是家养，动物品种的优秀是通过杂交获得优势。一个物种如果没有机会进行外部交流，它就会被固化为一种没有竞争优势的地方品种。这种说法很适合甘南的一个地方物种——蕨麻猪。蕨麻猪是高原生态环境下物种适应的地方猪类。甘南藏民认为根据佛教经典上记载，蕨麻猪是由野猪驯化而来，至今有4,000年的历史，主要分布在合作和夏河，卓尼和临潭也有放养。蕨麻猪性野，体型矮小，毛长而呈棕黑色，3岁成年公猪体重24公斤，长59公分高38公分①；头长而呈锥形，嘴长而尖，喜在草场和河谷觅食，其采食能力颇强，食野生植物的茎、叶、籽实、根，尤其喜食蕨麻，与内地家猪的习性迥异。蕨麻猪的野性、器官构造和体型矮小，无异是适应环境求得生存的结果，也是缺少与外界物种交流的结果。当然物种的改良依赖广泛的区域交流，这与社会系统的人的交往和社会联系有密切关系。②玛曲的牦牛也是一个地方品种，现在存栏量为16万头。③但是玛曲牦牛不像蕨麻猪那样缺乏品种交流。玛曲牧民很早以前就意识到物种交流的重要性，并且找到一种改良品种的好办法。牧民把自家的母牦牛放牧在野牦牛出没的地方。每年的八九月份，当野牦牛进入发情期时，雄性野牦牛与家用母牦牛交配，所生雄性牦牛即可成为牧民家的种牛。过去草场上野牦牛很多，经常会有野牦牛与家牦牛“混群”的现象。现在玛曲基本没有野牦牛，但牧民会利用朝圣西藏之便，赶上几头牦牛，在经过果洛、玉树的途中有野牦牛的地方放牧以期达到改良品种的目的。随着现代技术的推广，玛曲牧民也会选择人工受精的方式获得野生牦牛基因，但人工受精没有自然交配的成功率高。可见，游牧方式对畜群品质的提高具有重要价值。

① 甘南藏族自治州畜牧志.甘肃人民出版社，1993：193-196.

② 范长风.甘南高原上的族群合作.华东师范大学出版社，2007：38-39.

③ 杨勤.甘南牦牛产业的优势和问题及发展思路.中国牛业科学，2008（4）：65.

图 7-3　牦牛

养分循环与交换：草畜关系

在牧民看来，草地的好坏不单纯是牧场旺盛与否，而是它所拥有的牧草种类的丰富性，牧草品种越多越能够适合不同牲畜的口味，亦越能够使牲畜补偿均衡的营养。有经验的牧民评价牧场质量跟生态学家做实验样方一样注重量化标准。在传统时期，牧民在转场之前需进行一次实地勘察，他会在某一草场上随机选择大约 1 平方米的草皮，就像生态学家的样方一样，数清楚有多少种牧草，既有数量要求又有质量要求。如果样方内有 10 种以上的草，或者生长有优质牧草，如垂穗披碱草、无芒雀麦等，就说明这是一块上等的草场。牧草营养成分的高低主要跟粗蛋白、粗脂肪和纤维含量有关。当牧民走过草地，马靴被牧草擦得油光发亮，说明该草场的牧草优良，油大即是脂肪含量高。草原食草动物是挑选牧草的行家里手，野生的岩羊（藏语“纳”）经常食草的地方，草的长势好。旱獭（藏语“哈拉”）集中的地方，就算秋天草黄时节，也会是绿草茵茵。

图 7-4　哈拉（旱獭）

不同草地拥有不同的营养成分，畜群需要采食不同的牧草才能获得营养均衡的食物，抵御高寒气候。有的牧草脂肪含量高，有的牧草则粗蛋白含量高，而有的牧草含硝。牲畜在技术不发达的时代已经学会了选择食用某种牧草摄取不同的营养；如果牲畜得病，可以通过采食某一地方的草进行“食疗”。牲畜比人聪明，它知道什么草能治好它的病，自己食疗一下就好了。牧民说草原上没有哪一块草地是“超市”，可以囊括牛羊需要的各种东西，而只有分散各地的“特色店”，想得到所需要的东西只能不断地移动。固定放牧肯定会导致牲畜偏食和疾病，那么牧民就必须为他们的牲畜交纳“医疗费”。

牲畜的目的和使命就是在草原上采食牧草，作为能量交换，牛羊粪为草原提供肥料，为高寒草甸和冻土提供极为重要的腐殖质，也为人类提供日常的燃料。玛曲的高寒草甸土含有较高的有机质，但缺磷少氮。牛羊粪为草原提供了大量的氮和一部分磷，保持了草原的健康和生机。自然界就是这样神奇地在草畜之间进行能量的交换。生态学家研究表明，牦牛粪在夏季完全分解所需要的时间为 84 天，借助雨水、微生物和昆虫的作用，把氮、磷等元素溶解到土壤中。[①]牦牛粪除了为草原提供营养，还为保护森林资源做出间接的贡献。牛粪作为人类做法、取暖的燃料，使草原周边和河流沿岸宝贵的灌木林免于砍伐。在玛曲的高山阴坡和黄河两岸生长着野杜鹃和高山柳，这些灌木林所形成的林地生境就是牧民所说的"六个圈"之一，林地系统保护着黄河、湿地和草原，灌木林生态功能的发挥离不开牦牛粪的间接贡献。然而市场化在草原的步步深入，牛粪作为一种新的资源正源源不断地离开草原，流向花卉园艺场和食用菌企业，人类对自然资源的攫取不断升级，牛粪亦不能幸免。

图 7-5　牛粪

① 何奕忻等.牦牛粪便对川西北高寒草甸土壤养分的影响.应用与环境生物学报，2009(5)：666-671.

游牧是草原之魂。如果草原不游牧，它只能时刻面临人类不断加码的干预而变为一个过度使用且不断退化的缺乏生机的空间。相信人类有足够的智慧和胆略探索一条复兴草原之路，重新激发草原的活力和完整的生态功能。复兴草原不是简单地回到游牧时代，那个时代已成往事，而是回归游牧精神。在我看来，游牧制度不是简单的牧马放牛，它包含了大量有价值的地方性知识和生态智慧。在发展话语的语境中，认知和理解游牧的本质并非易事，尚存观念和制度性障碍，特别是在实践领域。但是，真正有价值的人类经验不惧寂寞，必能在文化自觉中得以发扬光大。

第四节　围栏与突破

围栏是有形的分割，制度的束缚是无形的结构。人们尚未看清楚“公地悲剧”的面目，却不得不品尝“私地悲剧”的苦果。自然系统被人为分割成各有其主的条块，草原碎片化和单元化使牲畜只能在狭小的空间里过度采食和踩踏，草原迅速退化，牧民的抗灾能力大为削弱，水源无法共享，饲养成本上升，许多牧民不堪重负。围栏强化了私有观念，弱化了草原社会的凝聚力，草原古已有之的共同感开始变味。自然资源的不合理使用方式及贫穷固然危险，但更为危险的是牧民社会伦理道德的崩坏。牧民正期待着一种变化，能够拯救草原和他们自己。从内蒙古草原到青藏牧场，一种新的生产组织方式开始在草原社会的内部生根发芽，它冲破围栏的束缚，给草原带来重新振作的希望。

围栏背后的制度因素

游牧文明不同于农耕文明，农区的生产方式不一定适于牧区，草原上的有识之士持有这种观点。围栏的设置基于草原承包制，而承包制的经验主要来源于东部农业区的实践，那就是土地归家庭承包经营。政策设计曾一厢情愿地认为，草原公有（集体所有）不利于生产资料的合理配置，也不利于草原生态环境的保护，其思路很像哈定（Auty Hardin）“公地悲剧”

的理论主张。该理论说，放牧者极尽全力地使用公共资源获取利益，海洋和牧场被过度捕捞和放牧，而谁都不愿意投入人力和资金去保护，因为那是公共资源。[①]农村土地承包制的成功经验通过行政渠道推广到草原。

草地承包政策的推行在草原产生不同的效果，事实上效果普遍不佳。不同牧区，即便是同一牧区，对政策的响应和反抗也不尽相同。从整个藏区社会史来看，在1959年民主改革以前，草地和牲畜属于部落、寺院。民主改革后，国家将生产资料分配给农牧民，虽然草原归牧民私有，但生产组织方式仍按部落方式进行。自1965年藏区实行人民公社后，草畜所有权归国家所有。20世纪80年代初，牧区实行“牲畜承包”，牛羊归牧民私有，草地仍为公有，后来逐步变为现在的草畜双承包。20世纪80-90年代，藏区经历了畜牧业盛极而衰、草原退化的剧烈变迁。按照“公地悲剧”的逻辑，如果把公共资源私有化，人们会增加对草原的投入以保护生态，会自觉限制牧畜的数量。然而这种理论和实践事与愿违，因而引起牧民的制度创新。

在玛曲草原，承包制经历了三个发展阶段，1985-1990年实施牲畜承包；1991-1998年实施草畜双承包；1999年迄今推进承包到户。[②]牧业双承包制包含两大目标或期待，即激活牧业生产积极性，引导牧民进行草原生态保护。政策设计的愿望是值得肯定的，但与牧区实际也是相距甚远。草原承包到户政策虽然在1999年已经明朗，但实际推行始于2001年。政府要求牧户之间的草场必须用铁丝网隔开。国家总的原则是每户须单独承包，但县政府强调联户规模不能超过3户。政策实施后效果不好的原因非常复杂，比如草场资源状况存在巨大差异而非均质体；水源具有不可拆分性，自然难以随意重置；以分散的家庭形式为单位固定放牧存在成本、环保和抗风险能力低的诸多风险。所以承包制并未获得所有牧民的认可，一些牧户自始至终都按照自己的方式放牧。阿万仓乡红原村80户牧民面对家庭承包做出的决定是联户经营。该村把承包制落实在村社一级，单户不拉网定牧。牧民认为铁丝网徒增家庭的成本不说，对生性爱走动的牛羊来说限制它们

① Hardin G., “The tragedy of the commons,” Science 162(1968): 1243-48.

② 阿不满等.甘南牧区草原承包到户的现状调查.草原科学，2012（12）：1945-1950.

移动肯定会出问题，而且围栏使领里甚至亲友之间产生隔阂，等于人为制造不必要的紧张关系。

红原村牧民选出德高望重的老人和村干部部议事，向乡里解释联户的做法以求理解，并在村社内部协调和平衡牧户间的利益关系。红原村联户经营的结果表明，牛羊的存栏保持稳定发展，草地质量明显好于单户经营，比围栏定牧的草场好很多，邻里关系也更加融洽。红原村拆掉围栏联户经营的成果虽然是个案，但不是个别现象，在玛曲草原存在规模大小不一的联户体。兰州大学韦惠兰在2009年做过一项调查，比较了玛曲草原联户经营与单位经营的差异。结果表明，单户经营模式造成牧民生产成本和社会成本均较高，这种模式基本没有大的提升空间和改良的必要性。而联户经营在效益—成本方面具有比较优势，大大缓解了草原过牧程度和退化的速度。①

在内蒙古古草原，牧区承包制和围栏引起相同的问题，也遭遇了相似的抵抗。研究内蒙古草原的专家认为，承包制在没有弄清草原退化和生态危机的原因前，就把责任和祸水归结为牧民的过牧，政策本身的过失却没有得到反思。②在内蒙古牧区牧业政策选择了一条“围栏—过牧—生态补偿—再过牧”的路线，因而草原承包是一项不得要领的设计。

草原承包方案公布以后，玛曲草原的高僧提出草原有其自身的生产方式，如果实行承包也要按照传统生产方式和文化传统中留下来的东西加以借鉴，不能将外地特别是农区的不切合草原实际的经验照搬进来。接触过宗教人士的人都会发现，僧人阶层并非只生活在梵天净土之中，他们中许多人长期与牧民交流和解决实际问题，对草原、牧民和牧业的情况很熟悉，因而是藏区很有见识的人。关于僧人与承包制的关系，寺院也有自己的主张，认为国家实行宗教信仰自由，鼓励以寺养寺，可寺院拿什么来养活寺院？僧人也是国民的一员，为什么就不能分得自己的牧场？③寺院的诉求质疑了草原承包制存在的问题，僧人的劳动权利和分享劳动成果的权利被忽

---

① 韦惠兰，鲁斌.玛曲草场单户与联户经营的比较制度分析.安徽农业科学，2010（1）：406-409.

② 韩念勇编.草原的逻辑（四）.北京：北京科学技术出版社，2011：49-70.

③ 措钦才让.甘肃牧区承包制的问题与对策.中国民族，1992（3）：25-26.

视了。事实上僧人是藏族社会的精英，许多环保 NGO 项目都欢迎僧人参与其中，他们比一般牧民拥有更多的生态意识和创造性思维。僧人对草场的要求被拒就意味着寺院要自己想办法解决生存问题，也就是说他们的生活来源主要依靠牧民的供养。如果僧人能够自食其力的话，就会减少僧人的化缘和募集的想法。

牦牛“跨栏”与“无水适应”

围栏放牧一方面使得牧户的生产活动变成只增长不发展的“内卷化”，以至于到最后变成既不增长也无发展的境地；另一方面，牲畜在围栏状态下变得怪异起来，进化到可以“跳栏”和“抗旱”。在藏、蒙许多牧区，围栏给人、畜、草皆带来灾难性后果。内蒙古牧民抱怨说，上面“把人当羊了，想围就围起来，想撤就撤掉”！这句话表达了多重含义，一是政策的多变性，时而促生产时而抓生态，却不顾牧民的感受；二是说人不是羊，人有社会关系。围栏的存在是认为的边界，刚性而不友好，人们不得不看重这个边界，牲畜越过边界就会引发人的冲突，于是社区关系变得紧张而疏远。

过去草原上人和牲畜都可以通行无阻，如今牲畜饮水需要绕一个大圈才能到达。牲畜不像人那样守纪律听命令，它的动物性本能有时会引起牧户间不必要的麻烦甚至纠纷。经过多年的适应，当牛马看到水源或丰美的牧草就会像一个跳高运动员那样身轻如燕，轻松越过一人高的围栏，围栏的设置使这些牲畜掌握了额外的本能。

在玛曲采日玛乡，承包到户政策迟迟无法落实，原因在于牲畜饮用水源分布不均匀。不是每一个牧场都能有幸拥有水源，也不是每一块草场都好，这些因素加起来就是草原质量的差异性。2009 年前后，玛曲有数千眼泉水干涸，十几条河流断流。在采日玛村，十几户所养的牦牛因缺水，一年渴死 200 多头。不过幸存下来的牛逐渐适应了缺水状态。牧民把牛放出去，任其自行解决吃水问题。牦牛自己找到一个慢慢渗水的土坑，水量极小以至于牧民无法用容器舀水，只有牦牛能够喝道。牦牛是牲畜中组织性很强的动物，喝水时牦牛会排起长队一个一个地轮流喝水。村上的几百头牛全靠这个小水坑喝水，有时牛羊争水喝，每天都有四五只羊被牛顶死，因此牧民把羊全都卖掉。

承包与围栏在牧民看来是违反自然天性的事情，牲畜不得不适应人为的障碍和社会的变迁。牦牛的“跨栏”本领和“无水适应”不是真正意义上的生物进化，而是对动物的无礼冒犯。当然我们也可以把这种异常行为理解为动物对围栏的反抗。无论人或动物，没有谁想被束缚；无论是有形的围栏，还是无形的制度，都不应该成为封闭草原的工具，草原需要松绑！联户经营，合作股份制便是牧民解放草原同时也是解放人类自身的一种尝试。

第八章　草原社会的资源诅咒

坐在驶往赛什塘牧场的车上，笔者望着阿尼玛卿山脉沿途的草原、山峰，陷入沉思。雪域高原的冬虫夏草改变了牧民的生计，改变了社会生活的诸多方面，也改变了人们固有的文化传统。当虫草成为牧民的第二生计后，牧民变成“草民”，牧业的不足依赖虫草经济的补充，逐水草而居的生产方式悄然演变为“逐虫草而居”。

这里在农历四月左右是采虫草时节。每到清晨太阳初升之时，草原上升腾一层薄薄的雾气，青草上挂着露珠，如果你不吝惜衣服的话，身体轻轻地趴伏下来，头贴近草地，会看到露珠上的五色彩虹。此时的草原最为温柔、慈祥，此时正是采集虫草的最佳时机。如果运气好，你会发现在阳光作用下花草丛中有一根玲珑剔透的针形物，显得格外冰清玉洁，犹如玉美人一般，这就是冬虫夏草，藏语叫做“雅扎滚布”。据医药专家说，冬虫夏草实际上是生活于高山草甸冻土层下的蝙蝠蛾幼虫（一种地下害虫）的尸体，在适宜条件下，成虫产卵经过一个月左右孵化变成幼虫后钻入潮湿松软的土层。如遇到土壤中的冬虫夏草菌孢子，孢子便会寄生在虫体上。第二年春天来临，菌丝开始生长，把虫体做为养料，逐渐布满幼虫体内，幼虫慢慢僵化、死去，到夏天时，菌丝长出地面，外观像一根小草。当你看见虫草不必过分惊喜亦不必急于下手，一个采虫草的老手应具备战略眼光，因为虫草具有群居性，发现一只就意味着周围有更多虫草。还有一种直观的方法，那就是在化雪过程中，离冬虫夏草越近的雪越早融化。因此，草场上常常会形成一个个明显的小雪圈，很是惹眼。不过在收获之后不要忘记回填挖开的土壤，这是藏民挖虫草的惯例。

青藏高原是冬虫夏草的产地，过去人们很少采集它，即使在粮食短缺

图 8-1　挖虫草的牧民

的年代，虫草依然保持了良好状态。玉树结古寺的喇嘛江永扎西说，过去挖虫草现象不多见，它就是一种药材，每个人再能吃也不能多于 7 根，也只是给小孩或者老人。虫草主要用来喂马，可以使马更强壮，老人也吃一些，一年最多也就是 7 根，没必要多吃。20 世纪 60 年代，在海拔 3,500 米以上的青海产区大部分地区都有冬虫夏草分布，仅过了 40 多年，虫草就变成只有在 4500 米以上的局部地区才有分布。①25 年前，生长密集区每平方米就有冬虫夏草 20 至 46 根，而现今仅存 1 至 5 根。②可再生的冬虫夏草面临着不可再生的危险。在甘南草原，夏河、碌曲、玛曲、合作的冬虫夏草数量急剧下降，处于濒危状态，目前年交易量达到 15-20 吨；贝母在甘南州包括玛曲采挖破坏 90%③。每年 9 月在贝母挖掘过后，山上更是遍体鳞伤，没

① 叶海年，王战和.虫草经济与三江源生态.中国气象报，2005-07-11.

② 编辑部.冬虫夏草之“殇”.青海日报，2007-09-03.

③ 吴俏燕等.乱采滥挖野生药用植物对甘南草原生态环境的破坏.草业科学，2011（12）：2226.

有一处完好的草地。相关生态学研究表明，采挖冬虫夏草使草地群落地上生物量、盖度、物种多样性和群落优势度指数均产生显著变化，其中地上生物量降低 20.7%～46.1% ，群落盖度降低 10%～19%。①

在国土之内，凡是有资源的地方就有人在无序和野蛮开采。海洋被过度捕捞，森林惨遭砍伐，矿产被大小矿企开发，玉石被席卷一空，所有资源和新出现的资源为什么都不能幸免。为什么在中国任何有价值资源都以这种方式被开发和掠夺？传统文化制度、生态伦理、法律政令为何如此不堪一击？这些问题一直在困扰着我。

图 8-2　挖虫草的农区女子

① 徐延达等.三江源地区冬虫夏草采挖对草地植被的影响.环境科学，2013，26（11）：1194-1200.

第一节 自然商品化

埃斯科瓦尔提出了三种自然形式，即资本化自然(Capitalist Nature)，有机体自然(Organic Nature)和技术自然(Techno Nature)。资本化自然是指近代欧洲资本主义和现代化进程中出现的自然形式。现代工业社会具有强烈的工具理性，迥然不同于传统社会的自然观。在这种范式下“人”(Man)上升为认识和改造世界的主体，而“自然”被客体化和商品化，成为一种被控制和利用的资本，也就是说自然与文化已经分道扬镳。“有机体自然”是指非西方、前工业社会中存在的传统自然形式。有机体自然虽有不同的呈现形式，但始终遵循人与自然的合二为一，自然世界是社会生活的有机组成部分。“有机体自然”强调人类、自然和文化三个领域的连续体，该连续性常通过该社会仪式实践表现出来。技术自然是一种将自然碎片化和破坏生物多样性的技术管理方式。

过去，虫草在藏族牧民看来主要用于喂马以增强体力，1980 年前，国家对冬虫夏草实行统销统购，它的价格大约 20 元一公斤。此后市场力量介入，虫草价格开始成倍地走高，特别是 20 世纪 90 年代中期，达到约 5,000 元一公斤；2003 年非典时，冬虫夏草被统认为是包治百病的神药，产地价格突破 3 万元一公斤；当它进入大都市的市场，远渡重洋后更是身价百倍。虫草的价格在过去 30 年间上涨了上万倍。虫草的飞涨创造了一个神奇的市场，或者说市场推动了虫草火箭发射，画出一条美丽的曲线图。但是虫草的价格曲线图并不是我们关注的问题，曲线图背后的人与自然关系的变化，社会文化变迁才是我们讨论的话题。

头羊传说与田径神话

人类学家常常研究文化连续性，但主张文化是变迁的。文化变迁的重要内容是观念和行为方式的变迁。在青藏高原，人们曾经生活的自然是神圣空间，神山圣湖制度就是神圣空间的地方性表述，而维系自然神圣性的文化制度由习惯法和禁忌构成；在如今的生活世界里神圣自然正慢慢走向商品化自然，而建构自然商品化的趋势的是发展理念和市场话语。虫草及其赖以生长的高寒草原成为攫取者的资源，成为交易者的商品，自然与文化渐行渐远以至于发生分裂。在市场经济时代，发展话语越来越接近资本和市场，“头羊传说”和“田径神话”就是自然商品化过程的一部分。三江源草原的桑杰从 11 岁起在高原上放牧，他的头羊故事在玉树广为传播，并通过互联网的传播更广。

> 头羊是羊群里面最强壮的公羊通过决斗来决定的，胜利者走在最前面，领导羊群，吃最好的草，喝最新鲜的水。如果决斗失败，只能跟在最后面吃不好的草，喝污浊的水。失去宝座会头羊很惨，甚至羊群里面最小的羊都会欺负他。头羊是整个羊群的头领，羊群里的羊都会跟着头羊走。桑杰看到羊群在山坡上吃草，远远地看到羊群里面围成了一个圈，“大头”又面临一次挑战了。这回是个大块头家伙，年轻、强壮、角爪锋利，可是大头好像并不把它放在心上，懒洋洋的晃着脑袋。进攻开始了，年轻的公羊卯足了劲快速向前冲过来，大头沉着应对，两角交叉碰撞在一起，产生咔咔的声响。大头不愧是大头，几下便占了上风，使对手不断后退，在它马上就要赢了的时候，突然山坡那头飞过来几只鹰，羊群受到惊吓失控，搞得桑杰跑来跑去的赶回乱跑的羊。大头在即将胜利的关键时刻，遭受到了巨大打击，几头受到惊吓的公羊在后面撞向上了大头，大头没站稳一下子跪在那里，年轻的公羊获得一个绝佳的反攻机会，锋利的角迅速刺向大头的脖子，大头受伤了，因为无法迅速站起来，丧失了反抗之力，只能挨打。挑战者在疯狂的进攻之后，赢得胜利，跑到羊群前头宣告自己的打擂成功，成为新首领。羊群安静下来了，可怜的大头在羊群中再也不被重视，嘴边和脖子上滴着鲜血，蹒跚的站起来，一下子像老了很多，再也没有以前的飒爽英姿。
>
> 在以后日子里面，桑杰很可怜他，尽量不让他受到欺负，大头似乎也很理解，每次吃草喝水都会离其他的羊远些。但是大头固有的采食习惯依然没有改变。当碰到有些草甸，大头会莫名其妙的走到前面，

或是羊群的左右两侧，不断地翻动草皮寻找着什么，并用蹄子刨出一样东西，然后吃进嘴里面，在头羊发现之前，马上再回来。桑杰不知道大头吃的是什么，但是感觉到大头的受伤的身体好像恢复的很快，跑得明显快了，毛色和角也越来越亮，甚至常有交配的冲动，根本不像战败的公羊，桑杰很高兴。

今天又是个好天气，真巧，时隔几个月又来到了那个山坡了，大头站住了脚步，好像想起来了什么，然后慢慢地向羊群前面的头羊走去。桑杰又紧张起来，大头难道还想当头领，从来没有这种事情发生过。果然大头开始挑战了，年轻的头羊高傲地昂着头咩咩叫着。大头很低调，但是速度很快，低着头向头羊冲过去，年轻的头羊好像很吃惊，向后躲了一下，然后摆开架势开始了决斗，左右拼杀。大头经验丰富，以静制动，在头羊冲过来的一瞬间，微微下蹲，用力向右后方一摆头，顺势将年轻的头样挑翻在地上，年轻的头羊慌忙站起来，撒腿向羊群里面跑去，他承认输了。桑杰心里面真为大头高兴，但也很纳闷，为什么这么老的一头公羊，还会有这样的力气和精神头，桑杰放了这么多羊从来没有遇到这种情况。

大头重新开始领导羊群，一次偶然的机会，桑杰在大头身边看到它还是习惯的翻动着草皮，然后用蹄子抠出一根草棒，迅速放进嘴里。桑杰眼疾手快，在大头嘴里面抢出来了那草棒。擦净泥土仔细分辨，像虫子一样的东西，红色的棒棒长着土黄色的虫。桑杰不知道是什么东西，拿回去给爷爷看，并将大头的事情告诉给了爷爷。

爷爷看后笑了起来，摸着桑杰的头说，好孩子，这是咱青海玉树的冬虫夏草呀！冬天是虫子，夏天就变成草长出来，没想到你的羊还会挖虫草，这东西可是宝贝，是补身体的灵丹妙药呀，甚至起死回生，是咱玉树地区的宝贝呀，你的大头就是因为常吃着东西，才能身

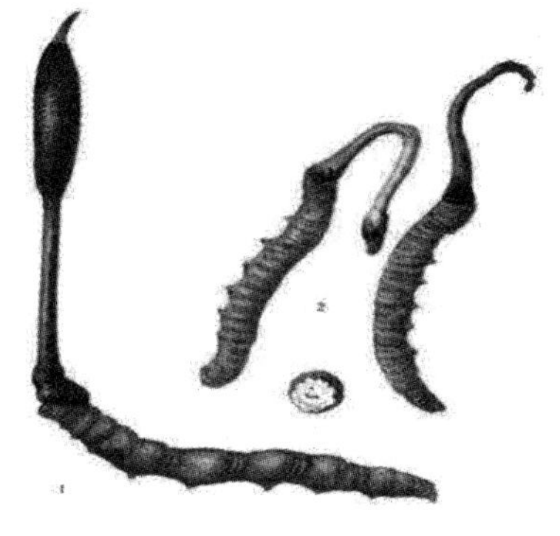

图 8-3　冬虫夏草

体强壮、战无不胜呀！[①]

1993年王军霞获得世界长跑冠军之后，教练马俊仁将其成绩部分归功于冬虫夏草的作用，媒体广泛宣传才使冬虫夏草成为仅次于冠军的“明星”，引起西方国家民众对冬虫夏草的广泛关注，1995年售价上涨到2,000元左右/千克；进入21世纪后，冬虫夏草的价格异常上扬，达到万元以上，2003年“非典”发生后，虫草产地价格突破3万元/千克；2006年为8～9万元/千克。

关于虫草事实上存在两种话语体系：一是传统话语，二是现代话语。虫草的传统话语强调人与自然的有机构成，表达人对自然的敬畏和感恩。关于虫草的现代话语实际上是自然商品化过程的一部分。头羊传说和马俊仁的虫草神话也许不存在真实性问题，虫草的神奇功能虽有演义之嫌，却也不失为茶余饭后的趣谈，不会对虫草节日化有什么影响，更无论自然商品化了。但是事情并非不像看起来那样简单，马俊仁的虫草故事通过大众媒体大加渲染，桑杰的头羊传说则是由一个叫“福临门”的虫草商通过互联网广为传播。从虫草传说故事到自然商品化，再到资本控制自然，虫草的现代话语顺利完成了炒作阶段的任务。

第二节　节日化影响下的草原社会

虫草节日化是一个面向现实的隐喻，意味着一种资源的采挖和交易获得合法的许可和政府的管理。人类学、民俗学对节日的研究可谓蔚为壮观，从文化空间到文化模式节日无不发挥其强大功能。然而节日对地方政治、经济和民众的日常生活的渗透更为深刻，其影响所至表现在以下方面：第一，解构了原有文化制度和价值观，重构了新的自然观；第二，促使地方

① 故事发布于一个冬虫夏草专卖店：http://www.fulinmendc.com

生活发生巨大的社会变迁、生计方式、教育制度；第三，加深了对资源的依赖。

虫草节盛况

虫草节成为三江源藏区，包括玉树、果洛、那曲在内的广大地区无与伦比的新节日。节日的形成有三种模式，其一民间自发演变而来，其二国家或政教合一政体的法定安排，其三地方政府推动和建构。虫草节属于第三种类型。在全藏范围内，尚未有一个节日能够对文化制度、自然观、经济生活、牧民生计、教育制度乃至政府工作产生如此广泛的影响。

2009 年 6 月，海南州兴海县 1,200 平方米的虫草市场开工建设，在县委、县政府的支持下，由县工商联副会长尕藏土旦投资 300 万元，次年 5 月竣工并投入使用。这个市场拥有虫草经营户 36 家，年交易量达 10 万吨，成为青海省第二个重要的虫草交易集散地，市场份额占据全国的十分之一。该市场得到县委、县政府和工商部门大力支持，县领导在公开场合表示，农牧民的思想观念已发生很大变化，顺应了时代，农牧民从单一的农牧业生产中分离出来。市场建立后，一年一度的虫草文化节皆由政府部门主办。我们在 2013 年 7 月调查时适逢兴海县虫草节，节日将州政府庆典与虫草交易融为一体，成为包括藏族风情、文化表演、虫草交易、旅游商贸的综合性节日。在许多虫草节上，吸引眼球的项目是虫草王和虫草状元户评比。在昌都，丁青县虫草节在 2009 年评出一位虫草王，他采挖的 10 根虫草重达 9.3 克；一个四口之家的牧户年采虫草 5.4 斤，人均 1.35 斤，从而获得虫草状元户。该户当年的虫草收入达 30 万元。

虫草节期间，藏区各地挖虫草活动盛况空前。玉树州结古镇，虽然气候已经转凉，采挖期已过，但人流如织，流动人口仍达 3 万多人，接近镇户籍人口总数，原因在于虫草市场的繁荣。在玉树杂多县，4 月底到 6 月，是杂多牧民采挖虫草的黄金季节。采挖虫草在杂多成为每户人家一年中的头等大事。每年 5 月中旬到 6 月底的虫草采挖季节，原本有 3 万人居住的县城，剩下的不足 3,000 人。家里铁锁把门，学校放假停课，街头商铺打烊，政府机关只剩下一两个留守人员，这些留守人员通常是外地人。其实，这段时间基本上不会有什么事情，在玉树，商业活动、日常消费甚至政府政务，一切都停下来了。所有的一切，都要等虫草采挖期结束后重新开始。所有的杂多人的踪迹，都只能在山上找到。在西藏，每到采挖季节，全县5万多人中，就有3万多人锁上门，骑着马、驮着帐篷进山了，一去就是两个月。全县每年收获的虫草在4,000公斤至1万公斤。

文化制度的解构

在藏族文化中，人与自然的有机构成培育和发展出游牧文明。资源的使用是谨慎而适度的，没有人敢对抗自然的神圣性，这是由信仰和习惯法共同制约的。在信仰方面，从最早的万物有灵观念的自然信仰到全民信仰的藏传佛教，惜物爱生的思想内化于民众心中，生态保护意识很强；在社会管理方面，部落法规制定了详细而具体的爱惜生命、保护土地河流的规定，对人们的行为加以规范和约束和管理。在青藏许多地方，牧民把冬虫夏草看做山神的头发，是山神身体的一部分，无故不得随意采挖。在神山圣湖制度的框架内，藏人严格遵守许多与自然有关的文化禁忌，比如水污染禁忌、动土禁忌和杀生禁忌。文化禁忌一方面强化神灵与自然的合一性和神圣性，另一方面在客观上起到保护自然景观和生态功能的作用。在唐古拉山脉的一个草山上，13岁的藏族女孩昂卓采虫草的工具只有一把锄头。她要完全依靠自己的双脚和双眼，把那些只露出地面四五厘米长的虫草找出来。她举起锄头来，顺着虫草生长的方向刨下去，把土翻松，然后两指捏起子座的最底端，从下往上将虫草整个儿拔了起来。接下来又将翻松了的土重新回填，用手掌拍了拍。回填是藏民挖虫草的惯例，“土填好明年这里才能再长出来。如果不回填，山神发怒会给整个部落降下雪灾和冰雹。如果挖出来的虫草是白色的，说明虫草还没有长好，应该把它种回去。妈妈说虫还没有死，如果我挖了它，我死了就会变成虫，人们把我当虫草挖出来，不得脱离轮回”。许多牧区孩子深受藏传佛教爱惜生命的熏陶，当他们感觉自己的行为滋扰了自然和神的宁静，便立即念忏悔经并采取补救措施。挖虫草是打扰山神安静的冒犯行为，许多藏民和他们的孩子上山时会带一些青稞或者其他可以供祭的食物，当他们挖虫草划开草皮时，就在小洞里放几粒青稞，口中默念忏经或者六字真言，然后将挖出的土填埋回去。这个行为有请求山神宽恕之意，又有感谢山神赐予的意思。许多进藏的学者把藏族牧民赞为“天生的生态学家”，皆因藏地牧民普遍拥有内生性生态意识。藏人的有机体自然的观念把自然物与神圣、宗教和社会生活整合为一个完整的体系。

虫草节日化后，牧民为生计采挖虫草成为政府许可的合法行为，这就意味着以前的文化制度和自然观已经成为过去，虽然文化连续性依然存在，但人的行动只受法律框架的规范，而不一定受制于传统的文化制度框架，因此转变观念得到政府的支持。采挖虫草被视为对山神的不敬的文化禁忌，变为牧民取代超载过牧的生计策略，于是许多文化禁忌被突破。

兴海县河卡乡牧民南保（26 岁）说：

> 保护神山与挖虫草不矛盾，采挖后把土回填没什么影响。现在县上允许我们采挖虫草，没有虫草单靠放牧不能维持生活。挖草季节县里全部放假，很重视这个事情。再说就算我们不去挖，四川、甘肃来那么多人也会来挖草。让他们来我们这里挖，还不如我们自己挖，至少我们知道挖完以后会把坑埋回去。

兴海县赛什塘村的牧民谢热杰（70 岁）说：

> 我们小时候没人故意去挖草挖药，破坏草皮是一个大罪过，到山上动土更不行，那是冒犯神灵的。现在时代变了，政府也是没办法解决牧民的生活问题，草场那么小，养不了更多的牛羊，没有牛羊牧民怎么生活呀？原来的禁忌行不通了，一切都要为挖虫草让路。我们这些老人们自己不去挖，但也不能干涉别人挖。我们所能做的就是告诉年轻人，挖草不要忘了回填，不要忘了感谢山神的恩赐。

杂多县夏果滩移民社区岗巴（51 岁）：

> 虫草确实让我们不放牧还能生活得不错，但是我很担心以后的生活会怎么样。现在来杂多的虫草商人越来越多，价格越来越高，我们当然很高兴，但是价格越高采的人越多，虫草越来越少。30 年前我上

山采草，一天总能挖上100多根，现在能挖上10根就算不错了。这样下去过不了20年，虫草就很难找到了。我们这里的生态移民一年比一年多，牧民找不到长期的工作，只等着每年的五六月份虫草季节到来，如果虫草没有了我们这些移民真正变成“难民”了！

在玛曲尼玛草原，桑德加一家承包的2,000多亩草场经过某探矿队勘探发现地下有金矿。听到这个消息，桑德加的爷爷、父母都担心会失去土地，二十岁出头的桑德加则兴奋异常。两代人存在较大分歧并引发激烈争论。父亲说：

在我们家的草场上发现金矿，好事还是坏事？按照藏族传统的看法，这是家庭兴旺的预兆，说明这片土地有宝气，有“福央”。如果开了矿，挖开了土地，那宝气就被挖走了，“央”就散了，我们这个家也就没有希望了。要开矿这个草场就不属于我们的了，不是卖给县里，就是卖给矿企。卖给政府一亩地1,400元左右，卖给小矿企可能更高一些。如果有一天地没有了，牛羊没有了，钱也没有了，我们怎么生活？

儿子桑德加说：

现在放牧能挣几个钱，不赔就算好的了！如果我们筹集一笔钱自己开矿，或者找人合作开矿，把土地折成股份入股，即使发不了大财，也能生活得很好。现在玛曲有很多小金矿，县里收了钱也没人过问。别人可以开矿我们为什么不做！

70多岁的爷爷曾经是牧区有名望的公众人物，对家庭成员说：

那些小矿企尽做些伤天害理的事情，迟早会有因果报应。原来的草原都是风水宝地，没有金矿我们生活得富裕而安宁。发现金矿了，心里开始躁动不安，你们看看我们周围那些开矿的地方，哪个不是开膛破肚，寸草不生！我们是牧民，牧民应该做牧民该做的事。《水树格言》说，贪欲就像盐水之河，大口痛饮也不解渴；如同野鸭贪恋轮回，总以轮回之苦为乐。《火喻格言》说，有眼好像明灯，可见任何物与形；听到善恶诸样事，取舍自应运智能。你们都用自己的脑子，别的事情不要想，保住土地最要紧！

家庭内部的争论谁也没能说服谁，原因在于代际之间的观念发生了变化，有差异。我们在尼玛调查时，桑德加和两位漂亮的藏族姑娘找到我们。他把玛曲出产的牦牛肉和格萨尔青稞酒放在宾馆的茶几上，我们感到意外和诧异。桑德加说前日看见我们跟国土局的人在一起，那人是国土局管矿产资源开发的，权力很大。桑德加认为我们是来玛曲开金矿的老板且与国土局有关系，就以酒肉、女色做诱饵与我们商量合作开矿的事情。后来我们说明身份和开展调查的工作情况，桑德加虽有遗憾但觉得认识我们也是缘分，并为调查工作提供帮助。

藏区年轻一代和年长者的观点具有差异性，人们对文化、自然、生计的态度已经发生很大改变。在高原藏族的重要节日里，宗教、庆丰和竞技为主要类型，基本属性是文化节日；现在的虫草节虽冠以“文化节”的名头，却是以开发资源、发展经济为最终目标，其基本属性却不是文化节。自然的商品化过程是自然的危机，而自然的危机就是文化的危机。

资源是解决贫困的良策吗

经过 20 世纪 80 年代初的繁荣后，牧区因草原退化问题逐渐陷入贫困化的泥潭。草原退化有很多原因，其中主要因素是承包制和围栏限制了牧业的发展，这一观点前文已经探讨不再赘述。政府主导和建构了虫草节及虫草经济，那么地方政府选择这一行为的驱动因素是什么？有学者认为虫草节的驱动因素是虫草经济价值的诱惑和市场供需机制，而地方政府认为他们只是顺应了市场经济。市场因素不可忽视，市场经济刺激了虫草在城市的消费需求，鼓励了牧民的供应热情，吸引了回族商人从事流通领域的经营。在我看来这些属于微观经济学，地方政府关注的不是市场本身，而是市场能否有助于解决牧民贫困问题，摆脱单一地方经济模式和经济指标问题。这其中既有功利目标也有积极合理的社会目标。

贫困是一个令地方政府头疼的问题。三江源区贫困人口达5.4万，占当地农牧民总人口的63%，是青海贫困人口最集中、贫困程度最深重、脱贫任务最艰巨的地区。拥有14万人口的果洛藏族自治州，2005年财政收入仅有2,000万元，只能满足支出的3%，97%要靠国家补贴，是典型的“补贴吃饭财政”。全州年收入在800元以下的贫困人口3.5万，占总人口的33.85%；全州有121个牧委会不通公路；有7.3万牧民和173万头（只）牲畜难以解决饮水问题，牧民年收入接近1,000元。由于草原制度和环境退化的原因，单一的牧业生产方式陷入发展瓶颈，牧民无法从牧业以外获得收入，因而贫困问题成为青藏牧区的一大顽疾。三江源地区许多县域都是资源依赖型经济，比如兴海县80%以上的财政收入来自采矿业，但是采矿业对企业和国家的利润贡献颇多，而对牧民的收入贡献很少。虫草资源在兴海县的蕴藏量十分可观，年储量大约10吨，年产量达6吨。虫草生长的高海拔牧区正是贫困化最为集中的地区。如果牧民以采挖的虫草参与市场交易，地方政府就可以达到两个目标：第一，借助市场带来的繁荣解决牧民贫困问题，减少单一依赖牧业生产的压力；第二，激活地方经济，改变过去严重依赖矿产资源的财政结构，让经济指标变得更好看一些。以前藏区很少有商业活动，人员流动少，缺乏生机。虫草经济改变了这一切，商业活动充满了生机，人和商品都在集中，顺势带动了当地畜产品、土特产和旅游业的繁荣。

虫草经济事关生态移民政策的成败，这是地方政府通过学者表达出来的观点。其基本预设是，生态移民是解决生态脆弱的青藏高原草畜矛盾、人地关系恶化和草原退化问题的根本途径。①三江源自然保护区的生态移民工程于2003年实施禁牧，2008年有6,000多户3万多名牧民从草原搬迁到城镇定居，2010年又有5万多人离开草原，在远景规划中将有更多的牧民要迁往城镇。这些移民以放牧为生，缺乏适应城镇生活的技能和手段，国家能提供的工作岗位和补贴以及救助都是极为有限的，不足以维持正常的生活。虽然禁牧时期他们变得很贫穷，但希望还在，因为他们在草原的承

① 鲁顺元.青藏高原冬虫夏草资源开发问题的理性分析.青海社会科学，2009（4）：53.

包权仍然有效，虫草实际上成为贫困者补贴生活的重要来源。对于三江源这些“吃饭型”地方财政来说，虫草业实际上对生态移民政策起到稳定民心的作用。牧民贫困化加上三江源保护区的禁牧措施使得政府压力很大。地方政府将虫草节提升到生态移民政策的高度，究竟是视野宽阔、登高望远的洞见，还是无计可施的无奈！问题是资源型发展模式是否能够解决贫穷，虫草经济是否为可持续发展留下后患？作为牧业地区，从矿产依赖转向虫草依赖都未摆脱资源依赖的陷阱，牧民生活会不会更惨？

作为生计方式的虫草业

过去冬虫夏草资源主要用于中藏药材配料，虫草产地实行无偿采挖，归村民小组集体所有并管理，其总产量基本维持在每年100吨左右。[①]近年来，冬虫夏草迅速形成一个大产业，牧民生计对虫草依赖度很高。玉树州虫草产量高达22,000公斤，以20万人采挖2万公斤虫草粗略估算，人均毛收入可达3,000多元，若全家出动，在1个多月的时间里可能获取上万元的毛收入。2004年西藏嘉黎县和察雅县，冬虫夏草收入分别占其农牧民收入的70.55%和82.36%。冬虫夏草资源的开发使这两个国家级贫困县的牧民生活得以改变。在青海藏区有80%的牧民靠冬虫夏草挣钱，冬虫夏草收入占到牧民总收入的50%-80%，“冬虫夏草业”成为除牧业外牧民主要甚至唯一的收入来源。

玉树杂多县被誉为“中国虫草第一县”，不光因为产量高，而且该县出产的虫草体大质优。布依一家五口人在杂多县150公里外的草原上以放牧为生，三江源生态移民工程实施后，2009年搬迁到杂多县西郊的“夏果滩移民社区”。国家每年发放8,000元补助，他们觉得国家的帮助使他们可以立足城镇，但这些钱怎么也无法维持正常的家庭开销。好在他们家在草原还有大片牧场，尽管现在禁牧了，但草山上的虫草还可以回去采挖。2013年5月中旬，布依一家和同属于原村社的60多户牧民从夏果滩出发，前往海拔4,000米的集体所有夏季草场挖虫草。牧民随行携带经幡、风马，还有几头牦牛、帐篷、粮食和生活用品。这阵势就像转场，但没有畜群。没有畜

① 鲁顺元.青藏高原冬虫夏草资源开发问题的理性分析.青海社会科学，2009（4）：52.

群的迁移不再是“逐水草而居”，他们在一个多月中“逐虫草而居”。生活已经发生巨变，采挖已经成为牧民生计的唯一来源。2013年布依一家四口集体草山上挖了40天，采得将近2公斤的虫草。布依特别打制了一个柏木箱子，虫草晾干后就存放在里面，这些虫草是一家人生活的依靠。当他们需要购买粮食、日用品时，把箱子拉出来抓上一把，在满大街都是的虫草商铺那里换些钱款即可。布依说，这些“干尸”比人民币还要保值和方便，商铺就是“银行”，只要这个柏木箱子在第二年虫草季节不空着，生活就没有问题。像布依家一样，这里的200多户移民也都靠这些“干尸”生活。凭借着一家每年几万元的虫草收入，大部分杂多百姓衣食无忧。具有骁勇善战传统的康巴汉子，怎么也想不到自己的生活方式被这小东西完全改变了。

图 8-4　虫草

除了青藏高原，内蒙古草原的戈壁石和我国近海的渔业资源都存在过度使用和当地人生计困难的问题。在阿拉善左旗亦有类似虫草节的节日——阿拉善奇石旅游文化节。2005年，一块名曰“小鸡出壳”的戈壁玛瑙石以1.3亿元的价格出售，捡石挖石成为阿拉善牧民竞相参与的生计活动。阿拉善左旗位于内蒙古古自治区西部，地势东南高、西北低，可利用草场面积为4.6万平方公里，主要为荒漠、半荒漠草原。2000年席卷北京的特大沙尘暴使阿拉善沙漠化问题成为全国关注的焦点。自此阿拉善左旗实施禁牧还草还林工程，据说阿拉善每20个退牧的牧民中就有一人直接或间接从事奇石采挖和交易活动，而且吸引全国许多省市的人参与其中。[①]当戈壁石被奇石大军采挖一空时，草原的沙葱、苁蓉变成了人们采挖的对象。此所谓“禁牧不禁采”。在阿拉善左旗从事奇石经营及附属产业的人员有近3万人，商铺达1,000多家。此外还有 1,700多户家庭奇石经营户经营自捡观赏石，奇石年交易额达2亿元以上。阿拉善奇石出口到新加坡、日本、韩国、美国等国和中国台湾、香港等地。从20世纪50年代初开始，我国海洋捕捞产量基本上都保持着强劲的增长趋势。大部分海洋鱼类种群已被充分利用直至枯竭。我国近海捕捞能力已远远超过了可持续渔业所能够承受的水平，专家坦言渔业法规本身存在严重的制度性缺陷，渔政执法能力先天不足，组织结构松散低效。[②]我国海洋捕捞产量却从1979年的308万吨持续增长到1999年的1,203万吨，在20年内增长了近4倍。由于环境污染和过度捕捞，我国海洋渔业生物资源严重衰退，大批渔民面临减船转产的压力。海洋渔业的“过度捕捞”问题还没有有效地解决，“过度养殖”这一新问题出现了。工业化和城市化导致的沿海传统渔场大幅度收缩，工业废水和生活污水的排放使近海区域内的海水质量不断下降，进而破坏海洋生物的生存环境，导致近海的渔业资源的种类和数量都有所下降，捕捞业面临着“船多、海小、鱼少”的突出矛盾。[③]无论平原、山地、草原还是

---

① 雪晴.禁牧下的草原——阿拉善牧民调查.载韩念勇主编《草原的逻辑》（四）.北京：北京科学技术出版社，2011：11.

② 慕永通.我国海洋捕捞业的困境与出路.中国海洋大学学报，2005（2）：1.

③ 同春芬，黄艺.我国海洋渔业转产转业政策导致的双重困境探析——从“过度捕捞”到“过度养殖”.中国海洋大学学报，2013（3）：1-4.

河流、海洋，凡是能卖钱的资源都在经历灭顶之灾。怎样看待资源与生计的关系问题，如何克服“资源诅咒”问题值得我们深入探讨。

商鞅在《商君书》中借用兔子来说明依法管理资源的问题富有洞见，“一兔走，百人逐之，非以兔可分以为百也，由名分之未定也。夫卖兔者满市，而盗不敢取，由名分已定也”。所谓“名分未定”就是指涉所有权问题，一旦“名分已定”再无争夺之必要，因为它受到法律、政令的确认和保护。虫草资源相对于日益高涨的需求量和日渐匮乏的供应量来说是极为有限的，以无限追逐有限是资源诅咒的宿命。而今地各有主，无论是奇石产地的阿拉善，虫草产地的青藏高原，还是东海渔场，经营权早已划定，为什么还会出现“一兔走，百人逐之”的掠夺性开发呢？“公地悲剧”理论仍然缺乏解释力。“名分未定”是古已有之的自然观，蜂拥而来的挖草人大多持有“野生无主，谁挖谁有”的习俗，然而承包制以后情况发生变化但这个观念尚未消除，笔者在兴海县虫草市场得到两份虫草合同，说明采挖者以变通的形式获得资源带来的利润。

采挖虫草合同书

甲方：

乙方：

经甲乙双方共同协商，于____年__月__日特签订2014年采挖虫草合同如下（自签订本合同之日起甲乙双方严格遵守，不得随意违约）：

一、甲方______将____________________一组草场有偿承包给乙方______、______、______等______人带民工采挖虫草，草场承包费为______万元。

二、付款方式：第一次付定金______万元，第二次采挖虫草前付万元，剩余部分虫草采挖十日内一次付清。

三、甲方带______人在乙方承包的草场上采挖虫草，不准超员。乙方做好采挖虫草及生态恢复工作。

四、治安方面：甲乙双方认真做好治安防范工作。甲方主要负责阻止当地牧民骚扰乙方民工采挖虫草，同时杜绝外来人员采挖虫草。乙方严格执行规章制度，管理好自己的民工，确保民工不出问题。如造成损失，甲乙双方按自己的承诺要给对方赔偿五万元损失。

五、甲方认真负责并及时给乙方提供采挖虫草时的有关信息和检查组的动态，杜绝乙方不必要的损失，如甲方原因造成乙方损失的，甲方赔偿给乙方损失。

六、违约金：双方自签订合同之日起，甲方如果把草场转让给他人，造成乙方损失的，甲方给乙方陪违约金______万元。乙方不到甲方草场采挖虫草造成甲方损失的，乙方赔偿违约金______万元。

七、未尽事宜，甲乙双方共同协商解决。

八、此合同一式四份，各方各执一份，自签订后即发生法律效力。

甲方签字：

乙方签字：

证 明 人：

年 月 日

据了解，不同版本但格式内容大致一样的合同流行于玉树、果洛和那曲产地的虫草市场。牧民因草地面积大而劳动力不足通常将一部分草山租赁给外乡人，外来者以临时小组或以雇工承包的方式“买山”。雇工按照采集的多少领取工资，合伙租赁的小组每个人都要缴纳采集费，价格在5,000-7,000元。出让者负责帮采集人有效规避检查，疏通关系或阻止当地人干扰采集。外来者的目的很明确，最大限度地挖虫草获利，至少不能亏本，所以他们会竭尽全力采挖，不会放过任何一个机会。2011年5月至6月，果洛州玛沁县大武镇沁源新村45岁的藏族牧民格登杰已经搬出草原，原来草场海拔较低，不长虫草，因此到大武草原缴纳7,000元草山费挖虫草，本想赚回一年的生活费，最后一算账，不赚不赔；而妻子却吉缴上7,000元草山费到达日县挖虫草，辛苦一个多月，只挖了150根，一根卖25元，共卖了3,700元，如此赔了3,300元。该村300多户都是三江源生态移民，草山退牧了，牛羊卖掉了，就靠挖虫草过日子。遇上虫草生长不好的年份，三四成村民赔本。

挖虫草通常是邻近的几家人结伴而行，带着帐篷、被褥、煤气灶和必要的粮食，一起在步力所及的山腰组建起帐篷村落。以这个临时村落为据点，早上他们带着青稞面和牦牛肉出发，晚上带着一天挖到的虫草回到帐篷里。采挖是个艰难而细致的过程，一整天的时间里，他们需要趴在山坡上仔细辨认，透过草丛或积雪，用肉眼扫描着露出地面的棕色子座。一旦发现目标，立刻用手中特制的小镰刀，围着子座开始挖起，直到被泥土包裹的虫草被完整挖出。大量采挖者的生活均采用粗放的就地解决方式，在草甸上搭帐篷住宿。生活垃圾随处可见。当地藏民以牛粪做燃料来做饭和取暖，而外来采挖者由于条件限制，常砍挖灌木做燃料，环境破坏力巨大。粗略估算，每 10 万人每天的生活燃料消耗可毁坏 100 公顷灌木林地。

虫草与教育制度的变迁

虫草引起的社会文化变迁之一反映在教学制度的变革和对藏族儿童人格培养的影响。在青藏高原，虫草季节持续大约 50 天，虫草产地的当地政府规定了学校虫草假的起止时间，当然也有少数地方的学校不放假。玉树的虫草假为每年的 5 月 12 日至 6 月 20 日，杂多县为 5 月 20 日至 6 月 30 日，各地虫草假时间基本框定在 5 月中旬至 6 月中旬。虫草假在一定程度上默许甚至鼓励了中小学生加入虫草采挖大军。学校放虫草假基于以下考虑：采挖期间牧民几乎是全家出动，没人照料孩子上学；少儿眼力好，腿脚灵便，是挖虫草的能手。这些少年个子矮，不用弯腰即可贴近地面，因而比成人有身体上的优势。有人说杂多县的孩子是世界上收入最高的孩子，这个说法究竟让人高兴还是让人悲哀！对于大多数孩子来说，即便没有虫草假，也会听从家长的安排，冒着逃学的风险上山挖草，因为这笔钱对大多数家庭来说太重要了，关系到一年的生计包括上学的费用。不过一些学校规定，在虫草挖掘季节结束以后，每个学生要交回 100 到 200 条虫草不等，用于学校建设，如果不交就按照 2 元一条折合成现金交回。

挖虫草对学校教育制度的直接冲击是导致学生的失学辍学。林芝州教育部门到 G 镇检查学生入学率情况，结果该镇学校因入学率锐减在“两基”教育评比中位列全县倒数第一。为此镇长索南写了一份检查——《“控辍保学”工作未达标的检讨书》——向主管部门报告：首先，本镇学校教学设施之差令人寒心，有一个小学二年级教室，桌椅基本上没有完好的，三个孩子用一张课桌，他们坐的长板凳只有两条腿，另外一端用砖头支撑，学生必须把握好平衡，但小孩天性爱动，一不小心就会失去平衡摔倒在地，还有一些瘸腿的桌子随时都有散架的可能，老师讲课常因此中断。其次，学校师资力量薄弱且不稳定，学生成绩普遍较差，所学的知识既不能帮助家庭，又难以考上内地西藏班。学生家长很失望，对上学既无动力也无信心。再次，当地群众生计艰难，挖虫草是牧民生活的唯一指望。取消虫草假以后，牧民与学校矛盾激化，一些学生宁愿放弃学业也要帮助家长挖虫草。有相当一部分家长对子女上学有抵触心理，甚至直接对抗劝学工作，还曾经出现部分学生见到工作人员到家里，直接从二楼窗户跳下摔伤的；有的学生才 16 岁为了逃避上学，令其结婚、怀孕；有的家长得到通风报信后就让学生往山上跑，还有学生以跳河自杀相危胁。最后，镇长提出的解决方案是，在虫草季节到来之前，召集一次家长教育会。凡是将学生带上山采草者，发现一次取消采集资格，吊销采草证。

虫草引发的社会文化变迁是复杂而深刻的，教育、教学制度的变化是系统变化的一个部分。其中三个关键问题值得深入思考和探讨：（1）自然领域的环境退化和社会领域的贫穷是一切问题的总根源。如何解决生态环境问题，解决牧民的贫困问题是我们面临的最大挑战。自然的危机和人的危机是同构、伴生的问题，教育亦在其中；（2）大多数自治州考虑到牧民生计的实际情况，调整学校暑期时间以适应本土实际，避免社会出现不安和动荡。在某种程度上讲虫草假是富有人性化的假日设置。另外一些地方政府因缺乏治理智慧和灵活性，以至于牧民与政府、家长与学校产生张力和冲突；（3）资源依赖型经济尽管不是一个理想的生计，但虫草生计已经成为现实。在既定条件下，如果牧民社会不能适应教育和教学，那么教育和教学就应该加以改变以适应牧民。教育的本质乃是培养人，培养什么样的人是关键问题，藏区学校为“西藏班”和大城市培养人，还是为牧区培养人。如果是为了草原牧区的未来培养人，教育制度和教学就应该按照这一现实进行教育和教学改革。

政府工作因虫草而改变

当虫草成为牧民重要生计来源以后，地方政府的工作内容发生了很大变化。以兴海县为例，所有牧业管理的机构、层级几乎都用于虫草管理。

第一，虫草管理体制。目前，州、县、乡三级政府，乡、牧委会、牧户构成的基层组织，共同组成虫草采集管理体系。州、县负责宏观调控，协调、监督和制定统一的管理方法和措施。其文件包括：（1）2005 年青海省制定《青海省冬虫夏草采集管理暂行办法》，（2）《海南州虫草资源管理办法》，（3）《兴海县虫草采集治安管理制度》，（4）《兴海县控制虫草采集人数管理制度》。县政府的管理涉及畜牧局、工商局、交通局、公安局和草原监理站等单位。牧委会是基层管理单位，负责确定采集区域、范围，发放采集证，清理无证人员，劝退外来者。

第二，控制人数。政府工作的重要内容是控制采草人数。近 9 年到了虫草采集季节时，成千上万的虫草采民大军便从四面八方拥入该县境内采集虫草。2000 年据保守估计，有 7 至 8 万人在本县采挖虫草，在 2001 年该县加强虫草采集进行管理后，采挖虫草的人员减少为 6.5 万人左右，2002 年下降到了 3.5 万人左右。这项工作由畜牧局、公安局和交通局主抓，他们把全县 9 个乡分开管理。离县城较近的 5 个乡实行封闭管理，禁止外来者入境采集；地处偏僻的中铁、温泉、龙藏和笔者调查地点赛什塘牧场则实行开放式管理，允许一定数量的人员来此采草。县上鼓励产地接纳本县本乡的人采挖，不欢迎外来人员采挖。为此，在虫草季节县里实行特别管制，抽调机关人员赴各乡，特别在交通要道设置检查站对入境的虫草采集人员进行遣散。在兴海县高山草甸区已被牧民承包，承包期是 50 年。相当数量的牧民对于外来者在其承包的草场上采挖虫草持拒绝态度。[①]其中除了有经济利益自我保护的因素，还有很重要的文化、宗教方面的因素。

① 玉树州人大常委会调研组：《关于对我州虫草采集管理问题的调研报告》，2005。

小 结

虫草引发的变迁是一个包括社会、经济、文化教育和人本身的复杂综合体。虫草经济的出现是自然的危机，也是人类应对生计资源匮乏的无奈选择，因此自然的危机即是人的危机。在青藏高原，草原退化是人类控制自然和自然因素共同作用的结果。在控制自然方面，发展干预做了太多的事情，其中草原所有制形式的不完善是引起草原退化的制度性因素。失衡的草原系统限制了畜牧业的发展以至于游牧文明日渐式微。失去了草原，以牧为生的牧民陷入前所未有的贫困，所幸牧民得到自然的眷顾，使他们找到虫草资源作为第二生计来源。他们返身回到现代版的采集时代，采集经济是落后生产力的产物，现代教育排不上用处，教育脱离了牧民的实际生活加上贫困施加的压力过大，牧民对学校教育开始抵制和诟病。

表 8-1　人的危机与自然的危机之交互作用

自然的危机	←→	人的危机
草原退化	←	控制自然——碎片化，小生产
草原系统失衡	→	畜牧业衰落——贫穷
虫草资源	←	第二生计——回到采集时代
虫草经济价值	→	文化制度式微、教育困境
资源衰竭	←	资源依赖度强

在土地碎片化和单户经营的条件下，小生产者缺乏社区共同感，虫草采集必然陷入自然依赖的圈套和盲目采挖的境地，单家独户的小生产和缺乏协同能力，既无法阻止外来者的利益攫取，又不能在自然资源的保护上有大的作为，因而再次面临自然资源枯竭的问题。基于以上研究建议：

第一，制度变革是改变现状的根本。那就是改变土地碎片化和小生产的生产方式，合作和联户经营是牧民未来发展图强的方向。无论对于畜牧经济还是虫草生计，一个拥有共同感和协同力的社区可以将资源利用与生态保护有效的结合，简而言之即社区管理。

第二，贫困问题是影响生计、环境和教育的关键问题。没有后续措施的移民工程和扶贫项目是工具性的做法和不负责任的实践。

第三，加快人工培植和推广步伐以缓解草原的生态压力和消费需求。人工发酵培养的虫草菌丝体与天然冬虫夏草化学组成和药理作用基本一致，而其价格只有它的 1/30-1/20，可谓天然冬虫夏草的理想替代品。目前国内只有少数几家企业能够生产冬虫夏草菌丝体，其年总产量为 100 吨，而国内外对它的年需求量达到 650 吨左右。①

中国大采挖将会给中国带来长期的负面影响，利税、官位、贫穷都可被视为采挖的原因，我们需要探究的是原因背后的根源所在。制度的因素及其赖以存在的工业化意识形态乃是真正的驱动因素，那就是发展话语。发展话语表述的发展不是均衡的发展而是二元对立的发展，这就是不公平发展，即鼓励一些阶层和领域发展，而剥夺另一些阶层和领域的发展机会。在畸形的发展话语指导下，获得巨大利益的阶层积累大量资本更加雄心勃勃，大资本使用大机器采挖自然资源以获得更大的利益；与此同时，在发展话语和相应制度的压力下，出现一个穷人阶层，这些谋生者使用原始而简单的工具也指向自然资源。大型企业和个体谋生者一起成为环境问题的制造者，大型企业技术先进资金雄厚因而破坏速度更加惊人，社会贫困人群虽为分散个体但人数众多，干预环境的后果亦不可小觑。问题是如何遏制影响社会正常生活和未来发展的中国大采挖现象，希望在于改变现代工业思维（发展话语），这是最难的抉择和挑战；其次是机构改革，实行环保大部制，让环保与发展得到均衡的配置。草原政策的调整是解决牧民贫困化的有效途径。

人们很难看清自己创造出来的魔鬼。人类对自己行为的反思往往会迟于事情变坏之前，因而品尝自酿苦果的人不仅死于结果，而且也死于过程。控制自然的思想和资源依赖的观念包括具体表现形式的虫草生计就是人们

① 鲁顺元.青藏高原冬虫夏草资源开发问题的理性分析.青海社会科学，2009（4）：53.

自己创造的魔鬼。魔鬼有两种面孔——可见与不可见。人们总是留恋可见的经过修饰的面孔，上面写着普通人追求的财富、快乐和地方政府需要的财税和权位。可见之物是一剂掩人耳目、令人陶醉的麻醉药，不可见之物则是魔鬼炮制的毒药。在眼前利益的麻醉下，看不见的危险却在无声无息中逼近我们，贫困化、资源依赖、文化制度和传统自然观的崩坏。你不知道它们何时何地出现，但危险却在社会变迁中一点一点地发生。

埃斯科瓦尔提出的三种自然管理样式是以文化为坐标的。有机体自然其实可以用“文化自然”来表述，青藏的神山圣湖制度和“六个圈”的自然观属于文化自然的范畴，我的看法是这种自然管理模式有潜力但尚未从失落中走出。在资本自然和技术自然的双重挤压下，存在于文化记忆中而非社区生活中，因而是失落的。但是文化自然蕴含着宝贵的人类经验和生态文明的精神成分，因而有激活和利用的潜力；资本自然可以理解为“反文化的自然”，埃斯科瓦尔把资本视为排斥文化的现实存在，当资本用来管理和控制自然，就无情的剥离了自然中的文化，这是自然商品化的必然，甚至连同自然一起将文化也变为商品。需要指出的是，自然资本化或者商品化不只是发生在西方资本主义和现代化的进程中，在中国也一样存在，这不是社会制度的问题，而是有资本和市场的地方，自然商品化就有可能存在。在藏族牧民的“六个圈”模式中，人、社区、游牧文化与自然系统被整合为一个有机体，人与自然的互动是秩序井然的，但是在发展话语和资本、市场体系进入草原以后，文化逐渐淡出，有机体自然失去了文化的关照，人和自然也都出了问题。资本的最大特点是利润，人被迫为利税奔忙，自然必须为利税贡献资源，文化能为利税做什么？文化必须让路，这就是资本化自然的逻辑。技术自然可以理解为“反自然的自然”，技术本身并不能表达爱与恨，但技术的使用却能表明某种态度。技术型治理方式偏执地迷信技术可以改变一切，这是一种将自然碎片化可怕的力量。在中国广袤的草原上，浑然一体的牧场已不复存在，一人高的铁丝网将青藏高原分割为大大小小的碎片，围栏制度就是技术控制自然的管理方式。自然法则和技术混合起来去重新设计生命，规划自然的新秩序。有高原鼠兔的青藏牧场是一个食物链完备的自然空间，是一个生物多样性的草原系统；有神灵在场和文化仪式的地方是一个文化多样性的文化空间。然而技术管理方式不关心生物多样性和文化多样性问题，它所追求的目标是理性和人类中心主义。当它认定高原鼠兔与牛羊争食，就会不计后果地使用化学技术毒杀该物种；当它发现贵金属资源，就会毫不迟疑地采挖、冶炼。至于生物多样性遭受巨大损失，文化多样性遭到崩坏，技术型管理态度是等待科学进步了一切都会好起来。

第九章 虫草的政治、经济传导

采集植物是一种在特定时段在大片区域的土地和空间里移动的生产方式。人类经济适应的成败取决于自然资源的丰裕度和资源限制的程度。[①]生态人类学家普遍认为，存在几千年的采集生计已经处于濒危边缘，只留下纯粹的形式。[②]然而在今日的高海拔藏区，古老的采集生活却在新的语境下、以不同以往的形式重新焕发生机，这个虫草采集社会正经历着一个劳动力、土地和交易市场的演化过程。

在经济人类学的三种研究范式中，形式论（formal paradigm）偏爱构建经济学理论模式及其相关的理论假设，如施坚雅的中心地模式；生态学范式（ecological paradigm）倾向于使用诸如气温、降水量、土壤结构和肥沃度的变量，其中心概念是适应、能量、人口压力和承载量；制度范式（institutional paradigm）则把制度作为解释生产、分配和消费过程。[③]在三个范式中最具解释力和影响力的应该是制度范式，它强调生产关系的研究，研究跨文化经济过程中的异同。

卡尔·波拉尼（Karl Polanyi，1957）的经济人类学有一个基本观点，经济嵌入社会中。他所说的市场经济特指资本主义市场经济，是人类历史上特有的经济现象，其目的是分离和臣服社会，使市场与社会“脱嵌”。在他看来，发展市场经济的前提是土地、劳动力和货币商品化。[④]在藏区土地和劳动力曾经是社会组织的一部分，或者受王权、部落或国家的支配和

---

① Barbara D. Miller, *Cultural Anthropology (second edition)*,Allyn and Bacon. (2002): p.52.

② Barbara D. Miller, *Cultural Anthropology (second edition)*,Allyn and Bacon. (2002): p.52.

③ Rhoda H. Halperin, *Economies across cultures*(New York: St. Martin's Press,1988):p. 16-19.

④ Polanyi, Karl,*The Great Transformation*(Boston: Beacon Press, 1957).

调控，从未成为独立的生产要素。

藏区的虫草市场和社会之间呈现复杂的互动关系：从表象看市场经济控制了土地、劳动力和价格，甚至政府把它的工作重心并入虫草市场的轨道，政府仿佛充当了为虫草采集提供社会服务的角色。但事实上，国家的政策导向，土地所有制形式为虫草市场设置了框架。

第一节　政策语境与虫草市场的发展阶段

虫草市场每一阶段的变化，既有市场本身的因素又有国家政策的因素。对于藏区虫草市场的研究，不能只看到经济现象本身，孤立的研究没市场有意义。整体性研究始于波拉尼的经济人类学，即以经济和社会两种视角观察经济与社会的互动过程。对于波拉尼提出的“经济嵌于社会”（social embedded in economy）假设，我们必须区分不同社会语境下的市场经济。在西方资本主义制度下，社会服从市场经济，而在社会主义制度下社会（政策）引导市场经济，经济发展也影响社会变迁。两者的共同点在于市场经济都无一例外地冲击了社会文化。调查表明政策语境的变化产生了虫草市场的不同发展阶段。我们将按照采集虫草的行为和商贸类型，参照采相应的政策环境对青海阿尼玛卿山地区的政策语境来划分虫草经历的几个发展阶段。

第一阶段（1980-1995 年）：散挖—行商阶段

家庭承包责任制虽然在东部地区渐次展开和推行，但在青藏高原的草原牧区，依然延续着人民公社的土地公有制，土地流转的坚冰未破。当虫草价值被发现而成为农牧民生计的重要来源时，并没有准入条件的限制，人人都可以进入草山挖虫草，这种个体经济行为叫做“散挖”。那时的虫草商人多为奔波于牧区和县城的药材收购者，这种既无店铺又无雄厚资金的药材商贩叫做“行商”。

扎西，兴海县多巴村牧民（55 岁）：

20 世纪 80 年代初，虫草跟其他药材没什么区别，一根不到一元钱。挖草没有什么限制，都是集体的土地，谁都可以来挖。条件好的不挖，贫穷的人也是放牧时顺便采些换钱补贴家用。

张双福（50 岁），临夏县虫草商人：

我来青海做虫草生意 22 年了，玉树、果洛、兴海都跑过。从 1982 年到 1992 年是我的创业期，做药材贩子，租房子住。每年农历 4-6 月上牧区收虫草，价格大约七八毛钱一根，一根赚几分，好的时候能赚到一毛。每一次去牧区收购需要五六天时间，两三个人，一趟下来能收上 5-10 万根，收入还是不错的。后来就在店铺里当伙计，1996 年虫草价格比较好的时候，我在兴海县开了一家专卖店，住在黄河源宾馆，那时候兴海还没有公开的虫草市场。

20 世纪 90 年代来藏区的人开始多起来，有时候一个草山就有上百人在挖虫草。那时候虫草多，如果一个人一天挖上 100 根，每根卖上一块钱，比当时外出打工好很多。那时候的人基本上没有生态保护意识，挖过也不回填，藏民好一点儿，另外，政府也没有严格管理，生态破坏比较严重。

在散挖阶段，不存在严格意义上的市场体系。土地归属权延续着人民公社时期的公有制，土地支配权归属村社集体而非个人家庭；采挖者都是自主的个体行动者，他们宁愿冒着风险到草山碰碰运气，也不愿出卖劳动力挣一份固定的收入。虫草和其他药材一样都是收购的对象，不是什么有价值商品。这个阶段土地、劳动力市场和价格体系皆尚未成形。

虫草经济行为与草原承包制度高度相关。1983 年青海省颁布《关于实行牧业包干到户责任制若干问题的试行办法》，1983-1992 年该地区的土地制度改革并不彻底，仅完成了“牲畜作价归户”的目标，土地尚未承包到户，仍由村社管理。1992 年青海省发文《关于进一步稳定和完善草场承包制的意见》，1996 年基本完成冬春草原承包的目标，[①]但秋夏草场的承包还未启动。在整个散挖阶段土地基本上属于集体所有，虽然后期实现了冬春草场的承包制，但冬春草场多为低海拔区域，与草场关系不大，而草场一般生长在高海拔的夏秋牧场。在土地公有制条件下因缺少土地流转而无法形成真正的市场经济，散挖的生产方式和行商的商业模式与之相适应。在自由采集的语境中，人们持有古已有之的采集观念——野生无主，谁挖谁有。对于土地资源的使用问题，“公地悲剧”遭受很多学者的质疑和诟病，[②]然而在虫草市场发展过程中，的确存在公共资源被过度使用却无人愿意保护的问题。

第二阶段（1997-2009 年）：限采—坐商期

1997 年，阿尼玛卿山地区启动了夏秋牧场承包到户的工作，2002 年完成了四季牧场承包到户的目标。此时虫草价格每根突破一元一根的价格，外来挖草的人趋之若鹜。地方政府从未遇到如此众多的外来人口压力，不得不采取（1）限制外来采挖人数的办法，采集证是这一时期的重要发明；（2）设置关卡，阻挡和驱离区外人员。此时当地户口成为采集的通行证，能够打通关卡的长途汽车司机财源亨通。1995 年以后，虫草价格一路上扬，从 5,000 元/千克一口气涨到 2003 年的 30,000 元/千克。虫草收购商完成了原始积累，与大城市的经销商建立供销关系，他们逐渐分化而成为坐商。藏族学者才贝(2014)的调查资料对这一转变有详细记载：

> 在果洛玛沁县，虽然草山已经承包到户，但挖虫草的事情实际上由大队代理也就是集体管理。虫草收入（采集费和转让费）归于各级政府，其中村委会占 50%，乡占 30%，县占 20%，个人家庭与此基本没有太大关系。在县乡村三级管理中，县里有虫草办、草原站、畜牧局印制采集证、盖章；大队负责收取采挖费和发证；村民负责巡山和看护。

① 阿旺尖措.草原家庭承包对牧区经济社会发展和生态保护的意义与作用.产业发展，2003：52-53.

② Hardin G., “The tragedy of the commons,”*Science* 162(1968): 1243-1248.

2003年政府提出“对外禁采对内限采”的政策。禁止州外人员到果洛采挖虫草，但实际上存在少数外地人使用本地户口本的情况。有果洛州户口的人，去玛沁县草原站下属的虫草办凭户口本和照片，办一个采挖证需交上2,000-6,000元不等的采挖费，可以在一个牧委会管辖的任何地方挖虫草。那时候管得严，路上设有关卡，武警部队在山上巡逻，宾馆不准外地人住。

其实外地人入境挖草也无法完全禁止，一是采挖需要人手，二是多容纳一些采挖的人就多一些草地费收入。外地人进不来主要有两个原因，一是没有本地户口，二是关卡限制相关车辆通行。我是本地开卡车的司机，经常拉货拉人，跟关卡上的人认识。挖草的人包了车，我就从玛多等地借一批户口本，以一两百元的价格借给他们使用。我开的是东风大卡车，最多时能拉一百二三十人，按照地方远近每人收取的车费在300-800元之间，这比客运车贵很多，主要是因为需要打通关卡。在出发之前，我给卡子上的人打电话，告诉负责人什么车型、颜色和车牌号。通过时把人盖好，检查时就说车上拉的是水泥或者砖石之类的话，给他们留下两只羊或者吃喝的东西。最近几年情况变化了，卡子和户口的限制没了，车费就上不去，我也再不跑车了。①

县农牧局主管说，自2001年《虫草资源采集管理办法》实施后，有效抑制了来自区外庞大的采集人数。2000年来兴海挖草的人数达到8万人，2001年减至6万多人，2002年3.5万人，2003年由于非典缘故减至1.3万人。近年保持在1.5万人左右。②

这些材料从反面说明，当时地方政府所遇到的流动人口的压力是史无前例的。当行政手段无法控制挖草大军的涌入时，政府才意识到草原承包制所确定的牧民拥有使用和管护草原的权利受到了伤害，县乡村遂退出那种与民争利的共管模式，牧民获得草原使用和转让的权利。原来由县乡村共同管理，集体享有利益的方式变为村与户的共管，家庭享有80%的草地费。

① 才贝.论藏区冬虫夏草的交易模式——以青海果洛藏族自治州虫草的“流动为例.青海民族研究，2014（1）：133.

② 访谈资料2014-07-03。

这一转变肯定了牧民对草山的收益权和管护权，外来采挖者遂大幅减少，政府的管理开始变得越来越有成效。兴海县在 2013-2014 年所划定的 46 万亩虫草采集区域，做到每百亩草山控制在 2 人以内，总采集人数控制在 9,300 人左右。[①]对于政府来说，工作重点是负责社会治安、生态保护和天气预报等公共服务；对于外来采挖者来说，虫草资源不再是“野生无主”，也非集体所有的公地，而是地各有主。每个家庭的承包草山受国家政策的保护，牧民的管护权比过去更为神圣。虫草生长因深受天气影响而具有不确定性，采集费居高不下，虫草市场的不测，使外来者难以承受买山采挖的巨大风险。与此同时，虫草资源归家庭自己做主采挖，或者转包给虫草商人，外来者最理性的选择就是做雇工赚取稳定的工资。

以上资料说明，虫草经济活动并非属于单一的经济现象，而是被全面纳入社会管理中，按波拉尼的观点就是“经济嵌合于社会”。如果我们单纯研究虫草本身，所见仅为驳杂而繁复的经济现象，却看不见其中的社会镜像和内在逻辑。人类学的语境（context）分析和过程研究是非常好的工具，当我们把经济现象放在社会语境中加以观察，事情变得清晰而富有逻辑。

1997-2003 年是草原承包全面落实和推行的重要时段，也是土地制度转换的过渡期。在公有制惯性作用下，牧民作为土地主人尚不知如何面对纷繁多变的虫草现象，而地方政府面对潮涌般的挖草人员流动也显得手足无措，只好采取既往那种齐抓共管的举措；在利益分配上出现明显的社会不公，县乡与牧村之间均分了虫草带来的好处，而土地主人则被架空。得到好处的群体有县乡职能部门，村干部、会计，关卡工作人员和长途汽车司机。在 1996-2003 年有关虫草资源利益分配的比例说明各级部门从虫草资源中获利颇丰，而牧民作为土地承包者却收益甚微。所谓“限采”就是设置一些准入条件，事实上乃是最大限度地容纳和接受采集者，因为它对以上利益群体的经济贡献是颇为诱人的。为什么会有盛况空前的挖草人涌入青藏，此与当时的管理模式、利益分配均有关系。

---

① 兴海县农牧局：《兴海县 2014 年度冬虫夏草采集计划》（内部文件）。

第三阶段（2008年-至今）：契约—市场期

这一阶段草原承包制全面启动并实施，土地流转变为现实，市场体系日渐成熟，社会管理开始从过去集体管理、设卡拦截的方式转变为更具法理性的行政指导，草场权力下沉到牧户。各地建立虫草市场和举办虫草节，劳动力市场亦相伴而生；不同族群之间经济、文化交流频繁而深入，有虫草资源的藏人在经济和文化互动中，学习经商知识和市场经验，一部分牧民分化为虫草商人。其间一个重要的社会语境是三江源国家级生态功能区的成立，生态保护成了虫草市场的新内容。虫草社会于是进入契约—市场阶段。

市场体系的建构

虫草市场的出现和发展基于产地供应的水平和消费便利的程度。虫草一级市场皆分布在离产地不太远的中心城市——西宁、成都和拉萨。二级市场主要是商业发达的消费地——上海、北京、广州；三级市场都是重要的产地和地方性虫草市场——那曲、果洛、玉树和兴海。一般把产于藏北的虫草叫做藏草，其产地在那曲；产于青海玉树、果洛的虫草称青草，占全国的1/3。产于川西一带的虫草谓之川草。

当我们走进阿尼玛卿山北麓的兴海县“黄河源虫草市场”时，临街的虫草专卖店有二三十家，宾馆内侧亦有30多家，还有一些收购者住在黄河源宾馆中。临街专卖店是较为专业且资金雄厚的虫草商，门外熙熙攘攘的交易者群体：（1）出售虫草的藏族牧民，他们眼睛里流露出紧张和恐惧受骗的眼神；（2）从草原收购虫草的小商贩，拿着数量不等的虫草待价而沽。（3）低买高卖、博取差价的中间人，他们操汉藏双语，如鱼得水般的走来走去，神情机敏而灵活，他们主要来自回汉藏三个族群。（4）刷虫草的妇女团体。（5）挖草农民工。在虫草采挖初期，来自甘肃、青海等地的农民会如期聚集在市场附近，等待雇主雇佣。这是一个季节性劳动力市场。

交易情景

兴海县黄河源虫草市场，年产虫草约5吨，交易量10吨，是青海第二

图 9-1　兴海县虫草市场

大虫草市场。交易按照古老的“捏价”方式进行，一个回商从一个藏民手里购得 16 只垃圾草（尾期虫草），每根 15 元，计 240 元。两人讨价还价过程都是在袖筒里进行的，捏住对方食指表示 10 元，再捏住五个手指表示 5 元。伴随着捏价，他们会用汉语或藏语说：“这个价，怎么样？”两位藏民拿了 1,000 根虫草到虫草店交易，张老板穿西服，窄袖，藏族汉子周桑穿夹克，亦窄袖，有人拿过来一块白毛巾盖在两人手上完成捏价。

无论是带盖头的回族妇女，或者戴凉帽的藏族女人，还是戴着各色头巾的汉家女，她们手持刷鞋的毛刷子，围坐成一个圆圈，快速刷掉虫体上的泥土。商家按照计时或计件工资付给她们报酬。计时工资一个小时 10 元钱，计件报酬为每刷 100 根 5 元钱。

上午 9 点钟交易开始活络起来，每日有 200 人参与其中。回族商贩的标志是小白帽或者草帽，大多数汉人不戴帽子，少数人戴草帽；藏人一般戴毡帽。交易者常用微型计算器或者手机来计算。一位尹姓的临夏小伙子曾经在赛什塘牧场给藏族人放牧，与那里的牧民关系密切，现从事虫草收购，平日泡在市场里做差价。旺季每天有1,000元的收入，淡季日入200元。我们调查的当日（2014年7月4日）已是虫草末期，他一共交易4次，来往金额8,000元，盈利500多元。①

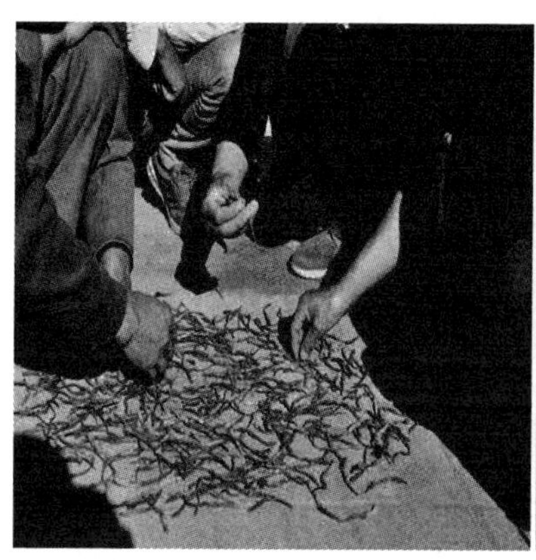

图9-2　市场里的交易

图9-3　捏价

藏区的契约时代

在散挖阶段，参与虫草采集和流通的人们很少使用合同或协议的形式。从20世纪90年代开始，协议越来越多地流行起来。合同文书有两种：一种是包山老板与草山主人签订的“草山合同”，另一种是包山老板与民工签订的挖虫卓雇佣合同。

文本1：

雇用采挖虫草合同书

甲方：

乙方：

经甲乙双方协商达成合同如下：

① 访谈资料2014-07-03。

1. 甲方雇用乙方前往兴海县尕科合村，甲方要承包乙方的生活费、草皮费等费用，车费上、下甲方承担，日常用品自备。

2. 在草场采挖虫草期间草场上得重病者，甲方送医院，药费自己承担。患有疾病者后果自负，甲方不承担任何责任。交通事故由乙方承担。

采挖虫草的期限为50-60天，从开始挖虫草的第一天开始计算。采挖期间不准回家，擅自离开按偷虫草论处，特殊情况除外。

3. 民工工资根据上交虫草根数计算，每一根虫草按6元计算。

4. 甲方要实行封闭管理，统一上山统一下山，乙方越界或接触外人者一次扣发工资500-1,000元。在进山采挖期间，甲方随时检查乙方，如发现偷卖或私藏虫草者除扣发全部工资外还要赔偿甲方的一切费用，并上交公安部门追究法律责任。

5. 采挖返回前乙方身上一律不准带钱，若有钱交甲方管理，采挖结束后，乙方自愿接受搜身，如发现有钱或虫草按本合同的第四条论处。

6. 如发现偷卖或私藏虫草的人，要悄悄通报甲方，将给通报人2,000元的现金奖励，甲方一定保密，如甲方不保密后果由甲方负责。

7. 甲方违反本合同用自己牛、羊、车辆、房屋等所有家产做担保，乙方用自己的所有家产和房屋做担保。

8. 甲、乙双方各自承担连保责任。

9. 本合同一式两份，自签字之日起即具有法律效力，工资在兴海县一次性发清。

甲方：　　　　　　　　　　乙方：

签订日期：　　　　年　　月　　日

雇佣合同相对较为简单，其普遍采用大概在2009年。在市场发展的过程中，牧民从口头约定转变为契约合同，藏人的观念发生了重大变化，更表明劳动力市场的形成。雪山虫草专卖店的张老板谈到雇挖现象时说：

从2000年住进黄河源宾馆做虫草生意，住宿与店铺二合一。2005

年有了自己的店铺——利民虫草专卖店。生意最好的时候是20世纪90年代，特别是1995年以后。雇民工的事情早在10年前就有，当时的合同文书很简单。包山的人需要劳动力，而穷人则拿不起钱交付采集费。不过最近五六年，就是从2009年开始，绝大多数人只能做雇挖民工。县上把采挖人数定得很少，整个兴海县允许的采挖人数大致在1万人左右，而草山各有其主，他们也不能随便上山采挖，只有当雇挖民工一条路了。①

小金额的草山合同较为随意，条款能明确表达即可：

文本2：

草山转让协议

甲方：子科滩镇切藏一社村民松太才让、扎科（两家草山，2015年转让给乙方，价格85,000元）。

乙方：甘肃省临夏积石山县石正英

甲乙双方同意，乙方给甲方草山押金陆万元（60,000元），付款人石正英。收款人松太才让获得肆万元整（40,000元），扎科得现金贰万元整（20,000元），共计押金陆万元整。

草山条约规定，甲方人员不能挖草，不能转让草山合同。如果甲方松太才让、扎科，谁把草山转让给别人，谁赔偿乙方石正英100%的赔偿款85,000元，民工雇好后再给松太才让。甲乙双方同意2016年的草山，等2015年虫草挖完后再签合同。此协议一式两份。合同自签订后发生法律效力。

甲方（签字）　　乙方（签字）　　证明人：张全喜

① 兴海县虫草市场访谈资料2014-07-09。

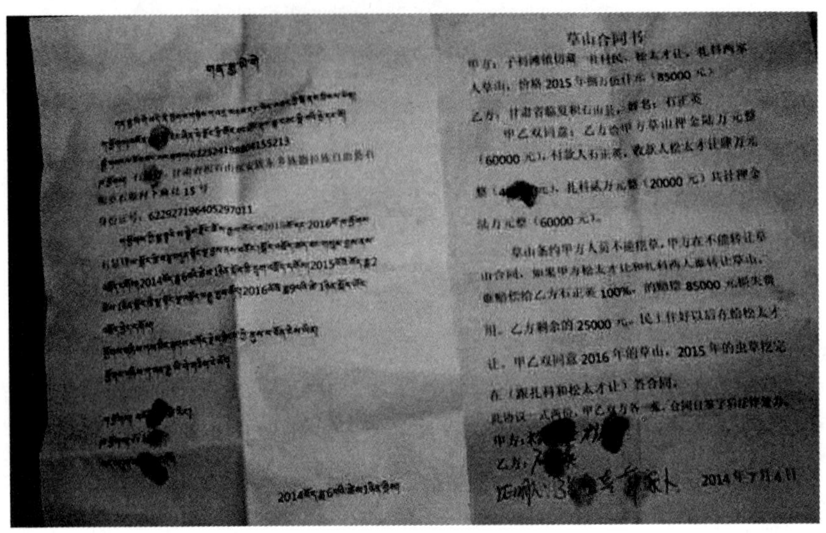

草山合同书

2014年7月4日

图 9-4　汉藏双语的草山合同书

在虫草市场发展的第三阶段，市场经济的各种基本条件都得到满足：土地商品化，劳动力市场建立，供需链条形成，顺便培育了本地牧民的市场化。我所思考的问题是，政策性嵌合和市场经济的互动，谁控制了谁？

文本 3：

草山转让协议

甲方：兴海县温泉乡多巴村 洛巴

身份证：

乙方：甘肃省临夏县红台乡 张全喜

身份证：

草山主人：温泉乡尕科合村村民 旦增

甲乙双方就草山转让一事，在公平、平等、自愿的基础上达成如下协议：

一、甲方将承包兴海县温泉乡尕科合村村民旦增的冬窝子草山，以叁拾叁万元（330,000）转让给乙方。

二、采挖时间为 2014 年虫草季节。在签订合同时先付定金壹拾万元整，剩余壹拾叁万元（130,000）在 2014 年农历 3 月 1 日付清。乙方给甲方洛巴押金贰拾万元整（200,000 元）。

三、双方商定

1. 户主本家不得有 1 人上山采挖虫草；如发现有人在承包草山上采挖虫草，每人每天罚款壹万元；

2. 甲方不得将此草山再出租给第三人，如将此山卖给第三者，视为违约；

3. 甲方必须保证此草山真实存在，不得与其他人对换草山，如不存在或对换视为违约；

4. 承包草山不受亲属和村委会干涉，造成乙方损失也视为违约；

5. 如国家政策发生变化，乙方不能在该承包草山采挖虫草，甲方要全部退还乙方所交押金。

四、甲方条件

1. 乙方采挖过程中不得破坏草山。如造成草山生态环境严重破坏，要赔偿甲方草场损失；

2. 乙方人员由乙方管理，不得在采挖期间喝酒、打架、赌博，如发生意外与甲方无关。所产生的医疗费由乙方承担；

3. 虫草价格上涨或下跌，草山承包费不变。

五、违约责任

1. 如甲方违约，要退还乙方定金，并向乙方赔偿违约金壹拾伍万元整（150,000 元）；

2. 如乙方违约，所交定金不退，还要向甲方赔偿违约金壹拾伍万元整（150,000 元）。

六、甲乙双方自愿遵守协议。

此协议自签订之日生效。

甲方：洛　巴

乙方：张全喜

二〇一三年年七月四日

草山合同随着市场化的进程和政策变化而发生变化。起初的合同文书较为简单甚至朴拙。随着政策变化，合同条款增加了相应的内容：（1）草原所有权问题，包括亲属、村委会有关草山承包的权利关系。所有权的问题事实上是土地流转的制度设置；（2）国家政策风险；（3）保护生态环境问题。环境保护是问题也是政策。所有新增的问题都与政策相关，因此也是政策向市场的传导。

第二节　政策性传导

嵌入即传导，在政策、市场经济和文化的多重互动关系中，政策传导深刻影响市场经济；市场经济对政策的反作用亦非常巨大，对文化价值的传导更为主动。

虫草生态移民政策

草山转让协议的格式大致相同，但按照合同金额则有大小之分。小合同的内容较为简单，大合同考虑得更为周全，其文本包含着一个广泛而本质的社会镜像，涉及市场、制度和政策。在文本 3 的草山转让合同中，土地流转是合同关注的重点议题。甲方洛巴和草山主人构成承包关系，而又与乙方形成转包关系。对于承包者来说，影响土地流转的主要问题，一是家庭内部的土地收益分配，如果不能达成一致性意见则会影响土地转让；二是家庭与村委会的土地支配权。虽然承包制已经落实，但一些地方的村社对牧民的草山仍有话语权。合同强调家庭内部和村社的干预，其实是关心土地能否自由流转；草山转让双方尤其是买方把国家政策变化视为潜在风险，因国家若把三江源生态环境保护放在首位，地方政府会根据情况对草山的限制进行松或紧的调控，一些草山可能被划为禁采区。

我们惊奇地发现，在许多合同文本中都出现关于草山生态环境保护的内容。这既不说明牧民政府文件学得好，也不是各级政府的硬性要求，而是牧民和国家在生态保护方面产生共鸣的结果。在青藏经济嵌合入政策，此言不虚。

虫草对社会政策的传导或者贡献，地方政府的认识颇为独到。一位畜牧局工作人员说：

> 牧民脱贫脱困是我们县上的工作重点。从20世纪90年代以来，牧民与全社会的贫富差距越拉越大，县里的增收任务很重。2003年生态移民实施以来，失牧的牧民生活、工作成了全州最为头疼的事情。政府没有财力投入，牧民丧失牧业以后只能依靠虫草收入补贴畜牧的不足。当然拥有虫草资源的少数牧民挣了大钱，过上富裕生活，但大多数牧民仍然贫困。虫草的事情说小很小、说大很大。从小处说，虫草对牧民的吃喝用度、子女教育起了很大作用；从大处说，虫草收入救了生态移民，也救了地方政府，再说重一点儿，虫草保证了国家生态移民政策免于失败。[①]

地方政府给虫草赋予了崇高的政治意义——牧民能否安居乐业依赖虫草生计，从而影响三江源移民政策是否成功。这里隐含的意义是，虫草资源使牧民可以自行解决生计问题，以此缓和了地方政府的经济窘迫和国家投入不足的问题。在市场领域，政治性传导影响，准确地说扭曲了市场。虫草一开始的上涨是治疗功能无限夸大的结果，后来则演变为礼品经济而一路狂奔。据市场调查，2009-2013年冬虫夏草产量及价格见表9-1。

表9-1 2009-2013年冬虫夏草产量及价格

年度	产量（吨）	价格（千克/万元）
2009	130	15
2010	110	18
2011	120	19
2012	100	25
2013	120	22
2014	70	20（预测）

① 访谈资料-兴海县农牧局2014-07-10。

资料来源：（1）中国冬虫夏草协会，由 CFDA 南方医药经济研究所整理；（2）2014 年数据根据作者实地调查所做的估计。

腐败消费

2013 年以来虫草的下跌是天气原因还是腐败问题？大多数虫草收购商把虫草价格下跌归于天气状况：

> 今年的虫草质量不好，雨下的比较少，天气对虫草影像比较大，另一方面也是因为今年有一个闰月，所以今年的虫草比较少，这个产量是往年的 1/3，而且今年销路不好，去年一根草 45 块，今年 35 块。90%的人都在虫草上亏本了。

但也有部分收购商则把虫草价格下跌归因于腐败消费。一位从 1992 年就在兴海做虫草生意的回商说，今年市场形势不太好，各方面都不太好，明年会稳定一些。笔者问他怎么判断明年会稳定，他说国家反腐败，该抓的都抓了，贪官不敢要虫草了，价格就会重新定位，经济会宽松一点，行情就会稳定了。现在正是反腐败风头上，但是社会不能一直这样，一定会循环，最后就会平衡。社会一定会走向正常。另一位虫草商人说：

> 腐败肯定会刺激虫草价格上涨，但是长远的生意不能依靠腐败，因为还有反腐败行动。我们觉得习主席的反腐败是好政策，只要市场稳定下来，我们就有生意。跌下来不要紧，就怕市场虚高还要硬挺着，谁也不敢动，君子不立危墙之下嘛！

礼品经济演化为腐败消费的确是传导的作用。在许多大城市的烟酒专卖店自 2005 年以后新增了一项业务：回收冬虫夏草。尽管我们看不到推动这项业务繁荣的官员，正像我们看不到腐败者是如何收手一样，政治传导亦如此，是一种看不见但可以从虫草价格的涨跌来参照腐败的现实存在。

对于虫草消费，当地人说采者不吃，吃者不采。本来需要吃虫草的人是固定的，但腐败的影响促使礼物经济形成。无论是虫草还是大闸蟹，礼品的属性一旦生成，就会通过礼物的流动产生额外的消费，价格随之上涨并冲击市场供需的平衡，资源的可持续性就难以保证。可是，我们不应责怪虫草作为礼品经济的市场作用，或者市场染指了贪腐，而应追问贪腐何以摧毁制度的约束以至于传导到市场领域。

文化性传导：道德经济与文化式微

藏文在绝大多数情况下被用来书写和阅读经文，用于神圣的书写。藏人厌恶算计，藏文不是用来写合同的，而是用于神圣目的的，如今观念大变。汉藏双语的包山合同是藏族牧民向市场学习和适应市场的产物。一些拥有虫草资源的牧民在长期与回汉虫草商的交往、交流的过程中，逐步学会了市场经济的种种技能。毫无疑问这是市场发出的传导，经济不仅促发族群间的文化交流，而且还引起牧民的市场兴趣和学习热情。兴海县利民虫草店张老板说：

> 跟我合作过的牧民（草山主人）很善于学习我们的经验，如何签订包山、雇佣合同，如何招收民工，如何与上一级虫草商谈判，他们原来把草山卖给我们，现在他们自己雇人挖，还买山自己干，家里的牛羊找人放牧。好多草山主人做得红火，在县上、州上买了房子，有空就到虫草市场转转来了解行情，学习经验。像这样做虫草生意的藏民在兴海县有上百人。

在玛沁县一批藏族虫草商人也从牧民中分化出来，这既是市场的作用，也是文化交流的贡献。才贝的资料显示：

> 我们家卖草山由四个兄妹轮流挑头负责，一年一换，收入平分。草山固定在50万元的价格，每年一个家庭能分十几万元。如果卖得更高，做主者得到额外的收入。我个人有时候会在村里买草山，然后投“雇工”挖草。我现在不放牧已经八九年了，主要做虫草生意，没有时间放牧，就雇人放牧，一年一人给两三万元的工钱，他也可以挖虫草来抵工钱。（才贝）

文化性传导为市场经济提供了互惠和道德经济的藏族质素，但文化性传导对市场的影响是积极正面但却力量有限。

藏族人心态好，厚道。商家亏钱，藏民会让一点儿，比如亏损三四十万元，让你少付十几万元。亏得多，他就让一点儿，让你少亏点儿。假如说我们赚得多，商家不多给钱。虫草出得好的年份，我们赚了100多万元，也不多给，就是给他买身衣服，请他出去浪浪（旅游）。今年我买山赔10万元，藏民让了4万元，等于亏了6万元。[①]

文化性传导为人与自然关系提供了惜爱生命的宗教滋养，但这种大地伦理日趋淡化要比自然环境的危机更为危险。

拉太（21岁），兴海县牧民：

我是本地人，离赛宗寺30公里。现在移民搬迁出去了，不能放牧，虫草是我们唯一的生活来源。去年去玛沁县雪山乡挖草，采集费交了7,000元，由于虫草太少，赔了5,000元。实在没办法，我和婆娘两人偷着在赛宗山（神山）挖了一个月的虫草，除了我们还有两个替人放牧的外地人也偷采虫草。我们拿了供品，给山神煨桑、祭祀，发愿等虫草换了钱捐给寺院一部分。今年草少，偷挖的人也少，每天两人能挖上20多根，这已经相当不错了。今年虫草不好，十有八九都赔钱了。虽然人的思想都发生变化了，在草山上找点儿钱也不觉得有啥错，但我们还是有点心虚，害怕让老人们知道，骂我们对佛爷不敬。今年好一点儿的草卖上20-30元，一个月下来挣1万多元，还完账还能剩余一些，明年不来了。[②]

在市场经济的发展过程中，有机社会的式微是我们不愿看到但势所必

① 兴海县虫草市场访谈资料2014-07-09。
② 兴海县赛宗寺访谈资料2014-07-09。

然的，因为文化传导的力度和效率受到极大限制。在社会变迁过程中，文化样式不得不做出某种改变。捏价常常出现在人群集中的市场中，那些供需变化快、价值高的商品很适于捏价，交易者亦有排他性的考虑。原来在袖中捏价的讨价还价方式，随着衣服由宽大变修身，改为在草帽或者毛巾之下捏价，计算工具由念珠、心算改为手机、微型计算器，计酬方式也按照工作量的变化使用计件、计时两种标准，这些变化没有改变捏价的本意。

早期人类学家怀特和斯图亚特曾经关注过文化退化（cultural regression）问题，强调文化退化是文化整体进化的特例。①虽然时过境迁，但文化退化仍是当今面临的一个重要问题。采挖神山的现象预示着藏族传统文化支撑的宇宙观、生态伦理和地方性知识体系开始松动，这说明像萨林斯等人所主张的文化决定论或许缺乏解释力。由游牧社会退至采集社会是国家强劲上升途中发生的变化，这引起我们的思考和疑问，虫草社会能够持续多久？

无论在资本主义还是在社会主义的语境中行政力量都大于社会文化因素，文化传导也无法与市场经济相抗衡。虫草社会虽然深受道德经济和藏佛文化的熏陶，但还是被市场经济和地方政治连拉带拽地拖入市场。波兰尼希冀的社会自我保护机制只能寄希望于政治措施来帮忙，并不指望文化因素去改变世界，以完成从市场社会向有机社会的转变。②人类学家作为文化研究者往往把文化置于不恰当的高度，认为文化无所不能，比如萨林斯就宣称“文化自成一体”，而在市场经济、政治、文化的三重关系中，政治传导的力量大于文化传导。因此虫草社会的改变主要来自政治传导。

① Orlove, Benjamin S. *Ecological Anthropology. Annual Review Anthropology*, 1980 (9) Schnaiberg, Allan. New York: Oxford University Press.

② [匈]卡尔·波兰尼.大转型——我们时代的政治与经济起源.浙江人民出版社，2007：2-216.

小结 再论虫草社会

在政策传导下，阿尼玛卿山虫草经济经历了三个不同形态和阶段。在开放式的散挖阶段，人们争相涌入草原采挖虫草，个人获利，草原生态破坏加剧；在禁而不止的限采/禁采阶段，草原承包制推行之初有名无实，各级政府介入分肥，外来人口难以控制；在合同承包的市场经济阶段，草原承包制推行，草原收益和管护归牧民，政府从利益相关者转变为社会服务者，社会、市场和草原生态步入有序轨道。政治传导给虫草社会带来一系列正负反馈：牧民生计机会与草原生态压力；虫草经济的繁荣与草原不可持续；市场波动与贪腐之风。

在散挖、限采阶段，挖虫草实际上是一种开放式的自然资源利用。无序的采挖或者说破坏性的利用在很长时间得不到遏制，其原因在于：其一过分刚性的行政措施不能解决属于经济领域的事情；其二政府存在与民争利的动机。停留在过去僵化观念中加上财政窘迫，地方政府相信自然资源的管理只能用行政手段和硬性驱逐的方式去操作，而没有考虑自身染指资源利益又如何排除他人的利益诉求？也不相信村民有能力管护好自己的土地。一些部门实际上试图在虫草资源被攫取完毕之前获取最大限度的短期利益，也表明对权力下沉社区缺乏信心。如何保持虫草经济的稳定性和对社会发展的可持续性，我们要使用好政策性传导这一工具，它要求政府要排除部门自身的利益诉求，尤其是在自然资源上面彼此分肥，而应把工作重点放在如何提升公共服务和生态环境保护的能力，让文化因素发挥作用。

从虫草社会演变的过程来看，国家政策、权力和社会治理方式正在发生进化、进步，对牧民生计和生态环境的重视、行政观念的转变和综合性治理行动可以可以说明这一点。如今的社科领域，许多学者濡染了浅尝辄止的风气，参与观察对于他们来说则是既不参与又疏于观察。谈到国家政策、权力总是愤愤然，部分学者仍然停留在早期人类学研究的时代，将社会过程的长时段和短时段割裂开来，高谈权力滥用、冲突和剥夺，而对社会过程中正能量的政策传导熟视无睹。那些热衷于谈论权力且言辞激烈、尖锐的学者，却能赢得众人喝彩，此浮华之风令人类学近年来对学术无太多建树。人类学已经进入过程研究时代，这要求人类学家付出更多的精力和时间在田野中观察社会变迁的完整过程，而不是在书斋里闭门造车，在接二连三的出国访学中寻找所谓答案。

虫草经济的贡献在于为生态移民政策和牧民的生计提供物质保障，也为族群之间的文化交流提供机遇。不可否认，虫草经济和现阶段的资源开采对社会系统做出了正向功能反馈，但是资源的贡献不能掩盖潜在的风险，比如文化的解构，生态意识的弱化和草原系统的干扰，这里存在着资源枯竭的危险或可持续性风险。一旦资源不可持续，这些贡献将不复存在，而且人们的生计、国家政策和草原生态环境都将遭受挫折。

虫草经济的不可持续问题和它所做出的贡献都是社会因素包括政治因素传导的结果。在经济与社会的关系中，传导或者嵌入是两者互动的表现形式。政策传导包含了正负两个方面的介入，负反馈在某种程度上很容易抵消和吞噬正反馈的作用。政策性传导可能给市场经济带来负面反馈或者伤害，比如部门的资源利益诉求、贪腐行为，是市场经济自身无法克服的传导，只能在社会领域或者说只能依靠政策和制度加以修正。至于文化性传导，它对政策、制度和市场经济的影响是间接和累积性的。文化传导在经济领域的强弱是由社会语境决定的。

虫草经济所提供的文化接触平台给虫草社会带来商贸知识、契约精神和劳动力资源。从事虫草贸易的回汉群体得到上游虫草收购的控制权，同时也从藏族人那里得到商业利润、生计机会以及传统生态知识和宗教信仰。

第十章 结论与建议

神圣自然与自然的控制

神圣景观拥有多目标性的特质，因而它所再现的意义也是多重的。作为权力的象征，藏王政教合一的王权和部落头人的社区领导权分别在不同级别的神山景观中获得表达；作为宇宙观的再现，空间知识、灾害仪式、地方意识形态和土地情感尽在其中；作为行动指示器，景观在信仰领域和行动领域为空间行动提供力量。

雪域青藏高原的山脉、湖泊并非纯粹自然之物，按照大区、部落和村落的序列分布着不同级别而被赋予神圣意象，形成数量可观的神山圣湖。这种神圣地理现象或者文化景观，包含着藏族宇宙观、信仰、生命价值、传统生态知识、文化编码和行动。如果我们把神山圣湖看作一座充满意义的仓库，那就意味着景观是即文本，因而如何阅读神山圣湖所提供的深邃文本并加以编码，乃至获得对当今中国和世界的生态文明产生重要启发和贡献的生态智慧和洞见。

藏人古已有之的万物有灵观念将人灵魂寄存于自然物中，人与自然建立了生死与共的关系——生命共同体。人类出于何种原因保护自然是衡量“深绿”和“浅绿”的一个标准。我们采取环境保护行动是因为自然被人类破坏、污染了，我们使用技术手段补救、保护自然以便让它继续为人类利用，这是“浅绿”的表现；我们爱护自然不是出于获利动机，而是出于自然情谊和土地情感，这是发自内心的态度和行为。土地情感和敬畏之心从根源上打消了人们攫取自然的念头，没有攫取就没有破坏，更无需环境恢复。拥有传统生态知识的人持有这样态度：对自然进行环境保护不如不去干预自然。这种态度是“深绿”的态度。万物有灵观念并不像人们认为的那样，是落后的原始人的思维模式。反思工业化进程，这种观念包含着深沉的生命关怀和生物多样性保护的思想。神山圣湖制度维系至今而不崩坏的原因之一便是土地情感和“深绿”思想。把土地情感融入自然环境中，这是生物多样性保护和生态文明的宝贵遗产。

控制自然的观念伴随着西方工业化的进程逐步推广到世界各地，当它与发展话语、科学话语和权力话语结合在一起时，成为生态环境问题的深层根源。控制自然的观念逐步成为现代社会的意识形态，人类想跳出它设置的框架很困难且很痛苦，“人们恰恰很难辨认自己创造的魔鬼”（济慈语）。

传统生态知识中的“六个圈”

我们低估了 TEK 作为深层生态学和人生哲学的价值。我们崇尚科学思想因为它是理性、系统和可还原的知识，而认为 TEK 局限于琐碎的实用性，把它视为一种日常生活的智慧和片段的知识。尽管传统生态知识隐藏于仪式和日常文化实践中，但是它强调“事物皆相连”的整体空间观，即 TEK 是知识—实践—信仰的复合体；①它认为人与自然融为一体不可分离，自然空间是社区的延伸。②这是对人与自然关系最恰如其分的表述，如果说有什么样的观念就会有什么样的行动，那么控制自然的观念必然带来控制自然的行动，人与自然共生的观念也一定鼓励人们奉行爱自然的行为。

“六个圈”的牧民环境认知包含了他们对生态系统的整体认知。人与帐圈成为整个系统的中心，重视人和社区对自然系统的敬畏和保护是对牧民对人与自然关系的关键表述。在六个圈的生态认知中，传统游牧知识和实践在人与自然系统中具有文化和文明层面的价值，那就是合理利用草原与维系草原活力的有机结合。只使用自然系统带来的红利，而不动用自然系统的本金，这就是游牧精神。

---

① Fikret Berkes, Johan Colding, Carl Folke,“Rediscovery of Traditional Ecological Knowledge as Adaptive Management,” *Ecological Applications*, Vol. 10, No. 5 (Oct., 2000):p. 1251-1262.

② Raymond Pierotti and Daniel Wildcat,“Traditional Ecological Knowledge: The Third Alternative,”*Ecological Applications*, Vol. 10, No. 5 (Oct., 2000):p. 1333-1340.

制度是无形的结构，围栏是有形的分割。我们无须过分抱怨承包制，那时特定时期的制度探索，但是当适于农区的承包制在草原地区暴露出束缚生产力、有碍生物多样性保护时，我们应该期待制度的改革和创新。很明显，牲畜的“跨栏”本领和“无水适应”说明草原土地制度违反了牲畜的自然天性，当然我们也可以把这种异常行为理解为动物对围栏的反抗。草原牧业不能在“围栏—过牧—生态补偿—再过牧”的怪圈里循环往复。这不是说复兴草原必须回到游牧时代，那个时代已成过去，而是回归游牧精神，因为它包含了大量有价值的地方性生态知识和人类智慧。

“六个圈”关于人与自然系统的整体观对我们反思政策设计有诸多启发。中国对自然资源实行国家所有，所采取的方式是自上而下的管理模式。可是国家是一个抽象概念，一个负责自然资源的国务院机构不可能太大，足以管理省级政府的各个部门。一个抽象的国家机构要既管理自然资源又保护环境是一件极其困难的事情，所以资源管理和环保职能被碎片化。比如自然资源包括矿产的管理和保护由众多的机构分管，其中有国土资源部、水利部、环境保护部、工业和信息化部、农业部、国家林业局、国家能源局以及五矿集团。以三江源地区的草原为例，这里有大江大河的源头，有广袤的草原牧场，又有丰富的矿产资源，可是一个基本的事实是这里还是关键生态功能区和生态脆弱区。保护生态的意义比开发资源的意义要大得多，但在发展话语下该区只能选择资源型经济。部门之间很难形成一个统一的想法，哪个部门能站在一个更为宏观的制高点上看问题，在分散治理的模式下难以形成一个集中管理的模式。开发矿产为国民经济输送能量，为国家实力贡献外汇收入。如果能源部门、五矿集团欲开发矿产，国土资源部必须为其提供土地和采矿权，即便可能招致巨大的生态风险，环保部、水利部、林业机构爱莫能助，因为权力交织在一起无人能够平衡。实行统一而独立的环保监管体系，破解环保职能的碎片化只能期待环保大部制的机构改革。

与社区发生关系的是地方政府和采矿企业。现有的资源管理模式愿意相信发展会改变一切，与此同时，却怀疑牧民和社区拥有保护自然资源的能力，也忽略这些土地所有者应该在资源开发过程中获得收益的权力。因为在官方看来，草原牧民的生存严重依赖自然资源，其过度使用不可避免地与资源保护相矛盾。牧民的态度亦很明朗，资源开发获得的利益与牧民无关，环境保护也与牧民无关。在国家、地方、采矿者和牧民之间，前三者无疑获得自然资源开发的利益，而作为利益相关群体的土地所有者牧民却被人遗忘。更糟糕的是，他们不但承受资源开发引起的环境压力和痛苦，而且还被污名加身——草原退化的肇事人。任何一项政策的设计都应该考虑如何调动利益相关群体各方的积极性，既开发利用资源又能保护生态环境。作为利益相关群体的牧民既不能获利，又无权保护家园，那么只能说明草原某些政策设计有问题。问题恰恰出在一个致命的纰漏——没有人，亦没有社区。“六个圈”思想对草原政策的设计应有启发，因为在地方性生态知识和智慧中，能看到人和社区对自然系统的能动作用，积极而正面的作用，不是控制自然和索取自然的能动性。政府部门和矿企企业都在为利益最大化而“发展”，而且采取各种手段强化对自然资源和人的控制。这一过程显然存在巨大的社会不公，《论语》说“不患寡而患不均，不患贫而患不公”，当牧民意识到社会不公时，就会出现“越控制越抵抗，越发展越贫穷，越治理越退化”的负反馈。政策漏洞是可以弥补的，前提是必须有文化自觉的精神，认识到传统生态知识中有我们可以利用的东西。生态文明不是在工业时代形成的，而是在长期的人类与自然相处的过程中逐步积累的。生态文明的思想包含着人和社区的核心概念，有人有社区，为人为社区，那种满眼利益的政策是不符合生态文明思想的。十八大提出，建设中国特色社会主义事业总体布局由经济建设、政治建设、文化建设、社会建设、生态文明建设的“五位一体”，总揽国内外大局、贯彻落实科学发展观的一个新部署。国家的“五位一体”比任何时期的宏观政策都显得理性和清明，不再追求单纯的发展，其价值在于转向均衡和整体的发展思路，即人与自然和谐相处的多目标性，其与“六个圈”的民间思想是暗合的。

生物多样性

对自然环境如何看人们决定采取什么样的行动。藏族文化把世界万物视为“如母有情”和“无情有性”的众生，众生在生命的意义上是平等的，因此爱惜生命，保护生物多样性成为人们生活的目标之一。现代工业思维把世界视为攫取资源和再造自然的对象，认为技术可以按照人的意志解决一切问题，因此采取控制自然、再造自然的干预行动，毒药和围栏在某种意义上就是控制和再造的人类中心主义象征。在权力话语中高原鼠兔的负面功能被放大成极具破坏力的“害兽”，并施以灭绝式的毒杀。无论从本土眼光还是科学视角看，高原鼠兔都是草原生态系统的关键物种和生态工程师，其对草原系统是祝福而不是诅咒。

科学和技术专家缺乏科学伦理和独立判断的勇气既有自身的问题也有体制问题，研究机构的行政化就像一个无形框架困扰着科学研究，无奈的是多数人甘愿受制于结构的控制而不愿独立思考。一个丧失独立判断的科学专家只关心课题本身的问题，只解决科学问题的单一目标，比如杀鼠剂如何有效毒杀鼠兔，至于杀鼠剂对其他物种和人类的伤害，对环境、土壤、水体的影响，被他冷漠地回避。一个有科学伦理的学者应该考虑以下相关问题：

1. 关键物种被毒杀的生态风险评价，即关键物种的灭绝对其他草原物种、草地系统和生物多样性的影响；

2. 对三江源地区正常发挥生态保护功能的影响；

3. 对暴露和残留于草原的毒性物质在环境中迁移、转化和遗传的研究。毒杀鼠兔政策的结果是局部成功而总体失败，短时有效长期无效。科学应有反思的勇气，土拨鼠的前车之鉴应成为反思和清理毒杀政策的契机。生态危机的解决需要文化自觉，只有文化自觉才能真正唤醒科学的伦理和价值观。

高原鼠兔为害草原是环境恶化的产物而不是草原退化的主因，人口激增、过牧超载才是问题所在。三江源环境治理的出路不是先毒杀关键物种，而是优先保护环境，有了生态平衡的自然系统，种群数量可以通过生物链的自身作用得到控制。相反，毒杀关键物种不仅导致生物链的崩坏，而且引起生物多样性的灾难性危机，从而削弱自然生态系统自身的维系和调节功能。笔者的观点并非反对高原鼠兔种群数量的减少，而是反对使用毒杀这种破坏性方式去灭绝高原上的关键物种。事实上藏族传统生态知识蕴含着伟大的生态智慧，在文化制度保护下的生物多样性对生态环境系统自身所发挥的维系作用具有独特的价值。因此建议决策部门确立“用适当的方式合理控制鼠兔种群数量而不是灭绝物种”的原则，控制种群数量慎用毒杀技术而以天敌制衡为基本策略。

科学本身并不存在问题，而科学的使用方式很容易出现偏差。世界不存在单一的正确方案，如果某一政策的实施仅仅考虑人类的一己之私而损失了生物多样性和环境，甚至危及文化，那么这一政策设计一定缺少文化自觉和多目标性的考虑。举一个我在甘南调查的例子。在甘南汉藏聚集地区，洮州 18 位龙神每 12 年进行一次“装脏”仪式，需要三样灵物：蛇、燕子和喜鹊。喜鹊是杂食动物，蝗虫、蝼蛄、谷物皆为食物，喜鹊还是中国文化的重要标志和吉祥物。八十年代初喜鹊随处可见，但化学剧毒药物普及的速度很快，而且进入大山深处和草原腹地，敏感的生物渐渐逃离和消失。毒药的使用影响到汉藏民众共享的龙神信仰和生态保护仪式的展开。在玉树隆宝湿地黑颈鹤与人的关系非常亲密。护鸟人说黑颈鹤不怕人，尤其不怕当地那些穿藏袍和骑马放牧的人，跟牧人在一起它有安全感。藏族牧民对黑颈鹤感情很深，有文化和宗教的原因（2010 年访谈）。黑颈鹤用藏语说就是“格萨尔达孜”，意思是“格萨尔的牧马倌”。格萨尔有一个寄魂鸟“仙鹤”就是黑颈鹤。藏人爱鸟还可归因于“天梯信仰”，鸟是人界与天界沟通的工具。[①]

包括文化禁忌的 TEK 在工业化中受冲击而崩坏引起了剧烈的文化变迁，观念上的巨大变化导致生物多样性锐减，野生动植物岌岌可危，冬虫夏草就是这种观念变化的结果。前西藏的噶厦政府曾禁止采挖虫草。传统认为虫草是山神的肠子，如果挖掉虫草山神就没法活了。在果洛、玉树，报告人说以前没人挖虫草，虫草是菩萨的汗毛，山神的头发。如果山神发怒，就会降下雪灾、冰雹和瘟疫。虫草神圣化的实质是强化动土禁忌的权威性。过去只有藏医可以挖，他要先请神，还要严格确定时间和方位，挖过的土坑要及时填埋。由于文化环境的变化，原来的“动土禁忌”今已松动。现在的采挖者全然不顾了，而且三江源地区在五六月份学校还会放“虫草假”，本地的外地的采挖者蜂拥而入，肆意攫取。在市场经济的推拉作用下，自然商品化或者自然资源化风气日甚，所谓“野生无主，谁挖谁有”。从深

① 林继富.灵性高原——西藏民间信仰源流.武汉：华中大学出版社，2004.

层结构看，虫草现象释放了一个危险信号。在青藏高原传统的“转场浅牧”生产方式保证了草原的平衡，而在科学昌明的今天却无法保证生态系统的平衡，牧民生计问题无法解决，牧民要依赖虫草才能生存。由此看来，藏族的动土禁忌实为生发于民间的生态智慧，笔者反复强调文化自觉就是想说明那些以仪式信仰和习俗惯制的形式出现的传统，其实隐含着科学精神和人类智慧。TEK为何不能被政府官员和科学家广泛接受，归根到底还是缺乏文化自觉的眼光，不熟悉也不愿尝试TEK，对传统框架的知识感到不自在。

青藏高原生物多样性保护的关键是制度创新和权力下沉，措池藏人的探索具有重大启发意义。拆掉分割草原系统的围栏是对现行草原管理制度中的弊端——妨碍生物多样性保护——的挑战，其目光远大而深邃。地方社会已经发出制度创新的积极信号。值得管理层密切关注的是，拆掉围栏的尝试不是出于狭隘的经济理性，而是保护野生动物的远见之明。制度框架对社区权力的控制、限制因素束缚了地方的能动性，因此权力下沉，下放草原管理权和保护权，是环保行动的前提和保护青藏高原生物多样性的关键。

本研究以高原鼠兔为例提出以下保护生物多样性之建议：

1.在权力话语中高原鼠兔的负面功能被放大，并被施以灭绝式的毒杀。无论从本土眼光还是科学视角看，高原鼠兔都是草原生态系统的关键物种和“生态工程师”，其对草原系统是祝福而不是诅咒。

2.为此，自然科学家需要填补一个重要的研究空白：着手进行关键物种被毒杀的生态风险评价。即关键物种的灭绝对其他草原物种、对草地系统和生物多样性的影响；对三江源地区正常发挥生态保护功能的影响；对暴露和残留于草原的毒性物质在环境中迁移、转化和遗传的研究。

3.高原鼠兔为害草原是环境恶化的产物而不是草原退化的主因，人口激增、过牧超载才是问题所在。三江源环境治理的出路不是先毒杀关键物种，而是优先保护环境，有了生态平衡的自然系统，种群数量可以通过生物链的自身作用得到控制。相反，毒杀关键物种不仅导致生物链的崩坏，而且引起生物多样性的灾难性危机，从而削弱自然生态系统自身的维系和调节功能。笔者的观点并非反对高原鼠兔种群数量的减少，而是反对使用毒杀这种破坏性方式去灭绝高原上的关键物种。事实上藏族传统生态知识蕴含着伟大的生态智慧，在文化制度保护下的生物多样性对生态环境系统自身所发挥的维系作用具有独特的价值。因此建议决策部门确立“用适当的方式合理控制鼠兔种群数量而不是灭绝物种”的原则，控制种群数量慎用毒杀技术而以天敌制衡为基本策略。

4. 人类面临的生态危机在实质上是文化危机。人类对生态环境的认知是一个发展过程，无论是藏族传统生态知识还是科学的生态知识都不是完美无缺的，皆有认识的局限性，这就意味着人类的环境认知水平是有限的但又是可提升的。不是科学出现问题，而是草原使用的方式包括科学手段的使用出了问题。生态危机的解决需要文化自觉，只有文化自觉的唤醒才能真正把科学知识体系与藏族地方知识有机整合起来。

环境保护行动与法制社会

河流污染、断流，湿地干涸，森林消失，青藏牧场褪去绿色尽显斑驳的沙漠化土壤。人们追问草原退化究竟是自然因素还是社会因素，如果是两者共同作用的结果，人们只能承认自然因素不可控，但社会因素犹可为。

环境抗争是人对大自然的控制和攫取引起的种种环境不公的产物。环境抗争的驱动因素在不同地区有不同内容，但大致可分为：基本权利受损，贫困、环境退化和利益侵蚀。许多环境抗争的诱因是矿企企业不道德生产对人类生命的威胁。尾矿库存在着引发地质灾害、污染河流、毁坏房屋的危险。河流污染导致人畜伤亡，疾病感染，保护水源可能是环境抗争最为普遍的一种。矿企开发对草原退化的影响显而易见，是导致农牧民贫困的原因之一。矿企在开发过程中以低廉的价格甚至无偿获得土地，地方政府亦在其中扮演了顺水推舟的中间人角色，矿企及相关利益群体享有采矿的收益，而农牧民却在品尝环境退化酿成的苦果，当地人失去发展的机会和权力，这既是社会不公也是环境不公。

永续发展是每个社会都关注的事情，也都有相应的文化制度加以维系。现在的问题是工业化进程中的自然资源开发模式已经对代际公平构成了极大威胁。自然资源的代际分配出现的不公表现在（1）使用自然资源，（2）享受清洁环境，（3）谋求生存和发展的机会。造成的原因表现为：

- 不可再生资源的减少乃至毁灭；

• 环境质量的下降；

• 缺少获取自然资源和人文资源的途径和机会。

大量的抗争事件都是环境不公引起的，说明矿企开发的政策存在许多问题，用经济手段解决和资源依赖型经济具有不确定性，不是最好的选择，制度的改革才是出路。

在文化—行动维度中，人们采取什么样的行动，或者一个集体采取何种行动，个体采取何种行动，受到文化模式的影响。环境抗争采取何种程度和水平的行动有两个维度可用来分析。在变迁维度中，环境抗争随着社会进程的推进而进化，其进化过程：直接对抗——讨价还价——协商。在采矿业发展初期，缺少健全的采矿政策和制度环境，矿企在类似于“圈地运动”中做得很强硬，而牧民也没有与矿企打交道的经验，对大机器既陌生又恐惧，因而多采取直接对抗甚至冲突的方式解决问题。随着采矿法规制度的健全和社会环境的改善，牧民开始适应社会变迁，学习用市场和法律手段解决问题。于是牧民开始用讨价还价的策略与矿企和政府打交道，也尝试共建协商调解机制处理问题。

藏族的文化模式表现为统一的宗教信仰和严密的部落传统，同质性较强的藏族牧民对环境危机主要采取集体行动，其环境抗争从直接对抗转变为协商方式。与此有所不同，汉人的文化模式是信仰多样化和复杂而精细的社会组织，汉人的异质性决定他们既可能采取集体行动，又可能采取个体行动进行环境抗争。汉人的集体行动是富有组织性和成效的，尽管当地矿企企业利用民俗手段获取社会声望以期改变社会形象，从而掩盖一些事实，但那些民营企业家不得不考虑当地社区的生态理想和利益诉求。在个体的行动中，人们使用侵蚀、偷盗等弱者的武器进行抗争，从矿企获得利益以得到补偿和求得平衡。

无论如何，青藏地区的环境抗争很难说是一种胜利，仅仅是框架内允许的突破，或者说是一种讨价还价，很难摆脱结构的制约。政府把自己视为矿产资源的分享者，矿企是矿产资源的利益实现者，牧民是土地的主人和草地退化责任的追索者。政府与矿企拥有共同利益而加以联合，因而县政府不能为牧民出头说话，也不可能有效治理牧民期望的环境问题，更无法制止矿企的不道德生产，农牧民也只有顺应现代社会的生存法则，学习新的知识保护自己的权力免遭侵害。

从某种意义上说，环境抗争是对法制不健全条件下环境不公的改革呼声和建构性行动。青藏地区的环境抗争历程是一个水平、境界不断提升的过程，那些把环境抗争贬低为经济补偿和获利动机的理解都是片面的和隔靴搔痒的解读。其片面性在于想当然地把牧民的想法看做思想狭隘的小牧思维，而事实上牧民考虑的问题具有深层生态学（deep ecology）的意义，比如代际公平问题。代际公平的核心是可持续发展。人们为什么选择和坚持游牧生产方式——转场浅牧这种细水长流的习惯，虽然在当下看来有点不合时宜，但在这种生产方式下当代人与后代人在利用自然资源，享有清洁环境和发展机会方面都是公平和可持续的。牧民为何要抗争？在我看来，现行的资源利用模式太急功近利以至于许多不可再生资源急速减少乃至灭绝，不给后人留下生存和发展的空间。今天的强力干预使后人无法享有他们应得的清洁环境，而且使后人丧失了获取自然资源和人文资源的途径和机会。像其他地方一样，青藏地区的矿产开发存在严重的环境不公问题。

如何评价和看待青藏地区的环境抗争？我们必须对事件发生的语境有一个历时性的认知，起初的环境抗争诉诸直接对抗，是在中国各项社会制度不健全的条件下发生的，因此大多数人把环境抗争视为危险或者具有结构力量的群体事件，这种认识直到现在仍未改变。其实对环境抗争的恐惧心理和所做的堵塞行动既无必要又缺乏根据，如果不改变这种社会恐惧心理才是令人恐惧的事情。比较粗放的环境抗争是国家法规制度不健全或有法不依的产物。从发展和动态的眼光看，牧民的环境抗争水平和层次出于不断提升的过程，其行动已经从经济补偿上升到环境公正的诉求，为后代发展着想，即便采取了过激行为也不是针对社会结构，用不着恐惧更用不着堵塞。如果从社会永续发展的角度看，笔者认为环境抗争不但不是危险的、解构的行动，反而是正能量的建构行动。对于资源的过度开发和使用，社会上存在一些不同声音和制衡力量，是好事而不是坏事。换句话说，一类行动者打着发展旗号去制造环境问题，另一类行动者为人类永续发展呼吁保护家园，哪个更危险，哪个更具建构性？如果面对青藏高原的生态危机，社会麻痹到忘记做出任何的反馈和响应，这才是自上而下的全面危机。

要命的利税和滥采贱卖的矿产资源

草原究竟应该走什么样的路，牧民才有希望和幸福？木桶理论告诉我们，一个水桶无论有多高，它盛水的高度取决于其中最低的那块木板。短板理论说明任何一个社会，可能面临的一个共同问题，即构成结构的各个部分往往是优劣不齐的，而劣势部分往往决定整个社会的水平。①在青藏高原的资源型地区，越是不具备工业基础的地方越要强调发展工业，越是生态脆弱的地方越要把采矿业当做首要发展的目标。在发展话语的统治下，一方面GDP、利税成为县域社会发展水平的标志，采矿业成为创造该数据的有力工具；另一方面，牧业经济、牧民生活水平和生态环境成为该社会结构中的短板，甚至成为影响社会进步的缺陷。政府被采矿业绑架了，牧民甚至自然系统也被它绑架了。评价一个社会的好坏，GDP、利税不能说明问题。如果政府和企业获得了财富，而未能给当地人带来福祉，也未能带来社会的均衡发展，这一定是短板效应。事实上在采矿业繁荣、利税高企的背后，牧民生活状况比我们想象的还要糟糕，尾矿污染、缺水和草原退化的阴影挥之不去，影响着未来的生活；人的基本权利未能得到很好的维护；牧业生产遇到发展的困境和制度性障碍。

矿产资源尤其是稀土的开采和冶炼所付出的环境代价远高于它所带来的收益水平。如果把眼光投向世界矿产资源的市场体系，青藏高原的矿产开采、冶炼是世界市场的一部分，即我国的矿石定位于市场供需中的供应一端。而供应地承担着环境污染的风险，资源产地品尝着一系列由此引起的痛苦。目前美、欧、日等国家在本国采取小规模采矿或者零采矿的封存策略。他们利用战略资源的主导权压低价格，大量收储稀土和稀有金属以备未来之需，同时转嫁采矿的环境成本和生态危机。调查研究得出以下政策建议：

第一，矿产资源开发应采取节制开采和延后开采的政策。其原因：矿企的道德水平和安全生产、资源利用的技术水平均较低，矿企基本采用粗放的采掘和选矿方式，在某种程度上说开发即等于破坏。不道德生产导致

① Peter, Laurence J.Hull, Raymond (1969). *The Peter Principle: Why Things Always Go Wrong*(New York: William Morrow and Company),p. 8.

环境遭到难以恢复的破坏和人类基本权利被剥夺，导致社会关系的紧张和环境冲突；

第二，实行环保大部制的机构改革。政令不通畅是缺乏统一性的问题。反映到基层管理部门，国土资源管理中就会出现审批混乱、无视国家法律法规以及政策方针，随意对个人、企业的用地申请进行审批。[①]很多基层的管理部门中领导包揽了审批大权，因此会借职位之便以权谋私，谋取不正当的利益。通常用引资、招商等借口，随意满足他人使用土地的申请，这不仅仅会对市场秩序的正常维护造成不利影响，还会带来严重的土地资源不合理利用问题。在实际生活中，矿产资源所有权、经营权（探矿权和采矿权在内的矿业权）、行政权三者混淆，以行政权、经营权代替所有权管理，国家所有权受到条块的多元分割。那些具有垄断性质的国企如中石油、中石化和中海油依托政府权力控制了油气开发行业，中国五矿集团则控制了大多数矿产资源。国家的矿产资源利益也被“悄然”侵占。[②]作为矿产资源所有者的国家，其权利地位已被模糊和弱化，无法保障自身的行权收益，特别是在以政府行政权代替国家所有权的管理体制下，矿产资源的产权归属反而成为管理部门权力寻租的工具。

第三，只有建立统一而独立的环保监管体系，才能破解环保职能的碎片化职能，进而培育和建立全民的环境监督机制，向社会环保自组织授权。目前的社会成员自组织水平较低且无话语权，民众缺乏进行有效环境监督的途径和环境。

第四，通过出口配额政策和产业监管政策的调整，提升在世界战略资源贸易体系中的主导权和话语权，维护国家利益。稀土和稀有金属广泛用于电子信息、机械、化工和航天领域，是不可再生的宝贵资源。美、欧、日等国家利用其话语权围攻中国，将配额制诉诸 WTO 争端解决机制。这些国家拥有稀土资源的定价权和话语权，存在胜诉的可能性。为此我们做好两方面的工作：其一，防止配额制漏洞。虽然稀土原料出口受到严格限制，但在中国购买稀土原料的初级产品并不受配额限制，这可能成为配额制的

① 程萌，郭莎莎.基层国土资源管理分析.科技创新与应用，2014（2）.

② 蒋莉等.我国矿产资源管理体制存在的不足及其对策.安全与环境工程，2013（3）：30-31.

一个漏洞。于是一些国家通过企业在中国稀土资源区大规模投资设厂，大量买入稀土原料和稀有金属，简单加工成初级产品运往国外，成功地规避了中国出口配额的限制。其二，改变国内稀土和稀有金属企业过于分散的状况，进行行业整合兼并。如果败诉将面临取消配额制，那么整合后的矿企更容易采取统一行动，企业不愿贱卖资源乃是市场行为，可以有效维护国家和企业的整体利益。

第五，对于一些国家采取的封存和战略收储策略，国家的当务之急是加大行业监管，限制国内矿产过度开采和消费。把保护稀有资源作为国家战略看待，建立我国相关资源的战略储备计划和体系，确保中国经济的可持续发展。

参考文献

中文专著

[1] [美]阿图罗·埃斯科瓦尔：《遭遇发展——第三世界的形成与瓦解》，汪淳玉、吴慧芳、潘璐译，社会科学文献出版社，2011。

[2] [美]安德鲁·史密斯等：《野生动物的故事》，载汪松等编辑《保护中国的生物多样性（二）》，中国环境科学出版社，1999。

[3] [英]埃文思·普理查德：《努尔人——对尼罗河畔一个人群的生活方式和政治制度的描述》，褚建芳等译，华夏出版社，2002。

[4] [英]埃文斯·普理查德：《阿赞德人的巫术、神谕和魔法》，覃俐俐译，商务印书馆，2006。

[5] [古希腊]柏拉图：《蒂迈欧篇》，上海人民出版社，2005。

[6] 才贝：《阿尼玛卿山神研究》，民族出版社，2012。

[7] 达仓宗巴·班觉桑布：《汉藏史集》，陈庆英译，西藏人民出版社 1986。

[8] 邓云特：《中国救荒史》，商务印书馆，1993 。

[9] [美]杜赞奇：《文化、权力与国家》，南京：江苏人民出版社，1994。

[10] 大正新修大藏经（第十三册），大般涅槃经-卷六，CBETA 电子佛典集成 2004。

[11] [德]海德格尔：《语言的本质》，载孙周兴编《海德格尔选集-下》上海三联书店出版，1996。

[12] 范长风：《甘南高原上的族群合作——洮州青苗会的人类学研究》，华东师范大学出版社，2007。

[13] [法]福柯：《性经验史》，佘碧平译，上海：上海人民出版社，2000。

[14] [法]福柯：《话语的秩序》，许宝强、袁伟选编，北京：中央编译出版社，2001。

[15] [挪威]弗雷德里克·巴特：《斯瓦特巴坦人的政治过程》，上海：上海人民出版社，2005。

[16] 费孝通：《乡土中国　生育制度》，北京大学出版社，1998。

[17] 格勒：《格勒人类学、藏学论文集》，中国藏学出版社，2006。

[18] 光绪《洮州厅志》卷一。

[19] 《甘南藏族自治州畜牧志》，甘肃人民出版社，1993。

[20] 《淮南子·精神训》。

[21] 韩念勇：《草原的逻辑（四）》，北京科学技术出版社，2011。

[22] 《汉书·食货志》。

[23] [英]哈耶克：《个人主义与经济秩序》，邓正来译，三联书店，2003。

[24] 《晋书·天文志》。

[25] [英]J. B. 弗雷泽：《金枝》，北京：新世界出版社，2007。

[26] [美]卡洛琳·麦茜特:《自然之死——妇女、生态和科学革命》，吉林人民出版社，1999。

[27] [德]卡西尔(Cassirer,E.)：《神话思维》，黄龙保、周振选译，北京：中国社会科学出版社，1992。

[28] [匈]卡尔·波兰尼：《大转型——我们时代的政治与经济起源》，浙江人民出版社，2007。

[29] [美]孔飞力：《中华帝国晚期的叛乱及其敌人》，中国社会科学出版社，1990。

[30] 康熙《岷州志-水利》。

[31] [美]蕾切尔·卡逊：《寂静的春天》，吕瑞兰、李长生译，吉林人民出版社，1997。

[32] [英]理查德·奥蒂：《资源富足与经济发展》，首都经济贸易大学出版社，2006。

[33] [法]吕西安·列维·布留尔：《原始思维》，丁由译，商务印书馆，1981。

[34] [法]列维·斯特劳斯：《野性的思维》，李幼燕译，商务出版社，1987/1962。

[35] 李安宅：《李安宅藏学文论选》，中国藏学出版社，1992。

[36] 李安宅：《藏族宗教史之实地研究》，上海人民出版社，2005。

[37] [英]L.怀特：《文化的科学》，山东人民出版社，1988。

[38] 刘宗迪：《失落的天书：〈山海经〉与古代华夏世界观》，北京：商务印书馆。

[39] [英]拉德克利夫·布朗：《禁忌》，载史宗《20世纪西方宗教人类学文选》，上海三联书店，1995。

[40] 《论语·季氏》。

[41] 林继富：《灵性高原——西藏民间信仰源流》，武汉：华中师范大学出版社，2004。

[42] 《密拉日巴大师全集（上）》，张澄基译，上海佛学书局，1996。

[43] [德]马克思·舍勒：《道德建构中的“怨恨”》，载刘小枫选编《舍勒选集下集》，上海三联书店，1999。

[44] [美]莫里斯·弗里德曼：《中国东南的宗族组织》，上海人民出版社，2000。

[45] [德]莫尔特曼：《创造中的上帝——生态的创造论》，隗仁莲等译，三联书店，2002。

[46] [法]马塞尔·莫斯：《论馈赠》，卢汇译，中央民族大学出版社，2002。

[47] [法]马塞尔·莫斯，昂利·于贝尔：《巫术的一般理论：献祭的性质与功能》，广西师范大学出版社，2007。

[48] [英]玛丽·道格拉斯：《洁净与危险》，北京：民族出版社，2008。

[49] 《玛曲县志》。

[50] 南文渊：《藏族生态伦理》，民族出版社，2007。

[51] 宁文芳：《玛曲史话》，甘肃文化出版社，2009。

[52] [奥]内贝斯基：《西藏的三组女神》，谢继胜译，《国外藏学研

究文集（四）》，西藏人民出版社，1988。

[53] 青海省地方志编委会：《青海省志-畜牧志》，合肥：黄山书社，1998。

[54] [法]石泰安：《西藏的文明》，中国藏学出版社，1999。

[55] [美]斯科特：《弱者的武器》，译林出版社，2011。

[56] [美]托马斯·谢林：《冲突的战略》，华夏出版社，2011。

[57] [加]威廉·莱斯：《自然的控制》，重庆出版集团，2007。

[58] [澳大利亚]薇尔·普鲁姆德：《女性主义与对自然的主宰》，重庆出版集团，2007。

[59] [英]维克多·特纳：《仪式过程：结构与反结构》，黄剑波、柳博赟译，北京：中国人民大学出版社，2006。

[60] 王明珂：《羌在汉藏之间》，台北：联经出版事业股份有限公司，2003。

[61] 县志编委会：《兴海县志》，三秦出版社，2000。

[62] [罗]伊利亚特：《神圣的存在》，宴可佳译，桂林：广西师范大学出版社，2008。

[63] 张岩：《〈山海经〉与古代社会》，北京：文化艺术出版社，1999。

[64] 张济民：《藏族部落法初探》，西宁：青海人民出版社，1992。

[65] 张济民：《青海藏族部落习惯法资料集》，青海人民出版社，1993。

[66] 宗喀巴：《菩提道次第广论（卷八）》，法尊译，上海佛学书局，2000。

中文论文

[1] 阿不满等：《甘南牧区草原承包到户的现状调查》，《草原科学》2012（12）。

[2] 阿旺尖措：《草原家庭承包对牧区经济社会发展和生态保护的意义与作用》，《中国草业可持续发展战略论坛》2004。

[3] 包庆德：《生态和谐视域中的和谐社会研究状况述评》，《北京林业人学学报：社会科学版》2008(3)。

[4] 编辑部：《冬虫夏草之“殇”》，《青海日报》，2007年9月3日。

[5] 晁中辰：《明朝皇帝的崇道之风》，《文史哲》2004（5）。

[6] 才让：《藏传佛教慈悲伦理与生态保护》，《西北民族研究》2007（4）。

[7] 才贝：《论藏区冬虫夏草的交易模式——以青海果洛藏族自治州虫草的“流动”为例》，《青海民族研究》2014（1）。

[8] 措钦才让：《甘肃牧区承包制的问题与对策》，《中国民族》1992（3）。

[9] 常丽霞，崔明德：《藏族山神崇拜及其象征》，《中南民族大学学报》2012（4）。

[10] 陈敏，曹建军等：《黄河水源区首区湿地草地生态系统服务价值初步估算》，《草业科学》2010（5）。

[11] 程萌，郭莎莎：《基层国土资源管理分析》，《科技创新与应用》2014（2）。

[12] 樊乃昌等：《高原鼠兔与达乌尔鼠兔的摄食行为及对栖息地适应性的研究》，《兽类学报》1996（1）。

[13] 黄景贤：《山海经记载的中医药神话集萃》，《中医药学刊》2005（1）。

[14] 《黄河首曲湿地缘何干化？》，《人与生物圈》2010（2）。

[15] 胡小柯等：《黄河源区玛曲县高湖湿地景观动态变化》，《西南林业大学学报》2012（6）。

[16] 何奕忻等：《牦牛粪便对川西北高寒草甸土壤养分的影响》，《应用与环境生物学报》2009(5)。

[17] 景军：《认知与自觉:一个西北乡村的环境抗争》，《中国农业大学学报：社会科学版》2009（4）。

[18] 李璘：《甘肃省岷县民间的湫神崇拜》，《丝绸之路》1999（1)。

[19] 李生军：《鼠类分布与“黑土滩”退化草地形成原因的研究》，《草业与畜牧》2008（11）。

[20] 吕铭志等：《中国典型湿地系统碳汇功能比较》，《湿地科学》2013（1）。

[21] 刘嘉尧：《藏区社会发展中的生态补偿实践研究——以甘肃省玛

曲县为例》博士学位论文，兰州大学，2012。

[22] 刘伟等：《高原鼠兔冬季食物选择》，《兽类学报》2009（1）。

[23] 刘伟：《高原鼠兔刈割行为与栖息地植物群落的关系》，《兽类学报》,2009（1）。

[24] 刘书杰等：《不同物候期放牧牦牛采食量的研究》，《畜牧兽医杂志》,1997（2）。

[25] 梁杰荣：《高原鼠兔的家庭结构》，《兽类学报》1981（2）。

[26] 来德珍等：《果洛地区草地害鼠的危害及生物防治探讨》，《青海草业》2006（1）。

[27] 鲁顺元：《青藏高原冬虫夏草资源开发问题的理性分析》，《青海社会科学》2009（4）。

[28] 蒋莉等：《我国矿产资源管理体制存在的不足及其对策》，《安全与环境工程》2013（3）。

[29] 慕永通：《我国海洋捕捞业的困境与出路》，《中国海洋大学学报》2005（2）。

[30] 马伯英：《山海经中药物记载的再评价》，《中医药学报》1984（4）。

[31] 马玉寿，朗百宁等：《江河源区高寒草甸退化草地恢复与重建技术研究》，《草业科学》2002（9）。

[32] 宁和平等：《黄河上游玛曲地区近40年蒸发量变化特征分析》，《干旱区资源与环境》，2011（8）。

[33] 欧阳熙等：《藏山羊放牧采食量及牧草干物质消化率测定方法的比较研究》，《民族学院学报》2000（2）。

[34] 戚登臣，李广宇：《黄河上游玛曲湿地退化现状、成因及保护对策》，《湿地科学》2007（4）。

[35] 圈华：《关于长江、黄河源头地区草地现状以及成因之调查》，《草原与草坪》2000（1）。

[36] 钱安靖：《论少数民族与道教》，《宗教学研究》1982（1）。

[37] 祁进玉：《草原生态移民与文化适应——以黄河源头流域为个案》，《青海民族研究》2011（1）。

[38] 任忠宝，余良晖：《稀土资源储备刻不容缓》，《地球学报》2011（4）。

[39] 邵侃，田红：《藏族传统生计与黄河源区生态安全——基于青海省玛多县的考察》，《民族研究》2011（5）。

[40] [英]桑木丹·噶尔梅：《赞普王神之子达摩及其后裔之王统世系述略》，《国外藏学研究译文集（五）》。

[41] 田海平：《从“控制自然”到“遵循自然”——人类通往生态文明必须具备的一种伦理觉悟》，《天津社会科学》2008（5）。

[42] 洲塔：《崇山祭神——论藏族神山观念对生态保护的客观作用》，《甘肃社会科学》2010（3）。

[43] 同春芬，黄艺：《我国海洋渔业转产转业政策导致的双重困境探析——从“过度捕捞”到“过度养殖”》，《中国海洋大学学报》2013（3）。

[44] 王雨辰：《“控制自然”观念的历史演进及其伦理意蕴》，《道德与文明》2004（5）。

[45] 王永平：《论唐代的山神崇拜》，《首都师范大学学报》2004（6）。

[46] 王春红：《博弈论与经济学：回顾与展望》，《齐鲁学刊》2006（2）。

[47] 王日根：《论明清乡约属性与职能的变迁》，《厦门大学学报》2003（2）。

[48] 王英辉，陈学友：《金属矿山废弃地恢复技术》，《金属矿山》2007（6）。

[49] 王一博等：《人类活动对青藏高原冻土环境的影响》，《冰川冻土》2004（5）。

[50] 王学高，AndrewT. Smith 等：《草原栖息高原鼠兔的社会行为》，《兽类学报》1986（1）。

[51] 王学高，AndrewT. Smith：《高原鼠兔冬季自然死亡率》，《兽类学报》1988（2）。

[52] 王宝元，华本，杨海伟：《果洛州草地鼠害防治的回顾、现状及对策》，《青海畜牧兽医杂志》2002（5）。

[53] 魏强：《论藏族龙神崇拜的发展演变及特点》，《青海民族大学

学报》2010（3）。

［54］魏远，顾红波等：《矿山废弃地土地复垦与生态恢复研究进展》，《中国水土保持科学》2012（2）。

［55］韦惠兰，鲁斌：《玛曲草场单户与联户经营的比较制度分析》，《安徽农业科学》2010（1）。

［56］吴俏燕等：《乱采滥挖野生药用植物对甘南草原生态环境的破坏》，《草业科学》2011（12）。

［57］向钢华，王永县：《当代西方基于博弈论方法的威慑理论综述》，《国外社会科学》2006（3）。

［58］徐茂明：《明清时期江南社会基层组织演变述论》，载《社会科学》2003（3）。

［59］徐延达等：《三江源地区冬虫夏草采挖对草地植被的影响》，《环境科学研究》2013(11)。

［60］谢高地，鲁春霞等：《青藏高原高寒草地生态系统服务价值评估》，《山地学报》2001（1）。

［61］谢高地等：《青藏高原生态资产的价值评估》，《自然资源学报》2003（2）。

［62］叶舒宪：《山海经神话政治地理观》，《民族艺术》1999（3）。

［63］叶海年，王战和：《虫草经济与三江源生态》，《中国气象报》2005。

［64］杨振宇：《玛曲草原“黑土滩”分布特征及其植被演替规律的研究》，硕士学位论文，兰州大学，2007。

［65］杨勤：《甘南牦牛产业的优势和问题及发展思路》，《中国牛业科学》2008（4）。

［66］赵峰：《环保“风暴”考验西部矿业业绩底线》，《中国经营报》2012。

［67］张新安：《国外矿产资源储备历史及现状》，《国土资源情报》2002(1)。

［68］张卫雄等：《格尔珂金矿矿山开采引发的主要环境地质问题及防治对策》，《甘肃科技纵横》2009 年第 2 期。

[69] 张龙生，立鹏：《黄河上游玛曲县土地沙漠化研究》，《中国沙漠》2001（1）。

英文专著

[1] Auty, Richard, M., *Sustaining Development in Mineral Economies: The Resource Curse Thesis* (London: Rout ledge. 1993.).

[2] Arne Naess, *Life' s Philosophy* (Athens GA. : University of Georgia Press, 2002).

[3] A. Weiner, *Inalienable possession: The paradox of keeping-while-giving* (Berkeley: University of California Press, 1992).

[4] Barbara D. Miller, *Cultural Anthropology (second edition)*, Allyn and Bacon. (2002).

[5] Clifford Geertz, *Agricultural involution: The processes of ecological change in Indonesia* (Berkeley: University of California Press, 1963).

[6] Cortner H. and M, A. Moote, *The politics of ecosystem management* (Washington, DC: Island Press, 1999).

[7] Duan Y-F., *Humanistic geography. Place and placelessness* (London: Pion, 1976).

[8] Duncan, J. Place. In Johnston, R. J. eds., *The dictionary of human geography 4th ed* (London: Blackwell, 2000).

[9] Geertz C, *Local knowledge: Further essays in interpretive anthropology* (New York: Basic Books, 1983).

[10] Micea Eliade , *The Sacred and The Profane: The Nature of Religion* (New York: Harcourt, Inc. 1987).

[11] Margaret Drewal, *Yoruba Ritual* (Bloomington: Indiana University Press, 1992).

[12] Paul, Robert A., *The Tibetan symbolic world: Psychoanalytic explorations* (Chicago University).

[13] Polanyi, Karl, *The Great Transformation* (Boston: Beacon

Press, 1957).

[14] Peter, Laurence J. Hull, Raymond (1969). *The Peter Principle: Why Things Always Go Wrong*(New York: William Morrow and Company).

[15] Relph E., *Place and Placelessness* (London: Pion, 1976).

[16] Rappaport, Roy A., *Pigs for the ancestors* (New Haven: Yale University Press, 1967).

[17] Rhoda H. Halperin, *Economies across cultures* (New York: St. Martin' s Press, 1988).

[18] Setha M. Low and Denise Lawrence, *The anthropology of Space and Place*.

[19] Samten G. Karmay, *The arrow and the spindle: studies in history, myths, rituals and beliefs in Tibet* (Kathmandu: Madala Book Point, 1998).

[20] Stewart J. H., *Evolution and Ecology Essays on Social Transformation* (Urbana: University of Illinois' s Press, 1977).

[21] Schaller G. B., *Wildlife of the Tibetan Steppe* (Chicago: University of Chicago Press, 1980).

[22] Thomas Schelling, *The strategy of conflict* (Harverd University Press, 1960).

[23] Zagare, Frank & Kilgour, Marc, *Perfect deterrence* (Cambridge University Press, 2000).

英文论文

[1] Arthur, Anthony D. 2008, "Livestock grazing, plateau pikas and the conservation. of avian biodiversity on the Tibetan plateau," *Biological Conservation* 141(1980).

[2] Berkes, Fikret &Johan Colding & Carl Folke, "Rediscovery of Traditional Ecological Knowledge as Adaptive Management", *Ecological Applications*, Vol. 10, 5(2000).

[3] Bell, W. B., "Death to the Rodents , *Yearbook of the United*

States Department of Agriculture, " *Washington, D.C.: GPO,* (1920).

[4] Chris Ballard, Glenn Banks, "Resource wars: The anthropology of mining," *Annual Review of Anthology,* Vol.32 (2003).

[5] Entrikin, J.N., "Contemporary Humanism in Geography," *In Annals of the Association of American Geographers,* Vol:66, No.4, Dec. (1976).

[6] Fikret Berkes, Johan Colding, Carl Folke, "Rediscovery of Traditional Ecological Knowledge as Adaptive Management," *Ecological Applications,* Vol.10, No.5, Oct. (2000).

[7] Gylfason, Thorvaldur, "Lessons from the Dutch Disease: Causes, Treament, and Cures Development," *Institute of Economic Studies Working Paper*, W01(2001).

[8] Gylfason T., "Natural Resources, Education and Economic Development," *European Economic Review*45 (2001).

[9] Holtcamp, Wendee, "Silence of the Pikas," *Bioscience,* Vol.60, 1(2010).

[10] Hogan, Brigitte Wieshofer, "The plateau pika: A keystone engineer on the Tibetan Plateau," (D) *Arizona State University* (2010).

[11] Hardin G., "The tragedy of the commons," *Science* 162(1968).

[12] Jones, Susan, "Becoming a Pest: Prairie Dog Ecology and the Human Economy in the Euroamerican West," *Environmental History,* Vol.4, 4(1999).

[13] Likka Korhonen, "Does democracy cure a resource curse?" BOFIT Discussion Papers 18/2004, Bank of Finland, Institute for economies in transition.

[14] Lai, Chien Hsun & Andrew T.Smith, "Keystone status of plateau pikas (Ochotona curzoniae): effect of control on biodiversity of native birds." *Biodiversity and Conservation* 12(2003).

[15] Margret C.Rodman, "Empowering place: Multilocality and

multivocality." In Setha M. Low and Denise Lawrence . *The anthropology of Space and Place*.

[16] Nadasdy, Paul, "The Politics of Tek: Power and the 'Integration' of Knowledge, "*Arctic Anthropolog*, Vol. 36, 1/2 (1999).

[17] Orlove, Benjamin S. *Ecological Anthropology. Annual Review Anthropology*, 1980(9) Schnaiberg , Allan. (New York: Oxford University Press).

[18] Paul Nadasdy. "The Politics of Tek: Power and the 'Integration' of Knowledge," *Arctic Anthropology* , Vol. 36, No. 1/2 (1999).

[19] Paul Nadasdy, "The Anti-Politics of TEK: The Institutionalization of Co-Management Discourse and Practice, Anthropology," Vol. 47, No. 2 (2005).

[20] Paine, R. T., "A note of trophic complexity and community stability," *American Naturalist* 103(1969).

[21] Pierotti, Raymond & Daniel Wildcat, "Traditional Ecological Knowledge: The Third Alternative," *Ecological Applications*, Vol. 10, 5(2000).

[22] Raymond Pierotti and Daniel Wildcat, "Traditional Ecological Knowledge: The Third Alternative," *Ecological Applications*, Vol. 10, No. 5, Oct. (2000).

[23] Ricardo Godoy, "Mining: Anthropology perspectives, " *Annual Review of Anthology*, Vol. 14 (1985).

[24] Robert Costanza et al., "The value of the world's Ecosystem Services and Nature Capital," *Nature*(1997).

[25] Srinivasan, "Village Government in India ," *The Far Eastern Quarterly*, Vol. 15, No. 2.

[26] Tornel, l A., P. Lane, "The Voracity Effect, " *American Economic Review*(89(1)), (1999).